改革开放以来的
大学生政治价值观教育

侯丹娟　著

清华大学出版社

北京

图书在版编目（CIP）数据

改革开放以来的大学生政治价值观教育 / 侯丹娟著 . —北京：清华大学出版社，2024.2
ISBN 978-7-302-65381-3

Ⅰ . ①改… Ⅱ . ①侯… Ⅲ . ①大学生－思想政治教育－研究－中国 Ⅳ . ① G641

中国国家版本馆 CIP 数据核字 (2024) 第 022365 号

责任编辑：王如月
装帧设计：傅瑞学
责任校对：王凤芝
责任印制：杨　艳

出版发行：清华大学出版社
　　　　　　网　　　　址：https://www.tup.com.cn，https://www.wqxuetang.com
　　　　　　地　　　　址：北京清华大学学研大厦 A 座　　　　　　邮　　　编：100084
　　　　　　社 总 机：010-83470000　　　　　　　　　　　　邮　　　购：010-62786544
　　　　　　投稿与读者服务：010-62776969，c-service@tup.tsinghua.edu.cn
　　　　　　质 量 反 馈：010-62772015，zhiliang@tup.tsinghua.edu.cn
印 装 者：三河市东方印刷有限公司
经　　销：全国新华书店
开　　本：170mm×240mm　　　　**印　　张：**16.75　　　　**字　　数：**275 千字
版　　次：2024 年 2 月第 1 版　　　**印　　次：**2024 年 2 月第 1 次印刷
定　　价：99.00 元

产品编号：102576-01

前　　言

政治价值排序的不同，或者政治价值权重的不同，必然导致政治文化的差异，继而可能带来冲突，在全球化加速的时代尤为如此。这是因为与经济全球化通过把蛋糕做大实现双赢甚至多赢不同的是，政治价值观在相互交织的过程中时常表现为非此即彼。在当今世界，政治价值观之间的冲突不仅发生在国家之间，而且也会在国家内部展开。国家内部不同政治价值观之间发生摩擦、冲撞是真实且激烈的，极有可能引发政治撕裂和社会动荡。基于此，世界各国均致力于通过经济力量、政治力量和教育力量塑造和整合民众的政治价值观。其中，教育不仅是现代社会开展政治价值观传播、渗透，实现政治社会化的主渠道，也是将一定的政治思想、价值观念转变为社会成员个体愿望、动机、行动指南的重要途径。从事教育的学校不仅进行着知识的生产加工，还进行着"权力加工"，成为国家意识传播，政治价值观灌输渗透的主阵地。为此，党和国家历来重视大学生政治价值观教育工作。本书在阐述政治价值观教育基础理论的前提下，系统梳理并分析了改革开放以来大学生政治价值观教育的发展历程、成就、经验、不足及其成因，基于此提出了一些对策性建议。

政治价值观教育就是将特定社会的政治价值观体系植入到教育过程中，促进社会成员个体政治价值观的形成和发展。它包括三个方面的内容：政治价值知识的灌输与传播、政治价值评判能力的培养和政治参与行为的训练。政治价值观教育的目的，一方面是维护占统治地位阶级的合法性，巩固其统治地位，另一方面是提高社会成员政治素质。从理论与现实的双重维度来看，政治价值观教育具有鲜明的必要性和可能性。

改革开放以来大学生政治价值观教育的演变历程具有显著的阶段性特征，可以分为四个阶段。（1）拨乱反正，曲折中发展的时期（1978—1991年）。从1978年开始，伴随着我国的制度改革与社会变革，大学生政治价值观教育在拨乱反正中经历了从恢复到改革两个阶段。然而，在改革过程中大学生政治价值观教育遭遇了挫折。此后，全国各高校广泛开展了一场坚持四项基本原则、反对资产阶级自由化的教育活动。（2）改革探索，继承中创新的时期（1992—2001年）。以邓小平南方谈话和党的十四大为标志，改革开放事业进入了一个新的阶段，对大学生政治价值观教育产生了深刻影响。在这一阶段，高校重视培养大学生的政治价值理性，不断强化社会主义理想信念和民主法制教育。

（3）以人为本，探索中变革的时期（2002—2011 年）。以党的十六大为标志，大学生政治价值观教育进入了一个新的发展阶段。在科学发展观和社会主义和谐社会思想的指导下，"以人为本"逐渐成为大学生政治价值观教育的理念，大学生政治价值观教育历经了一系列改革。（4）立德树人，深化中拓展的时期（2012 年至今）。以党的十八大为标志，我国社会主义发展进入新时代，社会主要矛盾发生了深刻变化。立德树人、培育"时代新人"成为大学生政治价值观教育的目标，大学生政治价值观教育实践不断深入。

经过 40 多年的改革创新，大学生政治价值观教育取得了显著成效，主要体现在：我国意识形态安全防线不断巩固，社会主义现代化建设稳中向好态势进一步巩固，大学的政治社会化功能进一步增强，高校的社会主义办学方向进一步坚定，学生的政治认同度、政治参与能力明显提升。在取得这些成绩的同时，大学生政治价值观教育积累了丰富的经验，主要包括：坚持马克思主义指导思想，坚定党的领导、凝聚党政合力，坚持育人为本、德育为先，坚持积极推进第一课堂和第二课堂的良性互动，坚持强化教师队伍建设，坚持不懈创造良好的育人环境。然而，不能否认的是大学生政治价值观教育也存在一些不足，具体表现为：教育合力有待进一步凝聚和加强，教育内容重知识传授轻价值理性培育，教育方法缺乏多样性和科学性，教育环境存在部分消极因素，教育评估体系不够完善。产生这些问题的主要原因有：教育理念仍未跨越侧重"社会本位"的藩篱；传统教育思想中消极因素的影响；政治文化发展存在不足之处。

在借鉴历史经验的基础上，本书认为未来大学生政治价值观教育应从五个方面入手：（1）强化社会主义政治文化建设。通过加强党内政治文化建设，丰富和巩固主导政治文化，深化中国特色社会主义理论研究，增强大学生政治价值观教育的认可度。（2）变革教育理念，实现社会本位与个体本位教育观的互构。（3）增强政治价值观教育内容的现实性与综合性。强化理论世界与现实世界的整合，知识传授与情感、价值理性、行为能力培育的统一。（4）丰富、创新教育路径和方式。综合采用环境育人、实践育人、课程育人、网络育人等方式提升大学生政治价值教育成效。（5）完善大学生政治价值观教育评估体系，重视大学生政治价值观状况评估和教育过程评估。

侯丹娟

2023 年 9 月

目　　录

第一章　关于政治价值观教育的基本认识

尽管"人是天生的政治动物"，但人的政治价值观并非与生俱有，而是人在后天政治社会化过程中逐渐形成的。其中，政治价值观教育发挥着举足轻重的作用。那么，什么是政治价值观？什么是政治价值观教育？它是否具有存在的必要性与可能性？这些是本章节重点讨论的问题。

第一节　政治价值观释义

政治价值观一旦形成，便渗透于人们的思想和行为之中，它规范和影响着人们的政治认知、政治态度、政治情感和政治行为。几十年来，围绕政治价值观的概念，学界展开了广泛而深入的讨论，并形成了颇为丰富的观点。然而，这些观点之间的分歧一方面推动了政治价值观理论研究的进一步深化和拓展，另一方面不可避免地造成了一定"混乱"，使研究陷入困境。因此，我们有必要追根溯源，从最基础的概念入手来界定政治价值观的含义。

一、多维视野中"政治"的解释

早在古希腊时期，"政治"就已成为人们普遍关注的焦点之一，但对于"什么是政治"，人们至今仍未形成统一的认识。之所以会出现这种状况，"一是因为政治这个概念本身就具有一定的模糊性和不确定性……二是由于政治与国家、权力、利益、民主、专制等有关联，具有一定的敏感性，因而人们不愿意或不便于深究；三是因为时代、立场、观点、地位的不同，也就是因为利益攸关，因而答案才会相去甚远；四是由于角度、方法，甚至灵感的各异，所以人们的回答也不会相同。"[1]

关于"什么是政治"这一问题，古今中外思想家的看法主要有以下三种。一是用伦理道德解释政治。孔子认为："政者，正也，子帅以正，孰敢不

---

[1]　谢庆奎.政治释义——关于政治涵义的再讨论[J].新视野，2001（4）：38.

正？"[1] 在孔子看来，执政者应加强自身的道德修养，按照礼仪的正道来实施统治。柏拉图、亚里士多德认为政治的目的是追求至善。二是视政治为权术。韩非和马基雅维利把政治学称为御权之术。三是视政治为某一类特殊的活动。近现代西方学者对于政治的看法主要分为四种：权力说、过程说、分配说和管理说。权力说指出，政治是人类社会的一种现象，包括统治的权力、管理的权力、控制的权力。如罗伯特·达尔认为："政治是任何在重大程度上涉及控制力、影响力、权力或者权威的人类关系的持续模式。"[2] 过程说认为，政治是一个人类社会的过程，是公共权力进行决策和执行的过程，是权力主体进行相互影响及其运行的过程，是权力主体和客体进行互动的过程。如希尔斯曼认为："政治是各种团体做出决定的过程。"[3] 分配说指出，政治研究工作"力求首先了解种种价值如何被权威性地分配给整个社会而不是分配给社会内部某一集团的方式"[4]。管理说主张政治的主要任务在于管理社会事务。如杰弗里·庞顿和彼得·吉尔将政治界定为"与社会事务的治理以及个人和群体对这种治理所具有的控制力相关的安排"[5]。

对于政治，马克思主义经典作家更多地将其置于与国家、阶级、经济和管理的关系当中进行分析。在讨论政治与国家的关系时，马克思主义认为，政治的核心问题是权力问题。恩格斯明确提出："国家是社会在一定发展阶段上的产物……这种从社会中产生但又自居于社会之上并且日益同社会相异化的力量，就是国家。"[6] 这句话揭示了政治与国家之间的密切关系。在讨论政治与阶级的关系时，马克思主义认为，阶级社会的政治实质就是阶级斗争。恩格斯强调："在全部纷繁复杂的政治斗争中，问题的中心仅仅是社会阶级的社会的和政治的统治，即旧的阶级要保持统治，新兴的阶级要争得统治。"[7] 质言之，政治是各阶级为争得统治权力而进行的斗争。在讨论政治与经济的关系时，马克思认为，政治是经济的集中表现，政治的基础是经济。他指出："人们在自己生活的社会

〔1〕 杨伯峻.论语译注[M].北京：中华书局，2017：183.
〔2〕 罗伯特·达尔.现代政治分析[M].王沪宁，陈峰，译.上海：上海译文出版社，1987：17-18.
〔3〕 希尔斯曼.美国是如何治理的[M].曹大鹏，译.北京：商务印书馆，1986：24.
〔4〕 戴维·伊斯顿.政治体系——政治学状况研究[M].马清槐，译.北京：商务印书馆，1993：128.
〔5〕 杰弗里·庞顿，彼得·吉尔.政治学导论[M].张定淮，等译.北京：社会科学文献出版社，2003：9.
〔6〕 马克思恩格斯选集：第4卷[M].北京：人民出版社，2012：187.
〔7〕 马克思恩格斯选集：第3卷[M].北京：人民出版社，2012：722.

生产中发生一定的、必然的、不以他们的意志为转移的关系，即同他们的物质生产力的一定发展阶段相适应的生产关系。这些生产关系的总和构成社会的经济结构，即有法律的和政治的上层建筑竖立其上并有一定的社会意识形式与之相适应的现实基础。物质生活的生产方式制约着整个社会生活、政治生活和精神生活的过程。"[1]这句话充分揭示了政治与经济的密切关系：经济是政治的基础，政治是经济的集中体现。在讨论政治与管理之间的关系时，马克思认为，在阶级社会里政治就是管理。在他看来，在阶级社会里，统治阶级为了实现自身利益，就不得不履行一定的公共管理职能。在社会主义社会，无产阶级处于统治地位，其主要目的不是剥削他人，而是把主要精力放在国家和社会管理上，所以恩格斯强调："政治统治到处都是以执行某种社会职能为基础，而且政治统治只有在它执行了它的这种社会职能时才能持续下去。"[2]

我国学者对政治的界定，概括起来主要有以下三种维度和观点。一是从广义和狭义的角度出发对政治的概念进行界定。胡伟、唐贤兴认为："狭义上讲，政治是人们获取和保持公共权力而展开的活动和斗争；广义上讲，政治是公共权力作用于社会的目的、方式和后果。总之，政治就是社会公共权力产生、变更和运作的过程和结果。"[3]二是从政治与经济关系的角度出发对政治的概念进行界定。李元书认为："政治是建立在一定经济基础之上的社会统治、管理体系，是人们基于某种利益需要建立、维护、参与社会的统治、管理体系，以制定政策来规定和实现特定权利的关系与活动的总和。"[4]三是从社会管理的角度出发对政治的概念进行界定。高民政、徐琳认为："政治就是一种人类协调社会关系，控制社会秩序，管理社会公共事物的权威现象。"[5]

通过上述对政治概念的梳理，我们不难发现政治的内涵和外延都相当丰富。在借鉴已有研究成果的基础上，本书认为从狭义和广义两个视角来界定政治较为妥帖。从狭义角度来讲，谢庆奎对政治进行了准确界定，即"在人类社会的一定经济基础之上，以利益为轴心，变更社会形态，控制社会秩序，协调社会

---

[1] 马克思恩格斯选集：第2卷[M].北京：人民出版社，2012：2.
[2] 马克思恩格斯选集：第3卷[M].北京：人民出版社，2012：559-560.
[3] 胡伟，唐贤兴.论政治[M].南昌：江西人民出版社，1996：117.
[4] 李元书.什么是政治[J].学习与探索，1997（5）：83.
[5] 高民政，徐琳.政治科学与艺术[M].西安：西安出版社，1999：28.

关系，管理社会事物的特定行为和关系模式，这种公共权威以及公共权力现象就是政治"[1]。这一对狭义政治概念的界定遵循了马克思主义的政治观，表明了政治与经济之间的密切联系，说明了政治的本质（即它的阶级斗争性），强调了政治的过程性（表明政治是一系列政策决策、执行的过程），肯定了政治的管理内容，区别了公共权威和公共权力，突出了公共权威的重要性。对于这种自上而下由政府主导的政治形式，我们可将其称为"政府（官方）政治"。从广义角度讲，政治不仅包括狭义概念中的"关于公共权威以及公共权力现象"，而且包括来自民间的社会成员针对国家和社会公共事务所开展的一系列活动，如大学生组织的志愿活动。这种源自民间的政治形式，我们可将其称为"新（民间）政治"。政府政治与新政治之间具有密切的联系，新政治能够促进政府政治的改革与发展，政府政治对新政治具有管理和规范的作用。

二、价值观的基本含义

在古希腊神话中，有一个名叫普罗克拉斯提斯的强盗，在路边放了一张床，强迫每个过路的人躺在这张床上。如果这个人比床长，就把他的脚砍掉；如果比床短，就把他的身体拉长。其实，每个人都是普罗克拉斯提斯，只不过这张床隐藏在自己心中，它是看不见、摸不着的"价值之床"。人们总是按照自己的价值观思考和行动。那么，什么是价值观？

在讨论价值观的概念之前，我们首先要弄清楚"价值"的含义。从词源来讲，"价值"（value）这个词源自经济学领域。对此，马克思指出："价值概念完全属于现代经济学，因为它是资本本身的和以资本为基础的生产的最抽象的表现。价值概念泄露了资本的秘密。"[2] 马克思关于经济学中"价值"的论述，对我们讨论哲学意义上"价值"的概念具有重要意义，但"作为哲学范畴的价值在特性上与经济学的'价值'不同，而与'使用价值'十分接近。'使用价值'即物品能够满足人们某种需要的效用"[3]。"使用价值"是指物与人的需要之间的满足与被满足的关系。引申到哲学范畴中的"价值"，它表示客体与主体之间的相互关系，而非单纯的"客体对主体的有用性"，或者客体对主体需要的满

---

〔1〕 谢庆奎. 政治释义——关于政治涵义的再讨论 [J]. 新视野，2001（4）：41.

〔2〕 马克思恩格斯全集：第31卷 [M]. 北京：人民出版社，1998：180.

〔3〕 袁贵仁. 价值与认识 [J]. 北京师范大学学报，1985（3）：47.

足。概言之，价值是一个关系范畴，而非实体范畴。一方面，价值离不开主体，即人和人的需要。没有人的存在，作为客体的物也就失去了其存在的意义，也就无所谓有无价值。这些物便是一种"自在之物"，无所谓美丑、好坏，因为没有人的出场，便失去了评价这些物的性质的主体，这些物便以"中性"的形式存在。另一方面，价值也离不开客体。客体及其所具有的属性是价值关系得以建立的基础。仅有人以及人的需要而没有客体，或者客体不具有满足人的需要的属性，那么主、客体之间的价值关系也无从建立。需要注意的是，这里所说的客体的属性，不仅包括其自然属性，也包括其社会属性。如自然状况下的水，因其所具有的能够维持人体生命的自然属性，以及人对水的需要而建立起水与人之间的价值关系。但经过人加工后的纯净水和矿泉水不仅包括其所具有的自然属性，而且包括其所具有的社会属性，这时人与纯净水和矿泉水之间的价值关系更多地体现为人与人之间的价值关系。在生活中，我们经常听到"这个人是好人，那个人是坏人"的评论，就是表示某个人对他人和社会的有用性，这实际就是人与人之间的价值关系。被评价者处于客体地位，评价者处于主体地位，此时可以把被评价者当作客体看待，因为这样更能清晰地表达价值主、客体之间的关系。总之，价值是主体与客体之间的关系，它是在主体、客体之间的相互关系中得以存在和确立的。价值观建立在价值的基础上，它同样也属于"关系"范畴，体现作为主体的人与客观世界之间的关系。

价值观是人在后天成长过程中形成的，受人的社会地位、生活环境、受教育状况等因素影响，有正确与错误、主流与非主流、先进与落后之分，并对人们的生活具有重要的意义，正如张岱年所言："在文化生活中，指导人们的行为活动的，首先是价值观。"[1] 价值观与价值观念虽仅一字之差，却相互有别。王玉樑认为，价值观和价值观念分属于价值意识中的不同层次，价值意识有三个层次：第一个层次或最低的是价值心理和价值认知中的价值感知、价值经验或感性价值知识。第二层次是价值观念和理性价值认知，或理论性价值知识。第三个层次是价值观。第二个层次的价值观念和价值知识很多，各种价值观念和价值知识各有特点。反映各种价值观念和各种价值知识的一般观点或根本观点

---

[1] 张岱年. 文化与哲学 [M]. 北京：中国人民大学出版社，2006：204.

是价值观。[1]具体而言，价值观念是关于某类事物的意义或价值状况的看法，价值观念（value idea）是"一定社会群体中的人们所共同具有的对于区分好与坏、正确与错误、符合与违背人们愿望的观念，是人们基于生存、享受和发展的需要对于什么是好的或者是不好的的根本看法，对于某类事物是否具有价值以及具有何种价值的根本看法，是人们所特有的应该希望什么和应该避免什么的规范性见解，表示主体对客体的一种态度"[2]。就价值观（value outlook）而言，它有两种不同的用法。"一是理论上，把关于价值的哲学学说和观点系统统称作价值观。这种意义上的价值观与价值论等同；二是日常生活中，人们所说的价值观常常是特指关于价值的一定信念、倾向、主张和态度的系统，即理论上所说的'价值观念'的简称。这两种用法的内容所指不同，但价值论和价值观念之间有着深刻的内在联系。价值论属于以价值为对象进行哲学研究的元理论学说，它的研究结果是形成现实价值观念的世界观和方法论的根据；价值观念则是人们对现实价值观念体系选择和追求的观念形态，属于价值的规范意识形态，它体现并反过来影响理论形态的价值观。"[3]价值观念反映某类客观事物对人和人类的意义或价值。而"价值观，是各种价值观念和价值知识的一般观点或根本观点的概括"[4]。二者之间是一般和特殊的关系，价值观比价值观念更为根本，是价值观念的基础。价值观是各种价值观念的抽象和概括，价值观念是价值观在有关问题上的体现和具体化。在现实生活中，是价值观念而非价值观在指导人们价值判断选择和行动取向。"现实地存在并起作用的是各种各样的价值观念、价值知识，不存在脱离具体价值观念、价值知识的价值。价值观只是在价值哲学研究兴起以后，作为科学研究，研究价值哲学的学者才从大量价值观念、价值知识中概括出关于价值问题的根本观点或基本观点的价值观。"[5]虽然将价值观与价值观念严格区别开来，在科学上和法律上具有重要的意义，但在生活中人们已经习惯了把二者不加区分。"如果等同使用，用价值观来表示

〔1〕 王玉樑. 论理想、信念、信仰和价值观 [J]. 东岳论丛，2001（4）：64-65.

〔2〕 袁贵仁. 价值观的理论与实践——价值观若干问题的思考 [M]. 北京：北京师范大学出版社，2013：130.

〔3〕 李德顺. 价值学大辞典 [M]. 北京：中国人民大学出版社，1995：274.

〔4〕 王玉樑. 论理想、信念、信仰和价值观 [J]. 东岳论丛，2001（4）：65.

〔5〕 王玉樑. 论理想、信念、信仰和价值观 [J]. 东岳论丛，2001（4）：65.

价值观念，似乎没有多少困难。"[1]故而在本书中，不对价值观和价值观念做严格区分。所谓价值观是指人们心目中关于一切价值的信念、信仰、理想和标准的总称。[2]价值观包括经济价值观、政治价值观、道德价值观、审美价值观和宗教价值观等。

在讨论价值观的概念之后，我们有必要对价值观与世界观、人生观的关系进行梳理。世界观是人们对于自然、社会、人类思维等一切现象的根本观点和看法。世界观是隐藏在最深层次的主体意识，决定着人的人生观、价值观，有什么样的世界观，就有什么样的人生观和价值观。同样地，价值观对于世界观和人生观的形成也具有重要作用。价值观内在蕴含着价值，一旦形成和确立，就作为个体的一个主观条件或内在因素对人的具体活动发挥引导和定向作用。人们对某种世界观和人生观的选择，也必然是经过了比较和评估，并赋予它一定价值意义的结果。所以世界观、人生观的形成也必须以主体的价值参与为前提。

三、政治价值观的含义、特点及相关概念辨析

在阐明价值观含义的基础上，本部分将重点探讨政治价值观的概念、特点，及其与政治文化、政治认同、政治意识形态等相近概念的异同。

（一）政治价值观的含义

与政治、价值、价值观一样，学界关于"什么是政治价值观"的认识也存在分歧。其中，具有代表性的观点有以下四种。一是政治价值观比价值观具体，但仍是较抽象的一种观念。司小宏、张东明认为："价值观有不同的抽象程度，政治价值观就是影响个人政治取向的抽象的政治信念或观念。"[3]二是政治价值观中的价值判断和对政治行为的作用。阮青认为："政治价值观是指人们在改造社会的实践活动中所形成的对社会政治管理模式的本质、功能等进行评价、选择的思想体系。权力观问题便是政治价值观的核心内容。"[4]刘先义认为，政治价值观"主要指人们对政治活动和政治现象作出的价值判断——它是

---

[1] 王玉樑. 价值哲学新探 [M]. 西安：陕西人民教育出版社，1993：413.

[2] 李德顺. 谈谈当前的价值观念变革 [J]. 学习与研究，1993（8）：6.

[3] 司小宏，张东明. 当代青年政治价值观中的积极因素与消极因素 [J]. 青年研究，1991（4）：10-14.

[4] 阮青. 政治观的核心 [N]. 学习时报，2001-08-20（5）.

政治行为的动机，判断和评价政治现象的标准，是构成人们政治行为的基本要素。"[1]三是政治价值观是政治生活中主客体之间的关系。丁志刚指出，政治价值观"表示政治主客体关系的一个范畴，它指的是政治客体对政治主体需要的满足程度，即包括政治个体和政治组织在内的'政治人'即政治主体对政治生活的需求"。[2]四是政治价值观是对政治问题比较具体的"看法和态度"。邱吉等认为："政治价值观是人们对于所处社会的政治制度和政治生活的基本观点，是对政治理想、政治现实的基本评价和价值倾向。政治价值观既涉及人们的政治理念，又涉及对现成政治制度体制的情感和认同，以及表现出的某种政治行为。"[3]王惠岩认为，政治价值观"一般指的是人们对政治世界的看法，它包括人们看待、评价某种政治系统及其政治活动的标准，并由此形成政治主体的价值观念和行为模式的选择标准。在某种政治文化影响下，社会成员在总体上都存在一种基本一致的政治价值观念，它直接影响着政治行为主体的政治信念、信仰和态度"[4]。

尽管学界关于政治价值观的看法存在分歧，但对政治价值观基本对象的认识是比较一致的，即"政治价值"。所谓政治价值是指"人们从政治的角度、用政治标准来衡量的各种社会现象和行为的价值。是否满足人们的政治要求，符合人们在政治上的利益，给人们带来政治上的好处，是衡量和判定有无政治价值及政治价值大小的依据。凡是对社会政治生活有某种影响和作用的现象和行为就具有政治价值；凡是与社会政治生活无关的，不能满足和维护人们政治需要和利益的事物、现象和行为就不具有政治价值。"[5]在反复的政治实践中，人们必然形成关于各种政治事务和政治活动的利害、好坏、是非、正义与否等观念，这些均属于政治价值观念的范畴。在这些政治价值观念中，最根本、最稳定、最深层的内核就是政治价值观。相对于零散的、易变的、个性化的政治价值观念而言，政治价值观更为内在、深刻、系统，并持久地支配着社会政治集团和个体的政治行为。因政治有广义和狭义之分，故本书认为，从广义上讲，政治价值观是指社会成员看待和评价政治活动的观点。这里的政治活动不仅仅

---

〔1〕 刘先义.社会价值体系：青年研究的理论支点 [J].青年研究，1999（7）：10-14.

〔2〕 丁志刚.政治价值研究论纲 [J].政治学研究，2004（3）：69-70.

〔3〕 邱吉，等.大学生政治价值观现状调查研究 [J].学习与实践，2010（10）：66.

〔4〕 王惠岩.政治学原理 [M].北京：高等教育出版社，2006：276-277.

〔5〕 李德顺.价值学大辞典 [M].北京：中国人民大学出版社，1995：948.

是指政府政治活动，也包括社会公共事务。从狭义上讲，政治价值观侧重于强调人们关于政治生活中政治权力运作的是非判断，它集中体现为如何看待民众与政府的关系，特别是关于应当如何遴选政府官员，以及应当如何约束政府行为的观念。同时，政治价值观也体现为人们如何看待社会公共事务的观念。政治价值观与政治人格、政治态度、政治意见、政治行为、政治知识、政治认知能力、政治兴趣等有着密切的联系。政治价值观深藏于人们意识的深处，并通过人们的政治态度、政治情感、政治行为、政治意见等表现出来。政治价值观大体包括以下两类。一是社会政治价值观体系。它是指隐含在社会政治结构以及政治制度之中的一套价值观，这套价值观念的存在可使现有社会政治架构得以保持。社会政治价值体系提供了社会成员政治行为的评价标准，它明确地告诉人们，什么是被许可的，什么是值得追求的，什么是应当反对的，并以其为基础形成社会生活尤其是政治生活的基本理念和制度安排的基本原则。从系统论角度来看，在政治体系这一系统平台中，政治价值体系构成了该系统的"软件"子系统，政治组织和制度构成了该系统的"硬件"子系统。二是个体政治价值观。它是社会成员个体的政治权力取向。个体政治价值观总是受社会政治价值体系的引导，社会政治价值体系对个体价值观的形成和发展具有决定性的作用。

（二）政治价值观的特点

作为一种观念，政治价值观的生成与发展由经济基础来决定和推动，但它仍有其自身的独特性，主要体现在以下四个方面。

1. 实践性。政治价值观并不是纯粹空洞的东西，它总是指向现实。对此，马克思指出："意识在任何时候都只能是被意识到了的存在，而人们的存在就是他们的实际生活过程。"[1] 政治价值观作为人对社会现实生活中政治的理解和定位，是随着社会现实生活的发展变化而变化的。当生产力与生产关系二者之间的矛盾推动社会经济基础发生变化时，政治价值观念必然随之发生或快或慢的变化。同时，人接受政治价值观教育并努力形成政治价值认同也是出于实践的目的，这是因为对个体而言，"孤立的一个人在社会之外进行生产——这是罕见的事"[2]。人作为天生的"政治动物"，必须适应并积极参与既有的政治生活，这

---

〔1〕 马克思恩格斯选集：第 1 卷 [M]. 北京：人民出版社，2012：152.
〔2〕 马克思恩格斯文集：第 8 卷 [M]. 北京：人民出版社，2009：6.

就要求每一个个体要了解和掌握国家主导的政治价值观念。

2. 阶级性。在阶级社会中，政治价值观必然被打上阶级的烙印。处于不同经济地位的阶级，其所主张的政治价值导向、政治诉求存在差异性。对此，列宁指出："既然谈不到由工人群众在其运动进程中自己创立的独立的思想体系，那么问题只能是这样：或者是资产阶级的思想体系，或者是社会主义的思想体系。这里中间的东西是没有的（因为人类没有创造过任何'第三种'思想体系，而且在为阶级矛盾所分裂的社会中，任何时候也不可能有非阶级的或超阶级的思想体系）。因此，对社会主义思想体系的任何轻视和任何脱离，都意味着资产阶级思想体系的加强。"[1]毋庸置疑，在经济上占据统治地位的阶级所倡导的政治价值观，在整个社会的政治价值体系中亦占据主导地位。

3. 时代性。政治价值观不是亘古不变的，而是发展的、变化的，具有鲜明的时代性特征。政治价值观作为一种上层建筑，必然会随着经济基础的变化而变化，这是因为"任何意识形态都是受历史条件制约的"[2]，"社会的生产方式怎样，社会本身基本上也就怎样，社会的思想和理论、政治观点和政治设施也就怎样。或者说得粗浅一些：人们的生活方式怎样，人们的思想方式也就怎样"[3]。

4. 相对独立性。我们"必须承认精神的东西的反作用，社会意识对于社会存在的反作用，上层建筑对于经济基础的反作用。"[4]"一定的文化（当作观念形态的文化）是一定社会的政治和经济的反映，又给予伟大影响和作用于一定社会的政治和经济；而经济是基础，政治则是经济的集中表现。这是我们对于文化和政治、经济的关系及政治和经济的关系的基本观点。"[5]尽管社会存在决定政治价值观的生成与发展，但不能因此认为政治价值观是社会存在的直接反映。事实上，"社会意识形态是理论上再造出现实社会"[6]。政治价值观具有一定的相对独立性，它的反作用是巨大的。"社会思想、理论、观点和政治设施的意义……历史唯物主义不仅不否认，相反，正是着重指出它们在社会生活和社会

〔1〕列宁选集：第1卷 [M]. 北京：人民出版社，2012：326-327.

〔2〕列宁选集：第2卷 [M]. 北京：人民出版社，2012：96.

〔3〕斯大林选集：下卷 [M]. 北京：人民出版社，1979：443.

〔4〕毛泽东选集：第1卷 [M]. 北京：人民出版社，1991：326.

〔5〕毛泽东选集：第2卷 [M]. 北京：人民出版社，1991：663-664.

〔6〕毛泽东哲学批注集 [M]. 北京：中央文献出版社，1988：210.

历史中的重大作用和意义。"[1]

（三）政治价值观相关概念辨析

政治价值观作为社会成员看待和评价政治活动的观点，与政治文化、政治态度、政治认同、政治意识形态之间存在一定区别。

1. 政治价值观与政治文化。政治价值观的外延小于政治文化，政治文化内在地包含政治价值观。政治文化大体可以分为狭义和广义两种。"狭义的政治文化，系指人们的政治态度、信仰、感情和价值观的总和，属于精神性的范围。广义的政治文化，则指政治学说、政治心理等意识形态与政治规范、政治制度等制度形态的东西均被纳入其内，政治文化的内涵与政治本身没有什么差别。"[2]二者之间的联系在于政治价值观是政治文化的核心，其形成和变革受政治文化的影响。同时，政治价值观的变革可推动政治文化的发展。

2. 政治价值观与政治态度。政治价值观、政治态度均包括认知与感情成分。较之政治态度，政治价值观指涉范围广泛。"政治价值观以指涉政治权力运作为主，包括主权取向、自由权取向、平等权取向、治权分立取向等。政治态度指涉的对象以政治过程为主，政治信任感、政党认同、政治功效意识、公民责任感、政治疏离感等均是常见的政治态度。"[3]政治价值观具有评价功能，政治态度则能够促进政治行动。

3. 政治价值观与政治认同。政治认同强调社会成员对于政治体系、政治价值观、政治机构等心理上的认可、赞同、支持和忠诚，侧重于强调社会成员对政治生活的情感、态度。政治价值观是社会成员看待和评价政治生活的观点和看法，侧重于社会成员对政治权利运行中的是非判断，这种是非判断更体现出人们对于政治生活的理性思考。与此同时，政治价值观与政治认同之间密切相关。政治认同建立在政治价值观的基础之上，当社会成员的政治价值观与统治阶级所主导的政治价值观一致时，他们才能形成关于政治体系、政治运行、政治机构、政治意识形态的政治认同。政治认同是政治价值观行动化的表现，是政治价值观的某种外化。政治价值观是政治认同的基础和前提，一定的政治认

〔1〕 斯大林选集：下卷 [M]. 北京：人民出版社，1979：438.

〔2〕 李德顺. 价值学大辞典 [M]. 北京：中国人民大学出版社，1995：954.

〔3〕 林嘉诚. 政治心理形成与政治参与行为 [M]. 台北：台湾商务印书馆，1988：11-12.

同总是建立在一定的政治价值观的基础上。

4. 政治价值观与政治意识形态。政治价值观属于政治意识形态中的一项重要内容，它是政治意识形态的核心和根本。政治意识形态包括三个方面的具体内容，即"作为意识形态的政治理论（思想）、作为意识形态的政治制度（组织）以及作为意识形态的政治实践（运作和活动）"[1]。其中，政治价值观居于核心和根本地位，政治制度和政治实践是政治理论的外化。简言之，"政治价值观作为政治意识形态的一个层面，是政治意识形态发挥整合力量的定源和指示灯"[2]。

尽管政治价值观与政治意识形态、政治文化相互区别，但它们之间也有着密切的关联。在政治结构中，政治价值及其观念隶属于政治体系中基础性的深层结构，它渗透于政治文化和政治意识形态之中，并与之共同构成了政治结构中的"观念系统"。

第二节　政治价值观教育

政治价值观包括社会政治价值观体系和个体政治价值观。其中，社会政治价值体系处于主导地位，对个体政治价值观的形成与变化起着决定性作用。在现实生活中，占统治地位的阶级为了维护其政治统治地位，致力于通过各种途径和方式将社会政治价值观体系灌输传递给个体，以影响个体政治价值观的形成。而政治价值观教育是其中最为重要的一条路径。

一、政治价值观教育的概念

关于"什么是政治价值观教育"这一问题，目前学界尚未出现专门性的讨论，但就价值观教育概念的讨论较多，我们可以从中得到一些启示。

关于价值观教育概念的讨论，集中体现在强调价值观教育重在培养受教育者的价值理性，即确立价值判断、选择的准则。如杨辛认为："价值观教育，简

---

〔1〕 张秀琴. 政治意识形态的理论、制度与实践 [J]. 北京大学学报（哲学社会科学版），2007（4）：46.

〔2〕 陈义平. 政治人：模铸与发展——中国社会转型期的公民政治分析 [M]. 合肥：安徽大学出版社，2002：178.

单地说是，'对价值本身进行选择的教育'，也就是说要教会学生认识、判断和选择价值观念、价值规范和价值取向的标准和方法。具体来说，在我的学校德育中，就是要教育和引导学生，使其对价值理念、价值规范和价值取向的认识、判断与选择，能够符合我国的社会主义性质，符合我们社会所倡导的健康、文明、积极向上的道德规范和价值标准……价值教育是一种'规范教育'，是向学生进行特定价值观念、价值规范的灌输。"[1]简言之，价值观教育主要是培养学生的价值理性，而价值教育主要是向学生传递价值知识。本书认为，价值教育是价值观教育的基础，因为价值理性是建立在价值认知的基础上的。价值观教育就是对受教育者进行价值知识传递和价值理性培养的教育。

上述关于价值观教育概念的分析对我们界定政治价值观教育的概念具有重要借鉴意义。那么，政治价值观教育的内涵是什么？对于这个问题，我们可以从政治价值观教育产生的原动力出发进行讨论。

政治价值观教育产生的原动力是"发展中的人"与"政治人"之间的矛盾。从政治学角度看，人分为自然人、政治人和介于两者之间的"发展中的人"。自然人是指没有政治意识，没有政治能力，因此也没有相应的政治权利和政治义务的人。政治人则是指在长期的政治生活中，逐渐具备一定的政治意识、政治知识、政治理性，并享有政治权利和承担政治义务的人。发展中的人是指从自然人向政治人过渡阶段的人。实际上人处于自然人状态的时间非常短，大部分时间处于"发展"状态。换言之，人更多的是"发展中的人"。发展中的人与政治人之间存在矛盾，这是一个基本事实。人在刚出生时，相对于他的生存需要和现成社会的政治文化来讲，其身心还处于"未成熟"的状态。政治人是人在其社会政治生活中，逐渐熟悉该社会政治文化的前提下实现的。相对于政治人而言，发展中的人处于"未完成""未成熟"的状态，是人所处的实然性状态，政治人是人进入社会政治生活后所处的应然性状态，这种实然性状态与应然性状态之间的矛盾和张力就成为政治价值观教育存在和发展的原动力。因此，政治价值观教育的主要任务就是将社会主导政治价值观传递和传播给社会成员个体，使他们实现从发展中的人向政治人的转变。

---

[1] 杨辛. 德育：价值教育还是价值观教育 [J]. 基础教育研究，2004（11）：10.

二、政治价值观教育的目的和内容

马克思认为："一方面，人改造自然。另一方面，是人改造人。"[1]政治价值观教育作为人改造人的实践活动，其生成和发展的目的是什么？包括哪些内容？这是我们必须认真思考和回答的问题。

（一）政治价值观教育的目的

从政治学角度看，政治统治的最高境界是全社会对占统治地位的政治集团所主导的政治价值观、政治理念、政治原则广泛而高度的接受、认同和支持。作为宣传、灌输政治意识形态的重要途径和工具的政治价值观教育，其核心目的就是将占统治地位的政治集团所主导的政治价值观传播到被统治阶级中，以增强被统治阶级的政治认同感，继而使统治阶级获得政治权威，巩固统治地位和利益。这是因为"一种学说在人心中产生的效果，不是在创造该学说的人中，而是在信奉该学说的人中显示得最为明显"[2]，且一种持久而安全的民主政体必须获得它在政治上积极参与的公民（至少是大多数公民）的实质性支持。有了这种支持，政治体系和政治秩序才能良性运转，统治阶级的政治合法性才能得到巩固和增强。相反，"如果没有经常的措施来灌注对制度规则和其权威当局正确性的信仰，成员们可能很快就失去对输出的那种'应然'感"[3]，为此"每一个系统都试图通过宣传适当的意识形态来加强合法性的纽带"[4]。在阶级社会里，国家仅仅通过构建具有普遍性、合理性的政治价值观是远远不够的，必须通过采用常态化教育的方式和手段将这些政治价值观源源不断地灌输进社会成员的头脑之中，并使其接受和认同。唯有如此，具有普遍性的国家主导的政治价值观才能发挥其应有的作用。

政治价值观教育的目的不仅是将统治阶级的政治价值观传播给社会成员以巩固其统治地位，而且是要通过传授既定政治价值观知识和规范帮助社会成员准确定位"我是谁"并确定自我价值。现代国家的主权属于"人民"，即"人民主权"，而"人民"是由"想象的共同体"的故事打造出来的。"人民"掌握

---

〔1〕 马克思恩格斯选集：第 1 卷 [M]. 北京：人民出版社，2012：167-168.

〔2〕 J.S. 密尔 . 代议制政府 [M]. 汪瑄，译 . 北京：商务印书馆，1982：151.

〔3〕 戴维·伊斯顿 . 政治生活的系统分析 [M]. 王浦劬，译 . 北京：人民出版社，2012：293.

〔4〕 戴维·伊斯顿 . 政治生活的系统分析 [M]. 王浦劬，译 . 北京：人民出版社，2012：294.

着最高权力，其目标不是完成上级命令，它所追求的是某种理想，而这个理想又需要以一个故事表达出来。故事的主题和内容可能是追求对传统的继承与保存，比如个体的自由、平等，全人类的解放等。这个故事就是意识形态，如社会主义、自由主义、保守主义、社群主义等。其中，政治价值观是"想象的共同体"追求的意识形态的核心，展现了共同体在政治方面所追求的价值方向。质言之，政治价值观是共同体用来定位、追问"我是谁"，并通过政治价值实践获得"自我存在"意义及充实感的展现。然而，共同体的政治价值观不会自发成为"人民"的普遍认识，而是需要通过教育的方式成为人民认识、评判世界和政治生活标准以及未来追求的价值方向。因此，政治价值观教育的另一目的是帮助社会成员实现自我定位，以获得存在的意义感。

（二）政治价值观教育的内容

政治价值观教育的目的决定了政治价值观教育的内容。为维护自身统治地位，提高社会成员的个体政治素养，统治阶级主要从以下三个方面入手，对社会成员进行政治价值观教育。

1. 国家主导政治价值观知识和规范。政治价值观教育的首要内容便是将国家主导的和所提倡的政治价值观知识和规范传递给社会成员个体，使其明确国家提倡哪种政治价值观，反对哪种政治价值观，便于社会成员在日常政治生活中准确分辨、评价政治现象和政治事件。

2. 政治价值理性。当社会成员掌握了一定的政治知识、政治价值观知识和规范之后，并不能够或必然对相关政治事件作出准确评价和认识，这就要求政治价值观教育必须着力培养社会成员的政治价值判断、选择和评价能力，使其依据国家政治标准和政治原则对具体政治事务和政治事件作出是非、善恶、公正与偏私的判断和评价。

3. 政治参与能力。政治参与能力是对政治价值知识和政治价值评判能力的巩固、升华。政治参与能力包括两个方面。一是政治参与知识。政治参与知识包括社会成员参与国家政治生活的权利和义务，以及国家制定的有关政治参与的法律规范等。在政治参与能力培养中，应将这些知识教授给社会成员，使其明确政治参与的规则和制度。二是政治参与技巧。这是政治参与能力培育的核心内容，主要是引导和帮助学生按照国家有关政治参与的法规，依法并有效地参与国家政治生活。

政治价值观教育三个方面的内容之间密切相关。政治价值观知识是政治价值理性、政治参与能力生成的基础；政治参与能力是政治价值观知识和政治价值理性的实践检验和巩固；政治价值理性是政治价值观知识与政治参与能力的中介，是政治价值观教育的重点和难点。

三、政治价值观教育的作用

在近现代社会，政治价值观的变迁往往会引发社会制度的变迁。政治价值观的力量如此强大，它甚至可能突破国际格局的约束、经济利益的考量、国家暴力机器的压制，以促进国家和社会制度的变化。从某种程度上讲，政治价值观对于社会制度具有一种很强的引力作用。当政治价值观领先社会制度太多，它会拉动社会制度向前进；而当社会制度超前于政治价值观太多，政治价值观又会将社会制度拽回到与之相匹配的水平。只有经由政治价值观的变迁推动，社会制度的变迁才是坚固的、扎实的、可持续的。这是因为政治价值观一旦形成，往往具有相当的韧性和稳定性。因此，实施政治价值观方面的教育显得尤为重要，其作用主要体现在以下四个方面。

1. 强化政治价值共识，推进国家政治生活良性运转，促进政治秩序迭代演化。拥有基本的政治价值共识是国家和社会能够有效应对政治风险的前提，这是因为政治稳定与发展并不能仅仅依靠具有高度抽象性的规章、制度与政策条文，还要依靠社会的政治价值共识。政治价值共识是政治体系稳定和政治秩序良性运转的文化基础。托克维尔在《论美国的民主》一书中，高度强调政治价值共识对于政治实际运转的重要性。孟德斯鸠在《论法的精神》一书中也强调："政体的性质是构成政体的东西；而政体的原则是使政体行动的东西。一个是政体本身的构造；一个是使政体运动的人类感情。"[1]迈克尔·罗斯金等认为："当理念变得更加实用，更为现实，意识形态就成为一个重要的凝结剂，能够把各种运动、党派、革命团体都聚合起来。"[2]相反，如果统治者和被统治者、不同阶层、不同政治力量、不同族群就政治正义、个人权利、社会平等等最根本的

---

〔1〕 孟德斯鸠.论法的精神（上卷）[M].张雁深，译.北京：商务印书馆，1961：19.
〔2〕 迈克尔·罗斯金，等.政治科学 [M].林震，等译.北京：华夏出版社，2001：105.

政治价值和政治观念无法形成基本一致的看法，那么国家将很容易陷入撕裂、冲突和失序之中。

民众依靠的政治价值共识形成了多样化的合作关系，维护了国家政治生活、政治秩序的正常运转，继而对经济、文化等多个领域产生积极影响。反之，一个国家一旦失去了基础性的政治价值共识，其基本政治制度、政策的共识就会出现撕裂，社会不可避免地将陷入无序状态。因此，政治价值共识是国家政治秩序正常运转和政策执行落实的前提。这里需要注意的是，一个有政治价值共识的社会，也同样存在政治方面的争论与冲突，但如果争论与冲突是建立在基本的政治价值共识基础上的，将推进国家政治生活朝着良性方向发展。如果没有政治价值共识作为基础，争论与冲突极有可能演变为自我情绪的宣泄和自我政治立场的表达，其目的仅仅是己方获胜，结果就是政治秩序被破坏进而导致政治生活的混乱、政治文化的倒退和社会失序。

基于此，"任何社会，为了能生存下去……必须紧密地围绕保持其制度完整这个中心，成功地把思想方式灌输进每个成员的脑子里"[1]。显然，政治价值观教育能够使国家主导政治价值被民众了解并认同，进而形成对于政治秩序运转的共识。这种基础性的政治价值共识，一方面能够形成良性的政治合作关系，保障国家政治秩序的有效运转、政策的贯彻落实，最终促进国家经济、文化等领域的进步；另一方面能够强化政治争论与冲突的基本知识和逻辑，避免争论与冲突导致国家政治秩序和政治生活的自我败坏、社会失序风险的提升。政治价值观共识的争论与冲突将成为推动国家政治良性发展的动力，进而促进政治生活的迭代演化。

2.增强政治合法性，维护并巩固阶级统治。政治合法性是指政治统治的合理性与正当性，它通过民众对政权的认可和拥护程度表现出来。政治体系能否得到民众的认同，关键在于其倡导的政治价值观最终能否与民众的政治价值观达到一致，能否得到民众的认可。"即使是最强者也绝不会强得足以永远做主人，除非他把自己的强力转化为权利，把服从转化为义务。""强力并不构成权利，而人们只对合法的权力才有服从的义务。"[2]统治者必须能够获得民众的普

---

〔1〕 安东尼·奥罗姆.政治社会学 [M].张华青，等译.上海：上海人民出版社，1989：317.

〔2〕 卢梭.社会契约论 [M].何兆武，译.北京：商务印书馆，1982：12-14.

遍认同与支持,给其政治统治"盖上社会普遍承认的印章"[1],这样的政治统治才能长久。事实上,"一个合法性信仰对于维持支持来说是必不可少的,至少对于那些历史悠久的政治系统来说是必不可少的"[2]。合法性本身"意味着某种政治秩序被认可的价值"[3]。只有"建立在价值基础之上并以此得到公共舆论承认的即为合法的"[4],而且"社会群体鉴别一个政治制度是否合法的依据,是看它的价值取向与他们的价值观取向如何相吻合。"[5]

在阶级社会中,统治阶级总是通过教育的方式塑造人们对世界和政治生活的理解和认同感,以实现对社会的思想领导和控制,强化其政治合法性。对此,马克思明确指出:"人们在自己生活的一定的社会生产中发生的一定的、必然的、不以他们意志为转移的关系,即同他们的物质生产力的一定阶段相适应的生产关系。这些关系的总和构成社会的经济结构,即有法律的和政治的上层建筑竖立其上并有一定的社会意识形式与之相适应的现实基础。"[6]在马克思看来,"法律的和政治的"国家机器和"观念的上层建筑"是维护阶级统治的两种基本形式。统治阶级通过意识形态,尤其是政治价值观的宣传、教育能够帮助民众了解其主张的政治价值观内容,明确国家在政治方面倡导什么、反对什么、国家政治运行与未来发展的价值导向,形成一定的政治情感与态度,从而引领、整合民众的多元政治价值取向,简化民众政治认知过程,增强其政治信息敏感性,获得民众的普遍"同意",以维护和巩固统治阶级的根本利益。对此,马克思指出:"批判的武器当然不能代替武器的批判,物质力量只能用物质力量来摧毁,但是理论一经掌握群众,也会变成物质力量。理论只要说服人,就能掌握群众;而理论只要彻底,就能说服人。"[7]马克思非常注重理论对实践的反作用,这是因为通过政治价值观教育可将占统治地位的政治标准与政治导向,社会化于社会成员个体的政治价值观念之中,这对于统治阶级的政治稳定与政治发展具有重要价值。

〔1〕 马克思恩格斯选集:第4卷[M].北京:人民出版社,2012:123.
〔2〕 戴维·伊斯顿.政治生活的系统分析[M].王浦劬,译.北京:人民出版社,2012:268-269.
〔3〕 哈贝马斯.交往与社会进化[M].张博树,译.重庆:重庆出版社,1989:184.
〔4〕 吴惕安,俞可平.当代西方国家理论评析[M].西安:陕西人民出版社,1994:284.
〔5〕 吴惕安,俞可平.当代西方国家理论评析[M].西安:陕西人民出版社,1994:284.
〔6〕 马克思恩格斯选集:第2卷[M].北京:人民出版社,2012:2.
〔7〕 马克思恩格斯选集:第1卷[M].北京:人民出版社,2012:9-10.

3.创新政治文化,推动政治发展。政治文化是政治体系的价值支撑,它赋予政治体系以某种正当性,这一正当性是政治体系有效地进行"权威性的价值分配"的关键所在。每一个现实的政治体系将通过政治社会化,向社会成员传播其政治文化。政治体系通过向民众开展政治价值观教育,使其所主导的政治文化才能得以传播、维持和创新。通过政治价值观教育,一方面能够对社会成员进行政治价值观方面的教化,继而使政治文化得以传播、维持;另一方面能够激发社会成员个体将内化于心的政治价值外化于政治情感和政治行为。当政治体系在得到民众反馈时,也会主动调适政治体系自身的价值取向。在这种情况下,政治文化便得以创新。政治文化的创新与发展必然带动政治的发展,并促使国家和世界制定出更为符合人们利益的政治制度、政治秩序以及相关政治策略等。

4.帮助个体强化政治价值理性,提升政治素养。现代社会的基本形式为权力高度集中且覆盖面广的民族国家。民族国家是人为构建出来的一种共同体,这里的民族不是血缘、人种意义上的族群,而是与国家建构紧密联系在一起的政治性民族。于是,民族认同、爱国主义以及在此基础上的个体与政府之间的连接成为现代人必须面对的问题。对此,马克思强调:"人是最名副其实的政治动物,不仅是一种合群的动物,而且是只有在社会中才能独立的动物。"[1]与此同时,现代国家也是绝对主义国家,即在国家领土内部,政治权力能够直达基层,对个体生存与发展产生直接影响。但对现代人而言,伴随着分工高度细化和复杂化,个体凭借自身的专业知识只承担某一领域中某个环节的细小分工,很难把握整个领域的运行状况,更别说去理解异常复杂的社会。在面对重大政治事件和社会问题时,个体难以自觉形成准确的价值判断,极易被错误的言论和自身情绪所左右,从而丧失了基本的政治理性,这将导致政治价值认同方面的纷争和社会内部的撕裂。然而,由于社会成员个体的政治价值观无法自然生成,因此需要国家对其进行宣传、教育。对此,列宁指出:"工人本来也不可能有社会民主主义的意识。这种意识只能从外面灌输进入,各国的历史都证明:工人阶级单靠自己本身的力量,只能形成工联主义的意识"[2]。因此"我们应当

---

〔1〕 马克思恩格斯文集:第8卷[M].北京:人民出版社,2009:6.
〔2〕 列宁选集:第1卷[M].北京:人民出版社,2012:317.

积极地对工人阶级进行政治教育，发展工人阶级的政治意识。"[1]

现代国家积极推行政治价值观教育的重要意义集中体现在帮助其实现政治社会化，强化政治理性，提升政治素养。所谓政治社会化，是指个体以各类社会组织、机构为介体，了解相关的政治倾向和掌握相关的政治行为方式的过程。[2]个体自出生之后，便面临着实现从自然人向政治人转变的人生命题。唯有如此，个体才能适应国家的政治生活，并被政治体系接纳和认可。而政治价值观教育活动能够帮助个体了解、掌握本国的基础性政治价值知识，以形成相应的政治情感，并具备一定政治价值评判选择能力和政治参与能力，进而适应并推动国家政治文化发展与进步。

第三节　政治价值观教育的合法性

政治价值观教育合法性是指社会成员对社会（一定阶级、政党和社会集团）所施加的政治价值观教育的认可与接受，它包括两方面内容。一是是否应该进行政治价值观教育，二是能否进行政治价值观教育。政治价值观教育合法性是关乎政治价值观教育能否立足的根本问题。如果政治价值观教育不具备合法性，那么政治价值观教育活动所传授的内容就会遭到质疑与排斥，其教育效果将大打折扣。然而，目前学界对这一论题的关注和专门性研究甚少。本书认为，我们有必要从理论层面出发，追问"是否应该进行政治价值观教育""能否开展政治价值观教育"这两个问题。

一、政治价值观教育的必要性

对"是否应该进行政治价值观教育"这一问题，古今中外很多学者持肯定态度，本书不再展开阐述，而将分析的重点放在对此持否定态度的观点上。

当代美国教育哲学家迈克尔·阿普尔（Michael Apple）提出了"谁的知识最有价值"这一问题。在他看来，教育从本质上讲是一项更广泛的事业，但

---

[1] 列宁选集：第 1 卷 [M]. 北京：人民出版社，2012：342.
[2] Kennith P. Langton.Political Socialization [M]. New York：Oxford University Press，1969：5.

"并非一个价值中立的事业。"[1]知识的合法性问题恰恰涉及的是教育的本性，而教育的本性则绝不仅仅是教育自身的问题。"应该教什么……不（仅仅）是一个教育的问题，而且从本质上讲也是一个意识形态和政治的问题。"[2]实际上，迈克尔·阿普尔对"谁的知识最有价值"的发问，就是在讨论何为真正合法的知识的问题。从迈克尔·阿普尔的观点来看，作为从属于教育范畴中的政治价值观教育的合法性问题值得我们思考。换言之，政治价值观教育并不具备天然的合法性。同时，20世纪中期风行于美国，后为世界其他国家所普遍推崇的"价值澄清理论"，其核心思想主张价值观不应通过教育而获得，只需进行价值澄清即可。他们强调个人价值选择的自由，因此将价值教育的重点从价值内容转移到澄清个人已有价值观的过程中，而教师在教育过程中的重要任务是帮助学生澄清他们自己的价值观，而非将教师认可的价值观传授给学生。当价值观不再具有教育上的合法性时，作为价值观中一种的政治价值观，当然也就失去了其教育上的合法性。那么，政治价值观教育真的不具备合法性吗？本书认为，答案是否定的。

1. 从教育角度看，政治价值观教育具有合法性。我们可以从两个视角出发讨论这一问题。（1）从教育的本质来看，政治价值观教育具有合法性。由于教育必然涉及公共利益，所以教育不可能是中立的。教育必然受社会中各种意识形态，尤其是政治意识形态的影响，它的最终目的并不在于帮助企业生产"人力资本"，而在于向社会成员个体传递意识形态。列宁指出："学校可以脱离生活，可以脱离政治，这是撒谎骗人。"[3]学校应当使青年"自己能够养成共产主义的观点"[4]，应当"使人们在学习期间就成为铲除剥削者这一斗争的参加者"[5]"应该使培养、教育和训练现代青年的全部事业，成为培养青年的共产主义道德的事业。"[6]迈克尔·阿普尔认为，教育从本质上讲是一个意识形态、伦理和政治的问题。他强调："教育中涉及的理论、政策和实践不是技术性问题，它们本质上是伦理性和政治性问题，并且最终涉及……（公共利益）的热切的

〔1〕 迈克尔·阿普尔. 意识形态与课程 [M]. 黄忠敬，译. 上海：华东师范大学出版社，2001：1.
〔2〕 迈克尔·阿普尔. 意识形态与课程 [M]. 黄忠敬，译. 上海：华东师范大学出版社，2001：1.
〔3〕 列宁全集：第35卷 [M]. 北京：人民出版社，1985：77.
〔4〕 列宁选集：第4卷 [M]. 北京：人民出版社，2012：293.
〔5〕 列宁选集：第4卷 [M]. 北京：人民出版社，2012：293.
〔6〕 列宁选集：第4卷 [M]. 北京：人民出版社，2012：288.

个人选择。"〔1〕在迈克尔·阿普尔看来，学校作为开展教育活动的核心场所，实际上是文化保守和分配的机构，它的主要职能在于某种意识形态的再生产。因为"教育已经被深深地政治化……教育和不同的文化、经济和政治力量总是不可分的有机联系体。教育政策和实践中的一切都是权力集团和社会运动斗争的结果。他们努力使他们的知识合法化，保护或增强他们的社会活动模式以及增强他们在大的社会舞台上的力量。"〔2〕学校就是再生产这种有机联系体的意识形态的场所，借助于学校这种再生产活动，社会控制得以保持，统治集团的合法性得以巩固。实际上，"在某种程度上，现代教育机构的结构、组织原则、管理和功能等，正是现实的政治、经济和文化权力所赋予的……学校不可能是一个隔绝在意识形态霸权之外的孤岛，学校充当了分层阶级社会中阶级关系的经济和文化再生产的权力机构的角色。"〔3〕当然，除学校教育外，还有其他教育机构，这里不再多加阐述。（2）从教育的内容来看，政治价值观教育具有必要性。教育本身包括两个方面的内容，即知识教育和价值观教育。"事实上，教育作为人类成长所特有的过程，总是包含着一种不可缺少的成分——人们中间传达某些重要的价值观，尤其是向社会的下一代传达基于历史经验证明值得恪守的价值原则。只要谈到的是完整意义的教育，就不可避免地要肯定教育必然是根植于特定价值观的，它不可能不同时传达知识与价值观这两种内容……教育当然不是价值无涉的，它只是在处理知识方面的内容时具有相对有限的价值中立性。"〔4〕教育本身必然包含着价值观的教导与传承，这足以说明价值观教育存在的必要性。因此，作为属于价值观教育范围的政治价值观教育，也同样具有其存在的必要性。

2. 从人的存在和需要角度来看，政治价值观教育具有合法性。社会性是人的根本属性，这是因为"人的本质是人真正的社会关系，所以人在积极实现自己的本质的过程中创造、生产人的社会联系、社会本质"〔5〕。人无法离开社会存

---

〔1〕 迈克尔·阿普尔. 意识形态与课程 [M]. 黄忠敬，译. 上海：华东师范大学出版社，2001：2.

〔2〕 迈克尔·阿普尔. 官方知识：保守时代的民主 [M]. 曲囡囡，刘明堂，译. 上海：华东师范大学出版社，2004：10.

〔3〕 林晖. 阿普尔教育哲学思想中的"合法知识"与"意识形态"问题 [J]. 马克思主义与现实，2007（3）：44.

〔4〕 杨柳新. 大学的价值观教育与文化认同 [J]. 北京大学教育评论，2008（4）：108.

〔5〕 1844 年经济学哲学手稿 [M]. 北京：人民出版社，2000：170.

在，因此任何人都不可避免地置身于社会和国家之中，学习社会规范，适应和参与社会活动。在阶级社会中，人既是社会性存在，又是政治性存在，每一个人都从属于特定阶级。阶级关系是人的社会性存在无法摆脱和超越的现实社会关系。对此，马克思明确指出："人即使不像亚里士多德说的那样，天生是政治动物，无论如何也天生是社会动物。"[1] 任何一个人都不可避免地受到政治的影响，并与政治共同体发生相互作用。人的政治性存在决定了个体必须接受政治价值引导与教化，同时将国家主导政治价值观内化并变为自身的观念和行为，从而成为真正的政治人。而"一个试图逃避意识形态教化的人只可能是自然存在物，而不可能是社会存在物，也就是说，接受一种政治意识形态正是人们在任何特定的社会中从事任何实践活动的前提……意识形态并不是供社会成员自由选择的，不管人们是否愿意，他们都得接受。谁不与一个社会的意识形态认同，谁就不可能进入这个社会，所以，意识形态是通过强制的、无意识的方式为社会成员所接受的。"[2]

人的需要是丰富多彩的，既有生存需要、享受需要、发展需要，也有阶级需要。"人以其需要的无限性和广泛性区别于其他一切动物。"[3] 个体为了更好地在社会中生存和发展，并有效参与社会政治生活，必须通过接受教育获取政治信息、学习政治知识、接受政治意识，形成政治归属感和政治理性。不仅如此，"从个人说世界不过是个逆旅，寄寓于此的这一阵子，久暂相差不远。但是这个逆旅却是有着比任何客栈、饭店更复杂和更严格的规律。没有一个新来的人是在进门之前就明白这一套的……因此，每个要在这逆旅里生活的人就得接受一番教化，使他能在这些众多规律下，从心所欲而不碰着铁壁。"[4] 对每个人而言，教育是必需品。为了更好地融入既定的政治生活和政治秩序之中，人需要具备一定的政治知识以及政治价值判断、选择和政治参与能力，即人对政治价值观具有需要性。政治价值观教育对于人的政治价值观的形成和发展具有重要意义。通过政治价值观教育，人能够获得关于国家以及国际政治的相关知识，学会分析各种政治事件和政治现象，并积极地和负责任地参与政治生活。从更深层次

---

〔1〕　马克思恩格斯全集：第23卷[M].北京：人民出版社，1972：363.
〔2〕　俞吾金.意识形态论[M].上海：上海人民出版社，1993：131-132.
〔3〕　马克思恩格斯全集：第49卷[M].北京：人民出版社，1982：130.
〔4〕　费孝通.乡土中国　生育制度[M].北京：北京大学出版社，1998：64-65.

上讲，人不仅需要适应既定的政治生活秩序，同时也期望实现自我价值并不断推进政治生活朝着更加良性的方向发展。"人的存在展现为一条'永不符合自身的矛盾原则'，人在这种不断否定的超越过程中把自己展现为世界。……人无时无刻不为超越自身存在的'局限'而驱使，从而形成来自人的存在的特有的'超越本性'……超越性是人的价值存在的本质，人的生命就是对已有存在状态的不断否定和对新的存在状态的不断创造……价值教育就是对人的超越性的成全与推动"〔1〕。具体到政治价值观教育，它能够帮助人们实现政治认识与政治价值理念上的超越。政治价值观教育更重要的意义在于，将有关国家和国际政治生活未来发展趋势的相关理论传递和传播给人们，帮助人们提高自身的政治认识和政治参与能力，最终推动政治生活的良性发展。由此我们可以看出，政治价值观教育具有存在的合法性。

3. 从国家角度看，政治价值观教育具有合法性。启蒙运动时期的思想家，如霍布斯、洛克、卢梭均认为，国家为保障个体自然权利以契约形式建立了共同体，其根本目的是以自然法为依据保护公民个体的生命、财产和自由。黑格尔认为："国家的根据就是作为意志而实现自己的理想的力量。"〔2〕马克思、恩格斯从人的社会存在、社会关系和历史角度出发对国家的本质进行了思考。他们认为："国家并不是从来就有的……在经济发展到一定阶段而必然使社会分裂为阶级时，国家就由于这种分裂而成为必要了。"〔3〕"国家是承认：这个社会陷入了不可解决的自我矛盾，分裂为不可调和的对立面而又无力摆脱这些对立面。而为了使这些对立面，这些经济利益互相冲突的阶级，不致在无谓的斗争中把自己和社会消灭，就需要有一种表面上凌驾于社会之上的力量，这种力量应当缓和冲突，把冲突保持在'秩序'的范围以内；这种从社会中产生但又自居于社会之上并且日益同社会相异化的力量，就是国家。"〔4〕国家是阶级矛盾不可调和的产物，也是实现阶级统治的工具。

统治阶级为了维护、巩固自身统治利益，不仅要求在经济上占据统治地位，而且要求在精神领域也占据主导地位。"统治阶级的思想在每一时代都是占统治

〔1〕 王葎. 价值观教育的合法性 [M]. 北京：北京师范大学出版社，2009：93.

〔2〕 黑格尔. 法哲学原理 [M]. 范杨，张企泰，译. 北京：商务印书馆，1961：259.

〔3〕 马克思恩格斯选集：第4卷 [M]. 北京：人民出版社 2012：190.

〔4〕 马克思恩格斯选集：第4卷 [M]. 北京：人民出版社，2012：186-187.

地位的思想。这就是说，一个阶级是社会上占统治地位的物质力量，同时也是社会占统治地位的精神力量。支配着物质生产资料的阶级，同时也支配着精神生产资料"[1]。在阶级社会中，统治阶级凭借其经济政治实力控制着精神生产资料，并进行着思想的生产、加工、分配。国家需要也必会将一定政治价值观灌输和传导给社会个体，以促使其形成符合一定阶级利益和国家发展的个体政治价值观念。维护统治的合法性和社会秩序的合法性决定了政治价值观教育存在的合法性。即使在政治价值多元共存的现代社会里，政治价值观教育仍然具有合法性和重要性。正如利可纳所言："即使在文明冲突、价值多元的社会中，仍然存在普遍认同的价值，除非我们承认正义、诚实、文明、追求真理等价值观，否则价值多元是不能成立的……问题不应当是'要不要教价值观？'而应当是'教哪些价值观？'和'怎样教这些价值观？'；传授正确的价值观过去是、现在仍然是文明之举。"[2]通过上述分析我们不难看出，政治价值观教育具有其存在的必要性。

二、政治价值观教育的可能性

对于政治价值观教育的可能性，学者们大致持两种截然相反的观点。一种观点认为，政治价值观教育具有可能性。在古希腊时期，苏格拉底提出了"美德即知识"的命题。在他看来，没有人喜欢或追求恶，作恶的主要原因是对善的无知。科学的真知和道德的真知都是智慧或知识。道德的知识不过是知识的一部分。一个真正有知识的人，他的灵魂一定是智慧的。一个拥有真正智慧的人，他的灵魂就一定会使他采取正确的行动。具有善灵魂的人就不会做出不道德的事。相反，则可能纯系偶然、伪善或好心地办坏事。如果将政治价值观当作一种知识，那么政治价值观便是可教的。我国一直强调政治价值观是可教的。《大学》开宗明义："大学之道，在明明德，在亲民，在止于至善。"[3]王夫之则言："天无所不继，故善不穷；人有所不继，则恶兴焉。"[4]"教者皆性，而性必

〔1〕马克思恩格斯选集：第 1 卷 [M]. 北京：人民出版社，2012：178.

〔2〕Thomas L. Education for Character：How our school can teach respect and responsibility [M]. New York，Bantam Books，1991：20-22.

〔3〕罗安宪. 大学　中庸 [M]. 北京：人民出版社，2017：1.

〔4〕王夫之. 周易外传 [M]. 北京：中华书局，1977：182.

有教，体用不可得而分也。"[1]王葎从教育哲学的角度出发，通过分析人的存在方式、价值观的属性和教育存在的前提及其承诺，认为人的存在具有对价值观教育的内在规定，即价值观教育具有可能性。在她看来，价值观教育的逻辑起点是人的存在的"自觉"与"自决"；事实前提是人的存在的"既成"与"可能"；教育的主题是人的存在的"差异"与"普遍"；教育的实现是人的存在的"教化"与"传承"；教育的目标是人的存在的"生成"与"超越"[2]。该观点肯定了价值观教育的可能性，作为属于价值观教育之一的政治价值观教育，其可能性也随之得到肯定。

与之相反，另一种观点则认为政治价值观教育不具备可能性。苏格拉底指出，道德不仅是知识，而且是一种人们践行道德的"识见"。它不可能通过说教与学习去获得，而是需要道德主体通过"无知的觉悟"才能彻底领悟。因此，苏格拉底从反对诡辩家们用灌输主观臆见的方式教授道德的立场出发，认为"德是不可教的"。在古希腊时期"德"是最为广泛的概念，包含政治价值观的内容，因此我们可以断定：在苏格拉底看来，政治价值观是不可教的。20世纪70年代兴起于美国的价值澄清学派明确指出，价值观是不可教的。他们认为，价值观的主体性常常表现为个体性，是个体和群体自由选择的结果，并不能依靠灌输或强制的手段来获得。在价值澄清学派的代表人物拉思斯看来："价值是个体经验的产物。它们并非孰真孰假的问题。我们并没有求助于百科全书或教科书以寻求价值。……价值是个非常个人化的概念的结论。"[3]拉思斯还为"价值"这一术语设立了一些标准，即"①经自由地选择；②选自各种可能选择；③在充分的思考之后；④被珍视和珍爱；⑤向他人确认；⑥体现于实际行为中；⑦在个体的生活中反复出现。"[4]在价值澄清的过程中，"身为教师，我们必须清楚，既然我们无法强制规定儿童的生活环境，我们也就不能发号施令，规定他们应该持什么样的价值观。"[5]根据价值的形成过程（即选择、珍视和行动），教师在帮助学生进行价值澄清时的主要职责包括：关注生活问题，即关注学生的

[1] 王夫之. 读四书大全说 [M]. 长沙：岳麓书社，2011：530.
[2] 王葎. 价值观教育的合法性 [M]. 北京：北京师范大学出版社，2009：81-94.
[3] 路易斯·拉思斯. 价值与教学 [M]. 谭松贤，译. 杭州：浙江教育出版社，2003：34-35.
[4] 路易斯·拉思斯. 价值与教学 [M]. 谭松贤，译. 杭州：浙江教育出版社，2003：49.
[5] 路易斯·拉思斯. 价值与教学 [M]. 谭松贤，译. 杭州：浙江教育出版社，2003：34-35.

价值倾向；表现出对学生的认可，即表示认可学生的价值表述，同时也不必统一学生的表述；激励学生进一步深思地选择、珍视物和行动，即鼓励学生进一步思考他们的言行。[1]实际上，价值澄清理论已经否定了价值观教育的可能性，而作为价值观教育之一的政治价值观教育，自然也不具备存在的可能性。

以上这两种观点都具有一定的合理性。那么，政治价值观到底是否可教？本书以为，答案是肯定的。

1. 从个体政治价值观的生成过程来看，政治价值观是可教的。关于这个问题，我们从两个角度进行讨论。一是从个体政治价值知识获得的角度来看，政治价值观教育具有可能性。个体在从"发展中的人"向"政治人"转变的过程中，首先需要具备一定的政治价值知识。而从学科教学的角度看，这些政治价值知识，如正义、民主等，能够通过系统的教学活动传授给个体，帮助个体形成最初的政治价值认知。由于政治价值观教育包含着政治价值观知识教育，且政治价值知识具有可教性，因此政治价值观便获得了教育的可能性。二是从个体政治价值理性生成过程的角度来看，政治价值观教育具有可能性。这是因为个体政治理性的生成、政治素质的提高，离不开政治价值观教育。政治价值观不仅包含政治价值知识，而且包含政治立场、政治评价、政治参与等。换言之，政治价值观的形成难以单靠说服教育来完成。但由于个体政治价值观的生成又是在一定的政治价值情境或价值影响中完成的，如果我们将这种不自觉的"情境"或"影响"视为潜在的教育形式，那么个体的政治价值评判能力和政治参与能力便是在"教育"中生成的。简言之，我们如果将政治价值观教育中的"教"理解为直接的政治价值观教育和间接的政治价值观教育的统一，教授、学习与实践的统一，政治价值观的知、情、意、行学习的统一，则政治价值观是可以"教"的。

2. 从受教育者接受政治价值观教育的可能性来看，政治价值观是可教的。受教育者具有一定的主体性，其主体性主要体现在受教育者具有明确的自我意识能力、自我驱动能力、反观自己的认识能力、内在的价值尺度。受教育者的主体性决定了其在从"发展中的人"向"政治人"的转变过程中，能够发挥自身的创造性，并按照其内在的价值尺度，通过自我反思、自我驱动等，逐渐形

---

[1] 路易斯·拉思斯. 价值与教学 [M]. 谭松贤，译. 杭州：浙江教育出版社，2003：50.

成自身的政治价值评判标准、政治价值评判能力和政治参与能力。强调受教育者具有主体性并不是说政治价值观教育不重要，而是说它提供了政治价值观教育的可能性。受教育者的主体性并非与生俱有，它是在长期教育影响下（包括直接教育和间接教育）而逐渐获得的。就政治价值观教育而言，受教育者需要通过一系列教育活动来获得其主体性，促进自身政治价值观的形成与发展。一言以蔽之，受教育者所具有的主体性为政治价值观教育提供了可能性。

第二章　改革开放以来大学生政治价值观教育的发展历程

改革开放标志着我国进入了一个新的发展阶段。"以经济建设为中心"取代了"以阶级斗争为纲"，经济建设成为党和国家的工作重心。随着改革开放的深入推进和国际局势的变化，我国的经济制度、社会结构和政治文化发生了深层次变革，大学生政治价值观教育也历经多次调整与创新。本章主要梳理改革开放以来大学生政治价值观教育的发展脉络，以期从中吸取经验教训，为当下和未来提供借鉴。

第一节　拨乱反正，曲折中发展的时期（1978—1991 年）

自党的十一届三中全会召开以后，我国开始拨乱反正，大学生政治价值观教育随之在反思中改革创新。但由于当时国际国内环境的巨大变化，以及政治价值观教育的不足，大学生政治价值认知、立场和政治行为出现了一些偏差。针对这种严峻形势，党和国家及时调整政治价值观教育政策，帮助学生纠正错误认识。对改革开放前（1949—1977 年）大学生政治价值观教育的考察是我们准确认识改革开放以后该项教育工作发展轨迹的前提和研究的逻辑起点。

一、对计划经济时代大学生政治价值观教育的反思

在新中国成立之初，建立在半殖民地半封建社会基础上的新生政权面临这样一个问题：如何在落后国家建设社会主义。当时我国发展战略是，一方面凭借新生政权力量建立社会主义的基本生产关系，为社会主义经济、政治发展提供基础；另一方面大力促进生产力发展，推动经济和社会的现代化发展。这两者之间密切相关，即用社会主义制度推进现代化发展，以现代化发展巩固社会主义制度。对此，毛泽东于 1957 年 3 月在全国宣传工作会议上提出："新的社会制度还刚刚建立，还需要有一个巩固的时间。不能认为新制度一旦建立起来就完全巩固了，那是不可能的。需要逐步地巩固。要使它最后巩固起来，必

须实现国家的社会主义工业化，坚持经济战线上的社会主义革命，还必须在政治战线上和思想战线上，进行经常的、艰苦的社会主义革命斗争和社会主义教育。"[1]这一发展战略赋予了高校两项重要任务。一是进行广泛的社会主义思想教育和共产主义信仰教育，培养社会主义事业的接班人。二是为社会主义现代化建设培养掌握现代科学文化知识的建设者。这决定了大学生政治价值观教育的宗旨是社会主义思想教育和共产主义信仰教育，根本目的是为社会主义现代化建设服务。后来，"大跃进"和人民公社化运动扭曲了社会主义建设与现代化发展之间的关系，导致社会主义现代化建设陷入困境。加之，当时自然灾害和苏联政府背信弃义，国民经济在20世纪50年代末60年代初出现严重困难。及至"文化大革命"时期，我国社会主义现代化建设出现了曲折，在"以阶级斗争为纲"指导思想的影响下，大学生政治价值观教育出现了偏差，在一定程度上对社会主义现代化建设造成了负面影响。

（一）新中国成立后社会制度的变革与大学生政治价值观教育

在新中国成立后相当长的一段时间内，我们坚持经典社会主义理论，认为社会主义经济是一种有组织和有计划的经济，计划经济体现了社会主义的本质属性，必须实行计划经济体制。经过社会主义改造之后，新经济制度具有全面国有化的特征，公有制经济成为唯一合法的经济制度，各种非公有制经济成分则失去了存在的合法性，集体主义的计划经济取代了以往的自然经济形态。在学习借鉴苏联的基础上，我国选择了优先发展重工业的战略，力图通过重工业促进现代国防工业、交通运输业、轻工业、农业的发展。

在政治上，新中国实行了人民民主专政。人民民主专政的基础是工人阶级、农民阶级和城市小资产阶级的联盟。通过建立人民代表大会制度和制定《中华人民共和国宪法》，我国初步建立起国家政治生活的基本框架。人民民主专政和社会主义法制获得了民众的高度认同，并成为我国的主导政治价值观，有力地促成了"一个又有集中又有民主、又有纪律又有自由、又有统一意志又有个人心情舒畅、生动活泼，那样一种政治局面"。[2]国家依据居住地和职业，将人民群众分别纳入乡村的"人民公社"与城镇的"单位"。这两种组织与当时的

---

[1] 建国以来重要文献选编：第10卷[M].北京：中央文献出版社，1994：111.

[2] 建国以来毛泽东文稿：第6册[M].北京：中央文献出版社，1992：543.

户籍制度、粮食供应制度、行政制度和共产党从上到下的组织网络相结合，使得国家的意识形态、制度和政策能够自上而下地渗透于社会生活的各个角落。经过后来的"大跃进"和人民公社化运动尤其是"文化大革命"，"以阶级斗争为纲"成为政治生活的全部，成为人们对政治生活的一般性价值标准。

在教育方面，培养社会主义新人成为新中国教育的价值取向。在新中国成立前夕，中国人民政治协商会议第一届全体会议通过的《中国人民政治协商会议共同纲领》明确规定，要加强"高等教育……给青年知识分子和旧知识分子以革命的政治教育，以应革命工作和国家建设工作的广泛需要"。[1]这给高校思想政治工作提出了总体要求——培养社会主义社会全面发展的新人，即"既有政治觉悟又有文化的、既能从事脑力劳动又能从事体力劳动的人，而不是旧社会的只专不红，脱离生产劳动的资产阶级知识分子"。[2]1957年，毛泽东提出了"应该使受教育者在德育、智育、体育几个方面都得到发展，成为有社会主义觉悟的有文化的劳动者"[3]的社会主义教育方针。又红又专成为当时教育的宗旨，强调在增强人民群众科学技术知识的同时，还要培养他们的阶级觉悟、共产主义修养，即通过教育破除个人主义、利己主义等资产阶级和小资产阶级的思想意识，培养一种具有集体主义、大公无私和为人民服务的雷锋式社会主义新人。从某种意义上讲，"毛泽东时代的中国所追求的不仅仅是经济成就，更为根本的追求是超出了经济范畴的共产主义理想。在很大程度上，国家把人的'社会主义觉悟'看得比知识和技能更为重要"[4]。这一时期，如何开展政治价值观教育以增强民众尤其是青年大学生对中国政治制度、政党制度的认同感成为当时我国面临的一项难题。由于长期以来苏联对我国革命事业的支持，再加上其强盛的国力和在科教文卫事业等方面的巨大成就，毫无疑问地成为我国学习的榜样。

在借鉴苏联教育经验的过程中，凯洛夫的教育理论对我国教育的影响非常深远。通过教学实践活动的反复操练，我国"形成了比凯洛夫还更凯洛夫的教

---

〔1〕 中国人民政治协商会议共同纲领 [N]. 人民日报，1949-09-30（2）.
〔2〕 建国以来重要文献选编：第 11 册 [M]. 北京：中央文献出版社，1995：490-491.
〔3〕 毛泽东文集：第 7 卷 [M]. 北京：人民出版社，1999：226.
〔4〕 杨柳新 . 人力资本与中国现代化——中国人力资本成长模式研究 [M]. 济南：山东大学出版社，2003：84.

学理念：教学的主要目的和任务就是传授知识，传授以教科书为载体的表征可感世界的知识，通过知识的传授，使学生完成规定的学业成为教学的主要任务，因而系统地进行知识教学具有一种权威性、霸主性的地位；以学科（分科）教学、课堂教学为基本组织形式，学科（分科）逻辑成为优先的、首要的规则，其他教学要素成为学科教学的辅助、补充、延伸和拓展；教师是教学中具有绝对权威的传授者、指导者和领导者，师生之间的关系是一种传授与被传授、指导与被指导、控制与被控制的关系"。[1] 20世纪50年代后期至60年代初期，我国形成了具有浓厚"苏联色彩"的大学生政治价值观教育格局。高校开设了"马列主义基础""中国现代革命史""政治经济学""辩证唯物主义和历史唯物主义"等政治必修课。大学生政治价值观教育强调系统化的政治知识教育，表现在课堂教学中就是强调"三基四性"——基本理论、基本知识、基本概念和科学性、系统性、完整性、逻辑性；在教育途径和方式上，强调课堂教学的主渠道地位，教师在教学中占据主导性地位，教育方式方法以课堂讲授为主，辅之以生产实践。

（二）反思计划经济时代的大学生政治价值观教育

自20世纪70年代末开始，在拨乱反正浪潮的影响下，人们对计划经济时代尤其是"文化大革命"时期的大学生政治价值观教育进行了深入反思和深刻剖析，形成了四个主要方面的重要启示。

1.反对盲从，真正领会马克思主义的基本精神。计划经济时代尤其"文化大革命"时期的大学生政治价值观教育之所以出现问题乃至遭遇重创，是因为部分党的领导人没有真正领会马克思主义的基本精神，出现了盲从、迷信倾向。"无产阶级专政下继续革命"理论被贴上了"马克思主义"的标签，成为大学生政治价值观教育的指导思想。政治价值观教育随之完全蜕变为阶级斗争的工具，不遗余力地将一定范围内存在的阶级斗争扩大化，从根本上偏离了正确道路，违背了政治价值观教育的基本原则，使大学生政治价值观教育内容、教育方式、教育目标、教育环境等方面出现了偏离历史现实的问题。反思计划经济时代大学生政治价值观教育，最为重要的教训就是坚持马克思主义而不能教条

---

〔1〕彭钢.从话语权到多元表达——教学理念与教学行为发展轨迹的现实考察 [J].教育科学研究，2002（2）：13.

主义、形式主义地背警句，不能实用主义地对马克思主义、毛泽东思想断章取义。要真正坚持马克思主义，就要努力学习马克思主义基本理论，真正领会马克思主义的基本原则和精髓，真正努力提高马克思主义的理论素养，这样才能在风浪中辨识方向、辨别是非，真正坚持马克思主义。新中国成立以来，尤其是"文化大革命"时期，存在党的干部缺乏独立思考精神的问题，最终导致严重的个人崇拜。因此，党的领导干部要坚持一切从实际出发，实事求是、独立思考、不盲从，对大学生政治价值观教育来说亦是如此。

2. 准确理解和把握政治价值观教育对经济工作和其他一切工作的重要意义。政治价值观教育是经济工作和其他一切工作的重要保障，主要体现在以下两个方面。一是保障经济工作和其他一切工作的社会主义性质和方向。政治价值观教育作为党和国家整个工作的重要环节，通过各种形式的宣传教育活动，帮助大学生深刻认识到党的中心工作的重要性，认识到经济工作和其他一切工作的社会主义性质，认同党和国家关于各项工作的方针政策，并积极投身到国家经济建设和其他社会建设之中。二是为经济建设和社会建设提供精神动力。在保障经济工作和其他一切工作正确方向和性质的前提下，政治价值观教育通过宣传教育方式，将马克思主义理论和其他科学理论传授给大学生，激发他们的积极性和创造性，使大学生树立建设中国特色社会主义的共同理想，坚定走中国特色社会主义道路的信念。然而，在计划经济时代尤其是"文化大革命"时期，"以阶级斗争为纲"成为政治价值观教育的主要内容。过度的政治信仰灌输沦为培养阶级斗争力量的工具，一度使高校秩序出现混乱，在一定程度上对社会主义现代化建设造成负面影响。这种过分夸大精神力量，僭越了人们的思想认识，从根本上违背了马克思主义基本理论。

实际上，政治价值观教育属于社会政治范畴，具有意识形态的属性，是社会上层建筑的重要组成部分。在经济基础决定上层建筑，上层建筑反作用于经济基础的基本关系中，政治价值观教育在为社会经济发展起保障和服务作用的前提下，能够对社会经济起促进作用。因此，在处理政治价值观教育同经济工作和其他一切工作的关系时，我们既不能轻视、忽视、无视政治价值观教育的重要作用，也不能过分夸大它的地位和作用。

3. 政治价值观教育内容应尊重现实。不少人认为，以往大学生政治价值观教育存在脱离现实甚至歪曲现实的情况，片面地宣传国家意志，宣传口号过大、过空，最终使学生在看待社会现实时存在片面性，难以准确、客观地评价和判断国家和社会中的各种现象。如杨茂森认为，过去的宣传工作太绝对，太极端，不符合社会现实。对此，他这样写道："我联想到我们的宣传舆论工具。我们多年来开动一切宣传机器，大张旗鼓地……鼓吹'狠斗私字一闪念'，其效果究竟如何，人们已经看得一清二楚了。问题出在哪儿呢？认真检讨一下，至少应该承认，这些口号华而不实，太极端、太绝对了。人们对不上号，也做不到，所以不易接受，甚至产生厌弃心理。"[1]肖冰认为，过去的政治价值观教育是"全红"的教育，这样"全红"的教育片面地报道社会现实，无法让学生正确认识社会。他认为："'全红'教育，即：教育者（包括学校、家庭、社会）以偏激的感情向被教育者（主要是儿童、少年）灌输的是'清一色'的社会主义'完美'思想。教育者没有把社会主义这一过渡时期的阴暗面披露给被教育者，使他们自幼打下社会主义'完美'的思想烙印……教育不尊重现实，报刊宣传又总是虚夸海口，这样的'全红'教育究竟有多大好处？应该运用唯物主义的辩证法，一分为二地向受教育者传播知识，使他们能够正确地认识人生，认识社会，有一个比较符合实际的想法，不再走'由紫红到灰白的历程'。"[2]

4. 政治价值观教育在方式方法上应讲求科学性，力戒简单化。简单化是指政治价值观教育工作忽视青年学生自身特点和需求，在教育过程中简单机械地分析青年的思想状况，过多运用灌输教育的方法，未尊重学生的主体性。《中国青年》1980年第9期的评论员文章《思想教育工作力戒简单化——二论青年工作要讲求科学性》这样写道：

思想教育的简单化，来源于对人的思想状况的两重性缺乏认识……

思想教育的简单化，也来源于不了解青年思想形成原因的多样性和复杂性。长期以来，在"阶级斗争为纲"的影响下，对青年思想状况的分析，往往机械地套用"各种思想无不打上阶级的烙印"的公式，把各种问题一概归结为阶级立场和世界观方面的问题，而世界观又被归结为只有无产阶级和资产阶级两家。这种无视青年思想形成的复杂原因，形而上学地分析问题的影响，至今仍然相当地普遍地存在于我们不少同志的头脑中……

---

[1] 杨茂森. "大公无私"绝无，"公而忘私"确有 [J]. 中国青年，1980（9）：14.
[2] 来稿摘登 [J]. 中国青年，1980（7）：15.

思想教育的简单化，还来源于没有正确地把握人的思想运动的规律，因而常常采取急于求成、"一刀切"、强行灌输等做法……

思想教育的简单化，又来源于不能摆正教育者与被教育者的位置。这里讲的是教育者对被教育者的态度问题。有的青年工作者，往往以青年"官"自居，摆出"我讲你听，我说你服，我打你通"的架式去对待青年，这只能引起他们的反感。[1]

这种缺乏科学性的青年思想教育工作形成的原因包括：一是它同"文化大革命"十年动乱时期党和国家政治生活的现实密切相关，"同长期存在于我们党和国家政治生活中的阶级斗争扩大化的错误密切相联，也长期地时轻时重地反映在对青年的思想教育中"[2]。二是对于"个人—集体"之间关系的理解产生偏差。在计划经济时代，个人被"嵌入"集体之中，个人的意志、主体性难以得到尊重，常常被淹没于集体意志和集体行动之中。由此对于个人的理解脱离了社会实践本身，将具体的人仅仅看作是推动历史发展的工具，"在相当程度上把集体主义理解为整体主义，忽视了集体的构成问题，仿佛个人只是这架机器上的零部件，自身不具有独立存在的价值意义。这就导致忽视个人价值现象的产生"[3]。

二、改革开放与政治价值的规复、建设

自20世纪70年代后期开始，国际环境发生了重大变化。美国逐渐在美苏争霸中占据了绝对上风，"冷战"业已接近尾声，苏联社会主义体制所暴露出的缺陷越来越明显。此时，"亚洲四小龙"正在腾飞，逐渐在整个亚太地区占据重要战略地位。"和平与发展"取代"战争与革命"成为新的时代主题，全球化浪潮正席卷着每一个国家，为我国经济的发展带来了前所未有的机会。在正确认识我国基本国情和发展阶段的基础上，党的十一届六中全会总结正反两方面的历史经验之后提出："在社会主义改造基本完成以后，我国所要解决的主要矛盾，是人民日益增长的物质文化需要同落后的社会生产之间的矛盾。"[4]这一论

〔1〕 本刊评论员.思想教育工作力戒简单化——二论青年工作要讲求科学性 [J].中国青年，1980（9）：4-5.

〔2〕 本刊评论员.思想教育工作力戒简单化——二论青年工作要讲求科学性 [J].中国青年，1980（9）：4.

〔3〕 旷洋，郑宁.我们社会中的人怎样被"模式化"了 [J].中国青年，1980（9）：12.

〔4〕 关于建国以来党的若干历史问题的决议 [N].人民日报，1981-07-01（1）.

断是党的八大关于社会主要矛盾论断的延伸和完善，彻底否定了"以阶级斗争为纲"的错误理论和实践，把党和国家工作重点转到社会主义现代化建设上来。"以经济建设为中心"成为国家建设和发展的重心。在改革开放政策的推动下，我国从封闭转向开放，积极融入全球化发展进程之中，制度环境和社会发展态势逐渐实现从计划走向市场。其间，我国的主要变化体现在以下三个方面。

1. 努力推进社会制度改革。1978年以后，在反思和借鉴过程中，我国相继进行了一系列社会制度改革。（1）经济体制改革。1978—1991年，我国经历了两次经济体制改革。第一次是从计划经济到计划经济为主、市场调节为辅（1978—1984年）。这一阶段改革的重点和突破口在农村。即农村经济体制改革率先展开，实行了以家庭承包经营为基础、统分结合的双层经营体制。城市的改革主要进行了企业改革试点，并扩大了企业经营范围。第二次是从计划经济为主、市场调节为辅到有计划的商品经济（1985—1991年）。农村经济成为推动以城市为重点的整个经济体制改革的重要力量。党的十二届三中全会制定的《中共中央关于经济体制改革的决定》，把有计划的商品经济作为经济体制改革的目标，这标志着改革的重点从农村转移到城市。这一阶段以增强企业活力为中心，展开了以搞活国有企业、扩大国有企业自主权为重点的城市经济体制改革；围绕建立竞争性市场机制和宏观间接管理体制，相应推进了价格、流通、计划、财税、金融体制改革。（2）政治体制改革。党的十一届三中全会以后，中共中央、国务院在政治体制改革方面进行了大胆实践。党和国家领导干部制度改革是政治体制改革的重要内容。1980年8月，邓小平在中共中央政治局召开扩大会议上发表题为《党和国家领导制度的改革》的重要讲话，系统地总结了党和国家领导体制和领导制度方面的经验和教训，明确地提出了领导制度改革的目标、任务和要求。这一时期，我国进行了领导体制、领导制度和工作作风方面的改革。在领导体制改革方面，增加了中央政治局常委人数，设立了中央书记处作为中央政治局及其常务委员会领导下的处理经常性工作机构，形成了中央书记处、中央政治局和中央政治局常委三个层次的工作机制。除中央委员会外，还恢复了中央纪律检查委员会，新设了中央顾问委员会，并明确规定了各自的任务和权限。为推进社会主义法制建设，党中央印发了《关于成立中央政法委员会的通知》，规定从中央到地方各级党委都设立了政法工作机构。在改善党的领导制度方面，建立了老干部离休退休和退居二线的制度，妥善解决新老干部适当交替的问题。为提高工作效率，克服官僚主义，中共中央领导开展了精简行政机构的工作。（3）实施对外开放，设立经济特区。1979 年，党中央、国务院批转了广东省委、福建省委关于对外经济活动实行特殊政策和灵活措施的报告，决定在深圳、珠海、汕头和厦门试办特区。1984 年，党和国家决定进一步开放大连、秦皇岛、天津、烟台、青岛、连云港、南通、上海、宁波、温州、福州、广州、湛江、北海等 14 个港口城市，并逐步兴办起经济技术开发区。从 1985 年起，又相继在长江三角洲、珠江三角洲、闽东南地区和环渤海地区开辟经济开放区。

2. 社会结构由二元转向多元，个体自主性不断增强。1978—1991 年，我国经济制度由原先的以纯粹的公有制经济为主体逐渐转向有计划的商品经济，经济结构开始呈现出多元化特征。受市场因素和经济结构变革的影响，原先城乡高度封闭的二元社会结构开始发生转变。[1] 社会成员开始依据新的社会资源分配规则在一定范围内自由流动。中国人的社会交往模式开始从封闭型转向开放型。人与人之间、组织与组织之间、地区与地区之间，乃至我国与世界各国之间的联系越来越广泛，交往越来越深刻。[2] 同时，社会成员个体自主性在不断增强。不同于传统社会和计划经济时代，个体受集体或单位的"支配"[3]，改革开放以后，社会成员个体的主体性、自主意识和积极性在商品经济条件下不断增强。

3. 党的工作重点发生变化。1978—1991 年，党的工作重点的变化大致经历了三个阶段。（1）从十一届三中全会到六中全会，解放思想的主要任务是拨乱反正。它以真理标准大讨论为先导。在这次讨论中，我们端正了对马克思主义、毛泽东思想的根本态度，从教条主义、个人崇拜的束缚中解放出来，重新确立了党的思想路线。也是在这次讨论中，"以阶级斗争为纲"被彻底否定，党的工作重点转移到经济建设上来，并制定了社会主义现代化建设的正确的政治路线。（2）以党的十二大召开为标志，党提出了建设有中国特色的社会主义的理论。1982 年，邓小平在党的十二大开幕词中指出："我们的现代化建设，必须从

---

[1] 许欣欣. 当代中国社会结构变迁与流动 [M]. 北京：社会科学文献出版社 2000：156.
[2] 姚俭建，叶敦平. 无形的历史隧道：观念的变革与当代中国的社会发展 [M]. 上海：上海人民出版社，1994：99.
[3] 姚俭建，叶敦平. 无形的历史隧道：观念的变革与当代中国的社会发展 [M]. 上海：上海人民出版社，1994：34.

中国的实际出发。无论是革命还是建设,都要注意学习和借鉴外国经验。但是,照抄照搬别国经验、别国模式,从来不能得到成功。这方面我们有过不少教训。把马克思主义的普遍真理同我国的具体实际结合起来,走自己的道路,建设有中国特色的社会主义,这就是我们总结长期历史经验得出的基本结论。"[1](3)以党的十三大为标志,党中央提出了社会主义初级阶段的理论和党的基本路线。1987年中国共产党第十三次全国代表大会举行,会议作了题为《沿着有中国特色的社会主义道路前进》的报告,阐述了社会主义初级阶段的理论。报告指出,社会主义初级阶段不是泛指任何国家进入社会主义都会经历的起始阶段,而是特指我国生产力落后、商品经济不发达条件下建设社会主义必然要经历的特定阶段。社会主义初级阶段的论断包括两层含义:我国已经进入社会主义社会,我们必须坚持而不能离开社会主义;我国的社会主义社会正处于并将长期处于初级阶段,我们必须正视而不能超越这个初级阶段。与此同时,报告提出了党在社会主义初级阶段的"一个中心、两个基本点"的基本路线,即以经济建设为中心,以四项基本原则为立国之本,以改革开放为强国之路。党的十三大还制定了到21世纪中叶分三步走、实现现代化的发展战略,并提出了政治体制改革的目标任务。

随着党和国家将工作重心转移到经济建设上来,社会主义政治价值观重新得到了认识和恢复。党的十一届三中全会确立了"政治上发展民主,经济上实行改革"[2]的基本要求,党中央决心在政治领域恢复党和国家正常的政治生活秩序,健全民主集中制,完善党和国家各项政治制度,恢复多党合作与协商,加强社会主义法制建设,依法保障公民民主权利;强调坚持四项基本原则,扩大党内民主和人民民主,正确认识人民和社会主义的关系[3];推进党和国家政治生活民主化、批判极端个人主义和无政府主义[4]。对此,1979年邓小平指出,实现四个现代化,必须坚持四项基本原则。次年,他在中央政治局扩大会议上发表讲话,再次强调为适应社会主义现代化建设需要,必须进行改革,"从制度上保证党和国家政治生活的民主化、经济管理的民主化、整个社会生活的民主化、

〔1〕 邓小平文选:第3卷[M].北京:人民出版社,1993:2-3.
〔2〕 邓小平文选:第3卷[M].北京:人民出版社,1993:115.
〔3〕 邓小平文选:第3卷[M].北京:人民出版社,1993:168.
〔4〕 邓小平文选:第3卷[M].北京:人民出版社,1993:320-343.

促进现代化建设事业的顺利发展"[1]。1981 年 6 月，党的十一届六中全会对新中国成立以来党的若干历史问题进行了总结，提出了"逐步建设高度民主的社会主义政治制度"[2]的目标。这奠定了党和国家政治生活全面正常化的思想基础，推动了社会主义政治价值的恢复。

不仅如此，我国开始探索政治价值建设。1982 年，党的十二大将建设高度文明、高度民主的社会主义国家确立为新历史时期的总任务，要求以共产主义思想为核心，建设社会主义精神文明，建设高度的社会主义民主，使其制度化和法律化，使人民能够更好地行使国家权力[3]。为切实保障人民的民主权利，1982 年颁布的新宪法恢复了"人民民主专政"的提法并赋予新的内容，规定"中华人民共和国是工人阶段领导的、以工农联盟为基础的人民民主专政的社会主义国家""中华人民共和国的一切权力属于人民"。新宪法还对国家机构和领导体制作出新规定，确认了社会主义法制。针对政治体制改革，邓小平认为，改革的目标是保持党和国家的活力，发展社会主义民主，健全社会主义法治，"调动群众的积极性，提高效率，克服官僚主义"[4]；改革的原则是坚持社会主义制度，从社会主义实际情况出发，实事求是，反对照搬照抄西方模式，反对资产阶级自由化。

三、拨乱反正，大学生政治价值观教育的恢复与改革

改革开放以后，邓小平提出："科学技术作为生产力，越来越显示出巨大的作用。"[5]要发展科学技术，就要培养杰出的人才，而人才的培养就需要教育。这一时期，党和国家确立了新的教育发展方向和宗旨。就教育发展方向而言，我国提出了教育要面向现代化、面向世界、面向未来。根据社会主义现代化建设的要求和新形势，中共中央印发了《关于教育体制改革的决定》，明确提出："社会主义现代化建设的宏伟任务，要求我们不但必须放手使用和努力提高现有的人才，而且必须极大地提高全党对教育工作的认识，面向现代化、面向世界、

---

[1]　邓小平文选：第 2 卷 [M].北京：人民出版社，1994：336.
[2]　中共中央关于建国以来党的若干历史问题的决议 [N].人民日报，1981-07-01（1）.
[3]　胡耀邦.全面开创社会主义现代化建设的新局面——在中国共产党第十二次全国代表大会上的报告 [N].人民日报，1982-09-08（1）.
[4]　邓小平文选：第 3 卷 [M].北京：人民出版社，1993：177.
[5]　邓小平文选：第 2 卷 [M].北京：人民出版社，1994：87.

面向未来，为九十年代以至下世纪初叶我国经济和社会的发展，大规模地准备新的能够坚持社会主义方向的各级各类合格人才。"[1] 就教育宗旨而言，邓小平根据国际国内形势的新发展提出了对青少年进行"有理想、有道德、有文化、有纪律"的"四有新人"教育目标，成为新时期我国大学生政治价值观教育总的指导方针。[2] 邓小平还强调，在"四有"中有理想和有纪律最为重要。"有理想"就是要树立共产主义理想，这是因为共产主义理想决定着社会主义现代化建设的根本方向。有理想信念，"我们才能团结和动员最广大的人民群众，叫做万众一心。有了这样的团结，任何苦难和挫折都能克服"[3]。"有纪律"是实现理想的保障。"有了理想还要有纪律才能实现……我们这么大一个国家，怎样才能团结起来、组织起来呢？一靠理想，二靠纪律。组织起来就有力量，没有理想，没有纪律，就会像旧中国那样一盘散沙。那我们的革命怎么能够成功？我们的建设怎么能够成功？"[4]"四有新人"教育目标的内在逻辑是必须具备一定的政治素质，包括政治价值取向、政治信念、政治道德和纪律等。这一时期，大学生政治价值观教育在拨乱反正中得以恢复，并进行了相应调整和改革。

（一）大学生政治价值观教育的恢复期（1978—1984 年）

在改革开放初期，人们强烈要求改变"文化大革命"十年所造成的混乱局面，使社会重新恢复到有序状态。这一时期，我国笼罩着浓厚的"拨乱反正"气氛，形成于 20 世纪 60 年代前后的具有"苏联色彩"的大学生政治价值观教育模式得以恢复。

1. 大学生政治价值观教育的复归

在改革开放初期，我国恢复了新中国成立初期构建的具有"苏联色彩"的大学生政治价值观教育模式，集中体现在以下四个方面。

（1）恢复了新中国成立初期的高校马列主义理论课程，并对课程的目的、任务和学时做了详细规定。"粉碎'四人帮'以后，全国高校恢复了'中共党史''政治经济学''哲学'和'国际共产主义运动史'等几门政治理论课"[5]，

---

〔1〕 中共中央关于教育体制改革的决定 [N]. 人民日报，1985-05-29（1）.

〔2〕 十一届三中全会以来重要教育文献选编 [M]. 北京：教育科学出版社，1992：182.

〔3〕 邓小平文选：第 3 卷 [M]. 北京：人民出版社，1993：190.

〔4〕 邓小平文选：第 3 卷 [M]. 北京：人民出版社，1993：111.

〔5〕 普通高校思想政治理论课文献选编（1949—2008）[M]. 北京：中国人民大学出版社，2008：76.

并规定一年级设"中共党史"、二年级设"政治经济学"、三年级设"哲学"、文科四年级另设"国际共产主义运动史",理、工、农、医专业的理论课,一般占教学计划总学时的10%;文科专业一般占20%左右。政治、法律、哲学、历史、财经等各科,根据培养目标的需要,学时比例还可相应增加。为了保证学生对理论课的自习时间,也可以在文科专业每周的课程表上排六节课,理工科排四节课,包括讲授与自学。[1]这一时期政治课的主要任务是"抓好对学生的马列主义理论教育,帮助学生逐步树立共产主义世界观;抓好形势与政策教育,引导学生正确认识政治、经济形势,增强对党、对社会主义事业的信心;抓好革命人生观教育,帮助学生树立正确的学习目的和为人民服务的思想;抓好共产主义道德教育,帮助学生树立集体主义思想和遵纪守法的观念"[2]。

（2）再次确定了教师在政治价值观教育中的职责和主导地位。受我国传统教育思想和苏联教育思想的影响,长期以来教师在教育过程中占据主导地位,正如凯洛夫所言:"教师本身是决定教学的培养效果之最重要、有决定作用的因素……教学的内容、方法、组织之实施,除了经过教师,别无他法。"[3]改革开放以后,党和国家再次明确了教师在大学生政治价值观教育中的职责"是培养出拥护共产党的领导,愿意为社会主义事业服务的学生"[4],并强调"'四人帮'大肆否定教师的主导作用,反对课堂讲授……必须拨乱反正,从思想认识上予以澄清。课堂讲授是教学的主要环节,就教和学两者的关系看,教师无疑起着主导的作用"[5]。在改革开放之初,教师在大学生政治价值观教育中的主导地位再次得到确认。

（3）恢复考试、考查的学习成效评定方式。针对"文化大革命"时期学校取消考试,以政治表现评价学生素质的做法,邓小平于1978年在全国教育工作会议上强调:"考试是检查学习情况和教学效果的一种重要方法,如同检验产品

---

〔1〕普通高校思想政治理论课文献选编（1949—2008）[M].北京:中国人民大学出版社,2008:71-72.

〔2〕就加强学校思想政治工作保护青少年健康成长问题　何东昌向人大常委会三次会议提出报告　加强学校思想政治工作　是教育战线清除精神污染的根本大计 [N].人民日报,1983-11-29（3）.

〔3〕凯洛夫.教育学:上册 [M].沈颖,等译.北京:人民教育出版社,1953:58-60.

〔4〕何东昌向人大常委会三次会议提出报告　加强学校思想政治工作,是教育战线清除精神污染的根本大计 [N].人民日报,1983-11-29（3）.

〔5〕普通高校思想政治理论课文献选编〔1949—2008〕[M].北京:中国人民大学出版社,2008:73.

质量是保证工厂生产水平的必要制度一样。"[1]此次会议通过的《关于加强高等学校马列主义理论教育的意见》明确提出："考试、考查也是必要的教学环节，目的是为了了解学生运用马克思主义的立场、观点、方法去观察事物，解决问题的能力。同时也是检验教师教学效果的方法之一……马克思主义理论学习成绩的评定，要按实际考试、考查的结果，不是按政治表现"[2]，而且"要严格执行考试制度，把马克思主义理论课的学习成绩作为考核学生能否升级和毕业的根据之一"[3]。自此，政治知识测评取代政治表现考察再次成为大学生政治价值观教育成效评估的主要方法。

（4）组织开展一系列政治价值观教育活动。除恢复马列主义理论课程，恢复教师的主导地位和考试、考查的评定方式外，我国还组织开展了一系列的大学生政治价值观教育活动。1981年2月，共青团中央印发了《关于进一步开展学雷锋树新风活动的通知》，明确提出要"在青少年中提倡共产主义的理想、道德和精神，引导青年在四化建设中发挥突击作用……雷锋平凡而伟大的共产主义精神和高尚的品德、情操，曾经感染、鼓舞了千百万青少年，并将继续感染、鼓舞新的一代为祖国、为人民、为四化英勇奋斗"[4]。此后不久，全国总工会、共青团中央、全国妇联等九个单位联合出台了《关于开展文明礼貌活动的倡议》，倡导在全国开展"五讲（讲文明、讲礼貌、讲卫生、讲秩序、讲道德）、四美（心灵美、语言美、行为美、环境美）、三热爱（热爱祖国、热爱社会主义、热爱中国共产党）"活动。[5]按照党和国家的部署和要求，各地各部门和高校积极开展学雷锋树新风活动、五讲四美三热爱教育活动。

2. 对恢复阶段大学生政治价值观教育的反思

在20世纪80年代中期，不少学者认为大学生政治价值观教育存在不能满足学生需要、脱离中国实际、教学内容陈旧和枯燥等问题，必须改革。概括起来，主要包括以下四个方面。

（1）教育目标过于强调社会价值，相对轻视个体价值。苏联教育模式的显

---

〔1〕 邓小平.在全国教育工作会议上的讲话（一九七八年四月二十二日）[N].人民日报,1978-04-26（1）.
〔2〕 普通高校思想政治理论课文献选编（1949—2008）[M].北京：中国人民大学出版社，2008：73.
〔3〕 普通高校思想政治理论课文献选编（1949—2008）[M].北京：中国人民大学出版社，2008：81.
〔4〕 共青团中央关于进一步开展学雷锋树新风活动的通知[J].中国青年,1981（4）：6.
〔5〕 全国总工会等九个人民团体和单位联合发出倡议：开展文明礼貌活动，大兴五讲四美新风[N].中国青年报，1981-02-28（1）.

著特点在于强调教育的国家价值，将教育尤其是价值观教育看作是灌输国家意识形态的工具，相对轻视教育在促进人的全面发展方面的重要作用。苏联教育模式的这一特点在改革开放初期的我国大学生政治价值观教育中也凸显出来。自1978年以后，社会生活得以恢复并正常化，党和国家工作重心转向经济建设，学校的政治工作必须紧密结合为"四化"培养人才这个中心来进行，即"我国高等学校的培养目标必须坚持又红又专的方向，使受教育者在德智体几方面都得到发展，成为有社会主义觉悟的专门人才……四个现代化建设是当前最大的政治，学生为祖国的四个现代化刻苦学习业务，是政治思想好的重要表现。要鼓励学生为'四化'努力攀登科学技术高峰"。[1]此时，大学生政治价值观教育的主要目标在于培养积极投入四化建设人才。诚然，大学生政治价值观教育有着很强的国家价值，但也应立足于促进大学生的全面发展，教育应以人为本，以人的发展为中心。

（2）高校政治理论课设置缺乏合理性，教材内容陈旧，且与中学教材重复。学者们对当时高校马克思主义课程设置，以及教学内容和教学体系的诟病甚多。他们认为马列主义理论课教材体系和内容陈旧，内容上反映过去的多，反映现实的少；围绕阶级斗争而展开的多，阐述社会生产力的少；知识贫乏、老化、概念气息浓厚，缺乏新鲜的现实生活和现实思想素材，缺乏丰富多彩、生动活泼的知识论证，因而显得干瘪、枯燥、缺乏启发性和说服力。例如，王华指出："现行各种版本的教材几经修订，进步不小，但总的格局没变，还存在以下一些缺点：一、重点不够突出，内容繁杂。二、可读性差。现行教材内容干巴，文字枯燥，平铺直叙，读起来使人感到沉闷。三、缺乏形象性、'立体感'。四、不宜自学。"[2]"教材内容陈旧，缺乏时代气息，讲过去的多，联系当前现实的少；讲一般大道理多，联系学生专业实际少；讲定论的多，联系现实中提出的新问题基于理论上回答的少。"[3]同时，高校马列主义课教材内容与中学教材内容存在重复。"以大学的马克思主义哲学和中学的辩证唯物主义常识为例，重复就相当严重。据统计：大学哲学原理中的辩证唯物主义部分有概念、范畴92

〔1〕普通高校思想政治理论课文献选编（1949—2008）[M].北京：中国人民大学出版社，2008：79.

〔2〕王华.关于高等学校党史课改革的设想[N].中国教育报，1985-04-09（3）.

〔3〕山东省高教局.高校马列主义理论课教学中存在的问题和我们的改进意见[N].中国教育报，1985-05-07（3）.

个，与中学辩证唯物主义常识重复的有 57 个，占 62%。原理的重复也在 60% 以上。"[1]对此现象，学生们也深表不满。南京师范大学学生马芳书认为："中学历史就教过中国现代史、世界现代史部分的主要内容就是革命史，因此在大学没有必要重复。"[2]

（3）强调系统政治知识的传授，轻视政治理性培养。针对当时大学生政治价值教育重知识传授、轻能力培养的问题，时任国务院副总理的万里在全国教育工作会议上指出："培养这样新型的人才，重视传授知识的传统教育思想和灌输式的教学方法，是很不适应的。不是说不要传授知识。教育当然需要传授知识，把人类已经获得知识传授给新的一代。但更重要的是培养学生独立思考的能力，培养学生运用获得的知识去解决面临的新问题的能力，培养他们继续获得新的知识，善于总结新的经验，发展新的理论的科学的思想方法。即使是传授知识，也不能是灌输式的或注入式的，而应该是启发式的，使学生知其然，也知其所以然。"[3]当时也有学者认为："当前在教学改革中出现了一些值得关注的问题……高等学校的学生都关心改革，他们对只重视知识的传授、忽视对能力的培养表示不满……在教学过程中，教师不仅要向学生传授知识，而且更要注意通过知识的传授来加强对能力的培养。这样才能使他们更好地去接受新知识，发现新问题，具有创造和革新的精神。"[4]

（4）教学形式、教学方法单一死板，具有较强的灌输性。马列主义理论课的主要形式是课堂教学，教师讲，学生听。教师在教育中占据主导地位，教学更多地体现为"灌输式"。注入式、满堂灌、死记硬背、缺乏生气，不重实效，很难充分调动学生自学、思考、讨论和实际运用的主动性、积极性和创造性。针对这一问题，万里指出："多年来，我们的学校教育，甚至干部的理论教育，在教学方法上不善于实行启发式，在不同程度上还是用灌输式或填鸭式，上课听讲义，下课背讲义，考试主要靠死记硬背，受教者的主动性很不够，这种教学方法主要是受陈腐的传统教育思想的束缚。"[5]对于高校政治理论课教学方式

〔1〕 山东省高教局.高校马列主义理论课教学中存在的问题和我们的改进意见 [N].中国教育报，1985-05-07（3）.

〔2〕 马芳书.大学文科的政治理论课必须改革 [N].中国教育报，1985-03-05（3）.

〔3〕 万里.在全国教育工作会议上的讲话 [N].人民日报，1985-05-17（1）.

〔4〕 王学东.在教学改革中要正确处理知识和能力的关系 [N].中国教育报，1985-06-08（3）.

〔5〕 万里.在全国教育工作会议上的讲话 [N].人民日报，1985-05-17（1）.

方法的选择，大多数学者认为应从培养学生的独立思考能力，调动学生学习积极性出发，在课堂教育中多采用启发性教育方法。如姜士军认为："必须改革满堂灌的教学方法，处理好讲与学的关系，充分调动学生的积极性，培养学生独立思想的能力。目前的教学法侧重于系统地传授马列主义、毛泽东思想等理论知识，这是其好的一面。但实际效果如何是值得分析的。在教学中教师的主导作用是应该肯定的，问题是如何把教师和学生两个积极性都调动起来。教师应在认真组织学生读书，使他们在独立地理解基本原理并提出问题的基础上来讲授。讲授应当针对性强，重点突出，材料充分，有理论力量，抓住学生中带有普遍的问题。"[1]

（二）大学生政治价值观教育的改革期（1985—1991 年）

1985 年 5 月，中共中央印发了《关于教育体制改革的决定》，指出："在教育思想、教育内容、教育方法上，从小培养学生独立生活和思考的能力很不够，发扬立志为祖国富强而献身的精神很不够，生动活泼地用马克思主义思想教育学生很不够，不少课程内容陈旧，教学方法死板，实践环节不被重视，专业设置过于狭窄，不同程度地脱离了经济和社会发展的需要，落后于当代科学文化的发展。中央认为，要从根本上改变这种状况，必须从教育体制入手，有系统地进行改革……还要改革同社会主义现代化不相适应的教育思想、教育内容、教育方法。"[2]自此，大学生政治价值观教育进入了改革发展阶段。而了解和把握当时大学生思想特点是我们准确认识大学生政治价值教育的基础和前提。

1. 20 世纪 80 年代中期大学生的思想特点

伴随着改革开放的启动和推进，西方思潮不断涌入国内，对大学生的思想认识产生了深刻影响。其中，以萨特为代表的存在主义备受青年们追捧。存在主义认为，人的存在是最高的本体，它是偶然的、未定的；除了人的存在之外，世界上没有任何先验既定的价值系统。在存在主义看来，由于人的存在的偶然性，就决定了人自从被"抛"到世界上以来，他就生在一个孤立无援的世界中。正因为如此，人是绝对自由的，人的生活、人的个性、人的一切都是自己选择、规划、创造的结果。在改革开放初期，存在主义对自我选择、自我设计的肯

---

〔1〕 姜士军.理工科大学马列主义理论课改革探讨 [N].中国教育报，1985-03-05（3）
〔2〕 中共中央关于教育体制改革的决定（一九八五年五月二十七日）[N].人民日报，1985-05-29（1）.

定，受到刚从"文化大革命"浩劫中走出来的青年们的热捧，掀起了一场"萨特热"。[1]

"经历'文化大革命'的中国青年，在追求理想被理想所抛弃，崇拜英雄被英雄所践踏，投身政治被政治所蒙蔽，追求信仰被信仰所放逐之后，开始把目光转向真实存在的自我，力求在新的社会秩序和生活中发现自我、确证自我、实现自我的价值。"[2]当时有些大学生开始在萨特的存在主义和西方文学的超现实主义中寻找自我、挖掘自我、思考人性。有位大学生这样写道："生活很快就让我看到了它的真面目……从此以后，我开始在萨特的存在主义和欧美文学中的超现实主义里面去挖掘自我，我从马克思的早期著作中寻找马克思主义对人性的态度，我从社会达尔文主义和叔本华、尼采等人的思想中去了解社会的本质，得到很多启示，逐渐形成了一套崭新的人生观。"[3]存在主义虽然有自身的理论局限性，但从青年们对其如此青睐，我们不难看出青年的主体意识逐渐觉醒，视野不断开阔，独立思考能力不断提高，他们不断地发现自身的主体价值，试图通过自己的努力实现自我价值。

与"萨特热"同期出现的"蛇口风波"，也体现了青年们主体意识的觉醒，以及对传统说教方式的反抗。1988年1月13日晚，三位著名青年干部思想教育专家李燕杰、曲啸、彭清一，在深圳蛇口与近70名蛇口青年面对面座谈。在这场未定主题的座谈会上，"到特区创业能不能为自己'淘金'"成了青年人和教育专家争议的焦点。一番唇枪舌剑之后，引起轩然大波。2月1日，《蛇口通讯报》以《蛇口：陈腐说教与现代意识的一次激烈交锋》为题对这次座谈会做了报道，随后又连发数篇文章，批评三名报告者思想意识僵化。2月12日，《羊城晚报》报道了此事，"蛇口风波"的影响开始由南及北。从价值观教育角度看，在"蛇口风波"中，随着青年们主体意识不断觉醒、民主观念不断强化，他们希望通过民主讨论的方式，而非说教的方式与专家们进行沟通。但在蛇口座谈过程中，与会专家总是以"一言堂"的工作作风，用青年们所不愿接受的居高临下的方式进行价值观说教。专家们不允许青年们有自己的想法，特别是

---

〔1〕 改革开放以后，我国与西方国家之间的交流与合作越来越多，人们开始接受西方的思想文化。其中，法国哲学家让-保罗·萨特（Jean-Paul Sartre）为代表的存在主义思想被介绍到我国，存在主义思想在青年人中很有市场，受到他们的热捧，随后在我国掀起了一场"萨特热"。

〔2〕 刘济良.青少年价值观教育研究[M].广州：广东人民出版社，2003：49.

〔3〕 赵林.只有自我才是绝对的[J].中国青年，1980（8）：4-5.

当青年们对他们的权威提出挑战时，他们甚至恼羞成怒，最后竟然给蛇口青年扣上"明显的错误言论""已经走上邪路"等帽子。这种具有强制性的教育方式令青年们非常反感。

"萨特热"和"蛇口风波"集中反映了当时大学生主体意识明显增强的思想特点。在教育过程中他们希望能够被尊重，并能够与教师展开对话，在彼此交流中提高自身的思想意识，不断实现自我价值。他们也极力反对甚至排斥灌输式、"一言堂"的教育方式。

2. 探索大学生政治价值观教育的新模式

在反思改革开放初期大学生政治价值观教育的基础上，针对20世纪80年代中期大学生的思想特点，时任中央宣传部副部长曾德林在全国高校思想政治教育研究会成立大会上指出："我们过去的思想政治教育，基本上是沿袭五十年代的做法，继承老解放区的一些传统。当时的主要任务是⋯⋯对广大青年进行马列主义的启蒙教育。而现在，全国人民的思想觉悟有了较大提高，敌对阶级作为阶级已经被消灭，加上出现开放的环境和世界新的技术革命浪潮中，就必然不能完全袭用老办法，而应当研究新的特点和做法。"[1] 之后不久，时任国务院副总理万里在全国教育工作大会上的讲话中明确提出："我国陈腐的传统的教育思想和教学方法，可以说是一种封闭性的教育思想和教学方法⋯⋯我们现在要取得社会主义建设和经济体制改革的成功，就应该改革陈腐的传统教育思想和教学方法，大大发扬实事求是的精神，敢于创新的精神。"[2] 这一时期，党和国家以及理论工作者围绕大学生政治价值观教育理念、教育内容和教育方法展开了深入探讨。

（1）就教育理念而言，提倡关注社会价值的同时，关注人的发展。教育理念对于教育活动的组织与开展具有统领作用。在这一时期，教育工作者和学者们围绕大学生政治价值观教育理念进行了深入思考和讨论。时任北京大学校长的丁石孙主张改革陈旧的教育思想和教学方法，培养适应经济建设、社会发展和科技进步要求的新型人才。他认为："必须改革过去的那种封闭、呆滞、单调、注入式的教育思想和教育方法，让学生在正确思想方法指导下，在开放的、

〔1〕 曾德林. 积极进行创造性研究 开创思想政治工作的新局面——在全国高等学校思想政治教育研究会成立大会上的讲话摘要 [N]. 中国教育报，1985-01-08（3）.
〔2〕 万里. 在全国教育工作会议上的讲话 [N]. 人民日报，1985-05-17（1）.

灵活的、多样化的、能够启发和调动他们自己的积极性、主动性和创造性的教育环境中成长。"[1]杨长荣认为："随着商品经济的深入发展和政治体制改革的逐步实施，我国人民的民主意识正以前所未有的速度日益强化起来，人的价值正在被重新予以肯定。这是时代的趋势。思想政治工作要跟上时代的步伐，有必要对人进行全面思考。"[2]在他看来，思想政治工作应该改变以往抽象的、单一性的、封闭性的思考方式，将人看作全面的、活生生的人，根据个体人的特点因材施教，促进人的全面发展和完善。

（2）就课程内容而言，强调高校政治课应注重系统性、差异性。教育内容是培养人才，实现教育目的的关键。针对大学生政治价值教育内容的选取与组织设计，李时中认为："高校马列主义理论课的课程设置改革应注意以下几个方面：一是要与中学政治课程配套，既要注意衔接，又要避免重复。需要从中学生和大学生的接受能力、中学和大学的培养目标等方面出发，统一调整。二是要注意马克思主义的各个组成部分。既是各成体系的独立学科，又是一个整体，作为共同课的马克思主义理论课，更应注意其整体性。三是要在大学的不同学科设置，理、工、农、医类可以简一些，而文科应该内容广一些、细一些。"[3]

（3）就教育方式方法而言，主张教育方式转向以民主、对话为主。当时不少学者认为，大学生政治价值观教育方式方法应该改变以往的灌输性的说教法，以民主的对话方式为主。罗海鸥认为："新时期大学生的思想政治教育的方法应特别注意开放性、民主性、层次性、渗透性、主体性和系统性六个原则。"[4]王树林提出："必须处理入耳与入脑的关系。根据大学生的思想特点，灌输的方法应该由正面说教转变为平等讨论，由居高临下我打你通转变为双向交流。"[5]西南师范大学学生刘荣提出："在思想教育中，教育者与被教育者的角色不宜区分得过于明显。在双方平等的情况下，虽然双方角色隐而不显，但教育效果更佳。我们要注意改变以往生硬的宣教，用疏导和交谈方式淡化教育色彩，使教育者和被教育者在共同探讨中共同提高，自然地引导师生在求知、探索的气氛中加

〔1〕 丁石孙.改革学校工作，主动适应经济和社会发展的需要——贯彻《中共中央关于教育体制改革的决定》的一些想法 [N].中国教育报，1985-06-29（3）.
〔2〕 杨长荣.新时期思想政治工作应当对人进行全面思考 [J].思想政治工作研究，1987（1）：16-18.
〔3〕 李时中.改革马列主义理论教育的出发点 [N].中国教育报，1985-07-09（3）.
〔4〕 罗海鸥.新时期大学生思想政治教育的六个原则 [J].高教探索，1988（2）：60.
〔5〕 王树林.在学生中开展形势教育的几点想法 [N].中国教育报，1989-04-04（3）.

深对形势、政策的认识。"[1]

3. 大学生政治价值观教育的改革创新

自 20 世纪 80 年代中期开始，我国在教育方面借鉴学习的对象发生了显著变化，即从以往的以苏联为师转变为以欧美为师。这一时期大量欧美国家的教育理论和教育思想被介绍到我国。其中，有三种关于教学的认识对我国学校教学影响较大。"一是称为'行为控制'的教学理论，这种理论奠基于行为主义心理学对教学的认识和诠释，其核心是要求形成以教学目标为起点和归属，对教学过程和教学结果进行'严格控制'和'及时反馈'的'科学化'的教学程序……二是称为'认知加工'的教学理论，这种理论奠基于认知主义心理学对教学的认识和诠释，其核心是强调教学过程其实就是一种学习主体与学习环境的双向互动和双向建构，是一种知识或信息的处理与加工过程，是一种建构知识的个体意义和价值的过程……三是称为'人格构建'的教学理论，这种理论奠基于人本主义心理学对教学的认识与诠释，其核心是'全人发展'并将其作为教学的主要任务，强调教学与学习中的'自由''开放'与'合作'的理念，形成了'开放学习''合作学习'等代表性的教学模式。"[2]在反思和借鉴的基础上，自 1985 年开始，我国着手开展大学生政治价值观教育改革，具体措施如下。

（1）改革高校政治理论课的课程设置。1984 年中宣部、教育部印发的《关于加强和改进高等院校马列主义理论教育若干规定》提出："为了适应教育要面向现代化、面向世界、面向未来的需要，现行的课程设置和教材必须进行改革。改革的原则是：坚持理论联系实际的方针，增强课程体系和教材内容的科学性和现实性，使马克思主义理论真正成为学生认识世界和改造世界的思想武器，帮助他们形成无产阶级的世界观。"[3]根据规定，从 1984 年开始全国高校增设了"中国社会主义建设基本问题"这一新的课程。该课程的主要目的在于增强马克思主义理论教育的现实性。同时，"为了提高学生的思想素质，增强鉴别能力，高等院校开始逐步开设西方现代哲学思潮、经济思潮、政治思潮、文艺思潮的

---

〔1〕 刘荣. 形势教育与被教育者的兴趣 [N]. 中国教育报，1989-04-04（3）.

〔2〕 彭钢. 从话语霸权到多元表达——教学理念与教学行为发展轨迹的现实考察 [J]. 教育科学研究，2002（12）：14.

〔3〕 普通高校思想政治理论课文献选编（1949—2008）[M]. 北京：中国人民大学出版社，2008：95.

评论讲座"。[1]紧接着，中共中央于1985年印发了《关于改革学校思想品德和政治理论课程教学的通知》，将"中共党史"改为"中国革命史"，要求在各类高等学校主要进行以中国革命史为中心的历史教育和马克思主义基本理论的教育，使学生了解马克思主义的哲学、历史学、经济学、政治学、法律学和科学社会主义等基本理论观点的历史渊源、主要内容和现代发展，了解中国怎样根据历史的必然走上以共产党为领导力量的社会主义道路；同时有分析有比较地介绍当代其他各种社会思潮，培养学生运用马克思主义对这些思潮进行鉴别和分析的能力；进行中国社会主义建设改革的理论、政策和实际知识的教育，使学生了解我国党和人民正在进行的有世界意义的伟大事业，以及青年一代对这一事业的密切关系和崇高责任。在此基础上，高校还逐步开设了《中国社会主义建设基本问题》《中国革命史》以及有关西方思潮的讲座。与此同时，党和国家高度重视大学生法制教育。1985年11月，全国人民代表大会常务委员会印发了《关于在公民中基本普及法律常识的决议》，决定"从1986年起，争取用五年左右时间，有计划、有步骤地在一切有接受教育能力的公民中，普遍进行一次普及法律常识的教育，并且逐步做到制度化、经常化……学校是普及法律常识的重要阵地。大学、中学、小学以及其他各级各类学校，都要设置法制教育的课程，或者在有关课程中增加法制教育的内容，列入教学计划，并且把法制教育同道德品质教育、思想政治教育结合起来"。[2]次年，法制教育逐渐渗透于思想政治理论课之中。

（2）加强思想品德和形势政策教育。为帮助大学生树立正确的政治价值观，高校还开设了"形势与政策""法律基础"两门必修课，其他课程如"大学生思想修养""人生哲理""职业道德"三门则因校制宜有选择地开设。"形势与政策"课（每学期均开设，时数根据需要由各校自行安排）的教学目的与要求是帮助学生了解国内外重大时事，学习党的路线、方针、政策，全面掌握"一个中心，两个基本点"，认清形势与任务，激发爱国主义精神，增强民族自信心，珍惜安定团结的局面，为建设有中国特色的社会主义而奋发学习、健康成长。"形势与政策"课的性质与任务是，应以马克思主义为指导，综合运用有关学科

---

[1] 普通高校思想政治理论课文献选编（1949—2008）[M]. 北京：中国人民大学出版社，2008：96.
[2] 人大常委会作出决定　用五年时间在公民中基本普及法律常识　重点是各级干部和青少年，领导干部要作学法懂法依法办事的表率[N]. 人民日报，1985-11-23（1）.

的知识，密切结合我国社会主义现代化建设和改革开放的形势以及国际形势；帮助学生了解国内外重大时事，学习党和国家的路线、方针、政策，全面掌握"一个中心，两个基本点"，认清形势和任务，激发爱国主义精神，增强民族自信心和社会责任感，珍惜安定团结的政治局面，为建设有中国特色的社会主义而奋发学习，健康成长。"法律基础"课的教学目的与要求是使学生懂得马克思主义法学的基本观点，掌握宪法和有关专门法的基本精神与规定，增强法制观念和社会责任感，正确行使公民的权利与义务，以适应社会主义法制建设的要求。"大学生思想修养"（一年级实施）课的教学目的与要求是，紧密结合一年级学生的实际情况，引导学生认清时代要求与历史责任，明确社会主义大学的培养目标，端正学习目的与态度，重视文明道德修养，培养优良的校风、学风，正确处理个人与集体的关系，以适应从中学生到大学生的转变，为大学期间的健康成长打下良好的思想基础。"人生哲理"（二年级实施）课的教学目的与要求是，帮助学生学会运用马克思主义把握正确的人生方向；正确认识和处理个人与社会的关系，树立为人民服务的思想，培养开拓进取的精神，识别和抵制各种错误的人生观。[1]

（3）倡导社会实践，加强校园民主文化建设。1987年，中共中央印发了《关于改进和加强高等学校思想政治工作的决定》，提出："青年学生只有在学习科学文化知识的同时积极参加社会实践，更多地了解国情，了解社会主义建设和改革的实际，了解人民群众的思想感情，才能树立起为建设社会主义祖国而献身的信念，逐步锻炼成为有用人才……应根据不同学科、不同年级的特点，采取不同的内容和方法组织学生参加社会实践。业务学习、军事训练和公益劳动、生产劳动都要纳入教学计划，还要鼓励学生利用假期进行各种有益的社会实践活动。"[2]同时，党和国家鼓励高校发扬民主，大力开展民主建设。1987年，中共中央印发了《关于加强和改进高等学校思想政治工作的决定》，明确提出："学校要扩大社会主义民主，并使之制度化，形成民主团结、生动活泼的政治局面。学校领导要沟通民主渠道，认真听取学生的意见，并吸收学生代表参加有关学生事务的民主管理。"[3]

---

〔1〕 普通高校思想政治理论课文献选编（1949—2008）[M].北京：中国人民大学出版社，2008：133.
〔2〕 普通高校思想政治理论课文献选编（1949—2008）[M].北京：中国人民大学出版社，2008：124.
〔3〕 普通高校思想政治理论课文献选编（1949—2008）[M].北京：中国人民大学出版社，2008：124.

（4）提倡采用启发式教学方法。1985 年中共中央印发的《关于改革学校思想品德和政治理论课程教学的通知》明确提出："要改变注入式的教学方法，尽量实行启发式的教学方法。要善于引导学生通过自己的学习和思考来提高认识，寻求问题的答案。讲课应当用丰富而生动的事实来引出和论证有关的观点，而不能简单地灌输抽象的概念。"[1]同时，通知还强调对学生进行政治能力方面的培养，并提出改革考试制度，即"在思想品德和政治理论课教学中，要善于引导学生通过自己的学习和思考来提高认识，寻求问题的答案。考试制度也要进行改革。考试的主要目的是检查学生对所学内容的理解程度、接受程度和运用能力。学生的学习成绩应当结合他们的考试结果和平时的学习运用情况来判定"。[2]

自 20 世纪 80 年代中期开始，按照党和国家的要求，全国高校积极开展大学生政治价值观教育改革创新。以北京大学和清华大学为例，北京大学为了进一步改革教学采取了一些措施。"第一，在主要教学要求基本一致的前提下，对学习内容和方法以及时间安排等给学生以更大的自由度，以利于发挥学生学习的主动性和提高他们的自学能力……第二，改变'齐步走''一刀切'的做法，实行因材施教，鼓励学生冒尖和尽快成才……第三，改变教学方式单一的状况，根据课程性质，综合运用讲授、讨论、答疑、实践等多种方法"[3]。清华大学"以各种方式引导学生自我教育。我们提倡学生在思想观点上各抒己见，民主讨论，但要基于正确引导。如有的学生党员曾经对资产阶级民主问题认识不太清楚，他们就自己提出问题，自己收集材料进行研究，有准备地组织讨论，并请了政治课教师一起参加。许多同志用马克思主义的观点、方法进行分析，展开讨论，大家感到很有收获"。[4]

四、大学生政治价值观教育遭遇挫折

在 20 世纪 80 年代中后期，我国社会改革遇到了一些困难，出现了经济过

---

〔1〕 关于改革学校思想品德和政治理论课程教学的通知 [N]. 中国教育报，1985-09-14（1）.

〔2〕 关于改革学校思想品德和政治理论课程教学的通知 [N]. 中国教育报，1985-09-14（1）.

〔3〕 丁石孙 . 改革学校工作　主动适应经济和社会发展的需要——贯彻《中共中央关于教育体制改革的决定》的一些想法 [N]. 中国教育报，1985-06-29（3）.

〔4〕 黄圣伦 . 用马克思主义引导青年学生成长为德才兼备的人才 [N]. 中国教育报，1987-01-24（3）.

热、腐败问题严重等现象。在这种情况下，受西方自由化思潮影响的大学生，由于对民主实现进程有着较强的理想主义倾向，对社会的不满情绪剧增，他们的政治价值观和政治行为随之出现了偏差，这也从侧面反映了大学生政治价值观教育改革的不足。

1.大学生政治价值认知、政治立场出现了混乱。1989年底，一名大学生写信给《中国青年》杂志，大声呐喊，"我们究竟出了什么毛病？！"他在信中这样写道："我曾经也是个地地道道的理想主义者，崇尚奋斗和追求。这种追求和梦想就如同我少年时在乡间戴过的草帽，它伴我割水稻、打猪草，伴我度过了那段清苦却充满激情与热望的日子……而今，那顶带有土气与执着的'草帽'不见了，换成了礼帽、鸭舌帽，或许还有博士帽，这是不是现代文明洗礼的结果呢？"[1]"郎郎"成为当时大学生的代称，"草帽"是指理想信念以及价值观。随即，在全国掀起了一场关于郎郎"寻帽"的讨论。当时多数大学生认为："人不能没有，也不可能没有'草帽'，但并不是人人头上的'草帽'都合适。我们需要一顶新的'草帽'。个人应摆脱旧有思想模式的束缚，轻松愉快地去追求真正属于自己的'草帽'。"[2]关于郎郎"寻帽"的讨论，从另一个角度反映了这样一个情况：随着商品经济和对外开放的发展，大学生通过教育所树立的政治价值观遭到严重冲击，他们政治价值观出现了迷茫、混乱。这也与当时高校政治价值观教育缺乏对学生进行政治价值观引导有着密切的联系。面对商品经济以及西方资产阶级思潮对大学生政治价值观的强烈冲击，高校政治价值观教育未能积极帮助大学生正确认识我国的社会矛盾和社会现象，致使大学生的政治价值观处于"失范"状态。大学生对政治价值知识的掌握状况很不乐观。20世纪80年代末，大连理工大学团委对在校学生做了一项问卷调查，其结果是"对马克思主义经典作品和毛泽东同志19部著作能回答出作者的占53.85%，答对15部的只有3.85%；不能完全答出马克思主义三个组成部分及来源的占40.38%；不知我国国体和政体的人数高达63.5%～71%"[3]。大学生的政治价值倾向出现了很大变化。据有关部门1986年6月和1988年6月对首都大学生思想状况的调查显示，少部分学生对"社会主义四项基本原则"认同度出现了变

〔1〕无名.丢失的"草帽"在哪里？[J].中国青年，1989（3）：49.
〔2〕中国科学院研究生院"88思想园"理事会.88思想园：畅谈"草帽"[J].中国青年，1989（5）：15.
〔3〕王之峰，黄晓光，刘建华.马列主义：大学生的理性选择[J].中国青年，1990（1）：9.

化，并由此产生了一些错误认识。

2.大学生政治行为出现了盲目性、错误性问题。西方思潮的负面影响，反资产阶级自由化教育的不力，改革中存在的管理、矛盾与问题，政策的失调，引发了大学生在政治价值观认知上的混乱与错误，最终导致其出现盲目的政治行为。大学生出于迫切革除时弊的愿望，"参与热""参政热""文化热""民主热""沙龙热"一再兴起。一些大学生对改革期望过高，对新旧体制转换中存在的困难、问题、矛盾不理解和焦虑。不少高校的政治性讲座、讨论、"民主沙龙"再次活跃起来。一些资产阶级自由化人物到高校发表演讲，鼓吹"政治多元化，经济私有化，思想自由化"，大学生的不满情绪又被煽动起来了。以胡耀邦1989年4月15日逝世为导火索爆发了学潮，后来学潮愈演愈烈，最终酿成"1989年政治风波"。社会各种矛盾与冲突是大学生学潮爆发的根本原因，但同时与高校缺乏对大学生政治行为的训练和引导也密切相关。如果高校在大学生政治价值观教育过程中，能够有效地培养大学生的政治理性，引导他们的政治行为，帮助大学生规避政治行为上的盲目，那么社会各种矛盾的高压在大学生身上便难以以学潮的方式爆发。

五、坚持四项基本原则，反对资产阶级自由化的教育

自1989年下半年开始，党中央果断采取了一系列措施，如整顿党风、整顿社会秩序、推行廉政建设、披露风波真相等，极大地扭转了学生错误的政治认知。如一位来自上海的大学生为自己的冲动和幼稚行为深感内疚，他在自述材料中这样写道："党中央和市委开始了清理整顿工作，许多事情开始逐步解决。党风正在好转，社会风气正在好转，国家趋于稳定。事实胜于雄辩，我对我那时的冲动和幻想深感不安。"另一位同学表示："我开始坚信，中国共产党有决心有能力整顿好党风，她仍然是并且永远是工人阶级的先锋队，中国人民只有在中国共产党的领导下，坚持改革开放，坚持四项基本原则，中华民族的振兴才是指日可待的。"[1]与此同时，20世纪80年代末到90年代初，东欧剧变、苏联解体从反面教育了大学生，纠正了他们的错误政治价值观。一位学生这样写道："有些社会主义国家搞资本主义化，都搞得社会动荡，经济危机严重，人民

---

[1] 中宣部教育局课题组.走向成熟——当代大学生的理性透视[M].北京：改革出版社，1993：67-68.

生活水准急剧下降，有些国家面临分裂……稳定确实是当前压倒一切的头等大事。所以，要使国家富强，光靠一股爱国热情是不够的，一定要在党和政府领导下坚持四项基本原则，逐步克服各种困难，改善国际环境。"[1]这一时期，党和国家高度重视大学生政治价值观教育工作，在反思的基础上，广泛开展了坚持四项基本原则，反对资产阶级自由化的教育。

（一）对 20 世纪 80 年代中后期大学生政治价值观教育的反思

在改革开放之初，邓小平就指出坚持四项基本原则是社会主义现代化建设的根本前提。他强调："如果动摇了这四项基本原则中的任何一项，那就动摇了整个社会主义事业，整个现代化建设事业"[2]，"为什么我们过去能在非常困难的情况下奋斗出来，战胜千难万险使革命胜利呢？就是因为我们有理想，有马克思主义信念，有共产主义信念"[3]，"对马克思主义的信仰是中国革命胜利的一种精神动力"[4]。所以，他重点提出："我们一定要经常教育我们的人民，尤其是我们的青年。要有理想……这一点，我希望宣传方面任何时候都不要忽视。"[5]然而，在拨乱反正、纠正左倾错误的同时，出现了淡化甚至反对四项基本原则，主张全盘西化的右倾思想。在思想领域也出现了资产阶级自由化言论和反对社会主义制度的思潮，一些人提出了资产阶级自由化的主张。这股思潮转化成一定范围内的政治行为，最终产生了消极的社会影响。1985 年 5 月，北京等地的一些高校发生了少数学生组织参与的学潮。1986 年 12 月再次发生学潮，波及上海、江苏、安徽、湖北、浙江等地的几十所大学。针对这种情况，邓小平指出："四项基本原则必须讲人民民主专政，不能搞三权鼎立那一套。中国没有共产党的领导，搞社会主义是没有前途的。我们要理直气壮地坚持社会主义道路，坚持四项基本原则，社会主义建设必须在安定团结条件下有领导，有秩序地进行，要特别强调有理想，有纪律。"[6]不久之后，在会见津巴布韦总理穆加贝时，邓小平再次指出："为什么学生会闹事？根本上是反映了我们领导上的软弱。我

〔1〕 中宣部教育局课题组 . 走向成熟——当代大学生的理性透视 [M]. 北京：改革出版社，1993：68.

〔2〕 邓小平文选：第 2 卷 [M]. 北京：人民出版社，1994：173.

〔3〕 十二大以来重要文献选编：中 [M]. 北京：人民出版社，1986：658.

〔4〕 邓小平文选：第 3 卷 [M]. 北京：人民出版社，1993：63.

〔5〕 邓小平文选：第 3 卷 [M]. 北京：人民出版社，1993：110.

〔6〕 邓小平文选：第 3 卷 [M]. 北京：人民出版社，1993：194-197.

们讲坚持四项基本原则，就需要经常用四项基本原则教育人民。这几年来一直存在资产阶级自由化思潮，但反对不力。"[1]在总结教训时，邓小平着重讲到了思想政治教育方面的失误。他说道："十年最大的失误是教育，这里我主要是讲思想政治教育。不单纯是对学校、青年学生，是泛指对人民的教育。""四个坚持、思想政治工作、反对资产阶级自由化、反对精神污染，我们不是没有讲，而是缺乏一贯性，没有行动，甚至讲的都很少。不是错在四个坚持本身，而是错在坚持得不够一贯，教育和思想政治工作太差。"[2]具体而言，这一时期大学生政治价值观教育中存在的不足集中体现在以下三个方面。

1. 孤立、抽象地开展政治价值观教育，与活生生的社会实践相脱节。马克思指出："环境的改变和人的活动或自我改变的一致，只能被看作是并合理地理解为革命的实践。"[3]"全部社会生活在本质上是实践的。"[4]"发展着自己的物质生产和物质交往的人们，在改变自己的这个现实的同时也改变着自己的思维和思维的产物。不是意识决定生活，而是生活决定意识。"[5]这就要求大学生政治价值观教育必须与活生生的社会生活、社会实践相结合。如果脱离了改革开放和社会主义现代化建设的实践，抽象地或教条地进行政治价值观教育，其结果会使教育活动成为"空中楼阁"。20世纪80年代的大学生政治价值观教育模式单一，内容教条化、方法机械化，必然导致教育成效不尽人意。不少学生对教育的苍白无力提出了意见。他们认为，政治教育中形式主义的东西有不少，学校思想政治教育中存在不少空洞的内容，理论教育与现实生活相脱离。"1989年政治风波"过后，教育界便开始反思大学生政治价值观教育中存在的问题，认为集中体现在大学生政治价值观教育脱离中国国情，放松了对西方资产阶级对我国进行"和平演变"的警惕，对于西方的思潮缺乏批判，对西方政治价值观进行了不恰当的宣传等。一篇题为《从"十多十少"谈加强对青年的信仰教育》的文章集中反映了当时理论界的主要观点。该学者认为，大学生政治价值观教育中的问题主要体现在以下十个方面。

〔1〕 邓小平文选：第3卷[M]. 北京：人民出版社，1993：201.

〔2〕 邓小平文选：第3卷[M]. 北京：人民出版社，1993：305-306.

〔3〕 马克思恩格斯选集：第1卷[M]. 北京：人民出版社，2012：134.

〔4〕 马克思恩格斯选集：第1卷[M]. 北京：人民出版社，2012：135.

〔5〕 马克思恩格斯选集：第1卷[M]. 北京：人民出版社，2012：152.

　　第一，对西方资本主义文化思潮、价值观念盲目介绍多，这方面的文章、书籍连篇累牍、充斥于出版界；相反，对马列主义、毛泽东思想，介绍得少、宣传得少、出版得少。第二，对资本主义的"好话"说得太多；对社会主义的优越性讲得太少。第三，"和平""让世界充满爱"讲得多了；揭露资本主义"和平演变"，亡我之心不死讲得少了。第四，面对资产阶级自由化的泛滥、对社会主义制度指责多，什么"早产论"，要"补课""趋同""私有化"统统出来了；而对社会主义的客观的、实事求是的分析少。第五，在改革开放中，对党内和社会上出现的腐败现象、不正之风，讲得多。我们不是反对讲，也不是包庇不正之风，但是对有些人借反对腐败，煽动群众对党不满、并以此来离间党和人民群众的关系讲得少。第六，在价值观念上，讲金钱、个人价值、自我实现多；提倡奉献，为人民服务讲得少。第七，"民主""自由"讲得多；"集中""政治斗争"讲得少。尽管阶级斗争已经不是我们社会的主要矛盾，但它在一定范围内还会长期存在，并在一定条件下可能激化。第八，在对我国与世界发达国家的比较中，横比得多，纵比得少。横比就是只从彼此之间的经济差距上比，而没有考虑到资本主义与社会主义发展过程中的前两个"时间差"。第九，盲目崇洋多，信资本主义的多；认真介绍国情的少。第十，在舆论宣传和政策制定上，空话多，承诺的多，许愿的多；但是做实事，真正兑现的少，比如在落实知识分子政策和提高知识分子待遇等方面，虽然做了一些努力，但是脑体倒挂至今严重存在，影响了知识分子的积极性。[1]

　　2. 政治价值观教育与专业知识教育相脱节。无论是人文社会科学课程还是自然科学课程，其内容往往包含许多思想政治教育元素，能够潜移默化地影响学生政治价值观的形成，因此专业课程的教学是政治价值观教育中不能忽视的一种资源。20世纪80年代大学中尽管设置了一些人文社会科学课程，但课程的教学指导思想并不十分明确，不少课程只是进行知识传授。根据对北京和山西等地22所高校的调查显示，当时有17所高校开设了介绍国外社会文化思潮的专业课。这些学校开设此类课程的门类制作内容之广，是新中国成立以来前所未有的。[2] 在这些课程教学当中，教师能否运用马克思主义观点加以正确评

〔1〕 方延明. 从"十多十少"谈加强对青年的信仰教育 [N]. 中国教育报，1992-01-04（3）.
〔2〕 杨德广. 西方思潮与当代中国大学生 [M]. 郑州：河南人民出版社，1991：21.

析，对学生政治价值观的形成意义十分重大。事实表明，教师由于缺乏政治责任感或者政治责任不强，在课堂上又没有进行正确的思想引导，导致学生形成了错误的政治价值认识。

3. 在教育管理机制和队伍建设上存在偏差和薄弱之处。在学生管理和政策导向上，高校存在重智育、轻德育的问题，集中体现在学生培养过程中的评优、考研、毕业分配等几个关键环节，将学习成绩作为决定性条件，轻视乃至忽视对学生思想政治素质的考察和评价。这种对学生思想政治素质尤其是政治价值观考核的轻视，直接导致现实政治价值观教育的弱化。同时，在教师队伍建设方面的不足也在很大程度上降低了教育成效。尽管改革开放以后从事高校思想政治工作的教师队伍总体是好的，但不能否认的是，教师队伍仍存在不足，主要表现为：相当一部分教师理论素养差，基本原理阐述不清楚；知识面狭窄，缺乏教学艺术，照本宣科，讲课枯燥无味；思想不解放，不敢、不能和不愿意联系社会现实和学生思想问题进行教学。造成这些问题的原因是多方面的，其中最主要的原因有以下两个。一是以往多次尤其是"文化大革命"时期政治运动带来的消极影响。改革开放前多次政治运动给思想政治教育和从事思想政治教育工作的教师带来了负面影响，使得教师在授课过程中不敢深入阐述和解读马克思主义的基本理论，不敢联系社会现实开展政治价值的引导和教育，只能空讲理论、照本宣科。二是思想政治工作队伍地位低、待遇差、发展机会少。受"文化大革命"泛政治教育的负面影响，从事思想政治工作的教师往往处于备受"轻视"甚至"歧视"的状态，其社会地位和待遇均比较低，在职称晋升、评奖评优中处于劣势地位，严重影响了这支队伍的工作积极性。

（二）强化大学生政治价值观教育，反对和平演变

从20世纪80年代中后期开始，党和国家就深刻认识到了大学生政治价值观存在的问题，并明确要求在大学生中开展坚持四项基本原则、反对资产阶级自由化的教育工作。1987年2月，时任中共中央政治局委员、国务院副总理兼国家教育委员会主任李鹏在国家教育委员会工作会议上指出："教育战线上要抓好两件大事：一件是反对资产阶级自由化；一件是继续进行教育领域的各项改革……高等学校反对资产阶级自由化，一开始就要从改进我们的思想政治工作入手……高等学校对学生的培养目标已经明确规定要拥护党、拥护社会主义

制度，因此，对坚持四项基本原则的态度，对资产阶级自由化思想的态度，应视为考核学生政治品德的重要标准。只有德才兼备，才是社会主义建设需要的合格的学生。"[1]为加强和改进大学生政治价值观教育工作，国家教育委员会于1987年3月印发了《关于在高等学校马克思主义理论课（公共课）教学中旗帜鲜明地坚持四项基本原则反对资产阶级自由化的通知》，明确要求"新学期的思想政治工作要以坚持四项基本原则、反对资产阶级自由化为重点。马克思主义理论教学，要按照各门课自身的特点，在保证科学性的前提下，与当前这场斗争正确结合起来。"[2]"1989年政治风波"发生以后，时任中共中央政治局委员、国务院副总理兼国家教育委员会主任李铁映于1989年7月在全国高等学校工作会议上指出："培养什么人，怎样培养的问题，始终是教育领域的根本问题。一个时期以来，这个问题却有些人不那么清楚，在执行教育方针上不是德智体美劳全面发展，更不是把坚定正确的政治方向放在第一位，而是智育高于一切……教育必须为社会主义服务，教育必须坚持社会主义方向……四项基本原则是立国之本，也是我国高等教育的生命线。在高等学校坚持四项基本原则，就必须运用马克思主义和毛泽东思想。旗帜鲜明的批判资产阶级自由化思潮。"[3]1991年，时任中央政治局候补委员、中央书记处书记、中央统战部部长丁关根强调："应当看到，有人把'和平演变'的希望寄托在青年一代身上。因此，要把做好青年工作提高到国家的兴衰、社会主义的成败这样一个战略高度来认识。"[4]按照党和国家的要求，这一时期高校结合苏东剧变的历史教训，积极开展坚持四项基本原则、反对资产阶级自由化教育，以抵制国外敌对势力对我国的"和平演变"。

1. 强化党对大学生政治价值观教育的领导。从某种程度上讲，由于党对大学生政治价值观教育的领导出现了弱化，放松了对西方资本主义势力对我国"和平演变"的警惕，导致了20世纪80年代中期以后大学生政治价值观教育出现偏离社会主义方向的情况，大学生政治价值认识出现了紊乱，最终酿成了

〔1〕 李鹏指出教育战线今年要抓好两件大事　开展反对资产阶级自由化斗争　继续进行教育领域的各项改革 [N]. 人民日报，1989-02-17（1）.

〔2〕 普通高校思想政治理论课文献选编（1949—2008）[M]. 北京：中国人民大学出版社，2008：116.

〔3〕 全国高校工作会议明确方向　教育必须为社会主义服务　李铁映强调四项基本原则是高等教育的生命线 [N]. 人民日报，1989-07-16（1）.

〔4〕 丁关根. 做好青年工作培养社会主义事业接班人 [N]. 人民日报，1991-05-04（3）.

"1989年政治风波"。针对这一问题,时任中共中央政治局常委宋平在全国高校党建工作会议上强调:"高校党委要积极领导高校的改革,使高校工作跟上时代前进的步伐,适应经济建设和改革开放的要求……要认真细致地做好思想政治工作,发挥我们党的优势,抓好领导班子和干部队伍建设,稳定和提高高校党务工作和思想政治工作队伍。"[1]"1989年政治风波"以后,全国各高校加强了党的领导,以确保大学生政治价值观教育的社会主义方向。以南开大学为例,"加强领导,抓好马列主义理论队伍建设。全校的理论教育、理论研究、理论宣传和理论队伍建设由校党委书记和校长共同负责;并成立由党委副书记、副校长、宣传部长、学工部长和研究生院副院长组成的宣传思想工作领导小组,负责全校马列主义理论工作的规划、指导和协调各方面关系,落实党委各项措施。校党委还进一步加强了马列教学部的领导班子,并采取文科各系或校外选调人员、聘请兼职教师、选拔政治和业务素质都好的研究生定向培养等措施,解决马列教师结构断层问题"[2]。

2. 加强和改进高校马克思主义理论课教学。从1989年下半年开始,党和国家要求高校进行马克思主义理论课教学改革,重点突出"阐明四项基本原则是中国革命和建设不可动摇的历史逻辑和政治结论,去回答学生所存在的带倾向性的深层次思想认识问题。要坚持马克思主义理论的纯洁性,发扬马克思主义的革命批判精神,要同资产阶级自由化的理论观点、民主社会主义的理论观点和其他一切非马克思主义的理论观点划清界限"[3]。同时,针对大学生出现的政治价值认知和政治行为偏差,党和国家自20世纪80年代中后期开始要求加强中国近代史、现代史和国情教育,以纠正学生错误的思想认识。1991年3月,江泽民致信李铁映、何东昌,强调要进行中国近代史、现代史及国情教育,使小学生、中学生、大学生认识到人民政权来之不易,以提高民族自尊心、自信心。同年6月,时任中共中央政治局委员、国务委员兼国家教育委员会主任李铁映在首都教育、理论界贯彻落实江泽民同志关于加强近现代史和国情教育指示的

---

〔1〕 全国高校党建工作会议闭幕 会议期间宋平同与会代表谈话时强调 高校党委要积极领导高校的改革 使高校工作跟上时代前进的步伐 适应经济建设和改革开放的要求 [N]. 中国教育报, 1992-07-05(1).

〔2〕 坚持马克思主义在社会主义大学中的指导地位 南开大学加强马列教学部建设 [N]. 中国教育报, 1990-10-30(1).

〔3〕 普通高校思想政治理论课文献选编(1949—2008)[M]. 北京:中国人民大学出版社, 2008:139.

座谈会上指出:"对青少年进行中国近现代史和国情教育,是我国社会主义现代化建设的战略需要,是加强青少年思想政治教育的当务之急。我们应当通过这些历史事实向学生阐明,'没有共产党就没有新中国''只有社会主义能够救中国'这个真理……(通过国情教育)把我国进行现代化建设的优势和劣势,所面临的挑战和机遇,如实地告诉我们的青少年,使他们既对祖国未来的美好前景充满信心,并树立远大的理想和抱负;又能够正视现实和立足现实。"[1]按照党和国家的要求,高校积极加强和改进马克思主义理论课教学,深化"中国革命史"课程教学,加强中国近代史、现代史教育。以湖南高校马克思主义理论课改革为例,"马克思主义哲学"课要集中讲授历史唯物主义基本原理,帮助学生掌握并运用马克思主义立场、观点和方法,分析当前的社会实际,从理论上澄清带普遍性的思想认识问题。"政治经济学"课应着重阐明资本主义特别是当代资本主义发展的本质特征和固有矛盾,以及社会主义经济制度的本质特征,使大学生认识到社会主义在本质上优于资本主义,必然代替资本主义。"马克思主义原理"课要从哲学、政治、经济、文化、思想等不同领域,全面而又重点地阐释社会主义、共产主义最终在全世界胜利的必然性,以及实现这个胜利需要无产阶级坚持不懈、百折不挠的努力的原理,帮助学生消除"马克思主义过时论""资本主义永存论""共产主义渺茫论"的影响,并坚定社会主义和共产主义信念。"中国革命史"课要以充分的史实和一定深度的思想理论,帮助学生明确并坚持"没有共产党就没有新中国"的真理,自觉抵御资产阶级自由化思潮的侵袭。"中国社会主义建设"课,要着重进行国情教育,社会主义优越性教育,独立自主、艰苦奋斗和热爱共产党的教育,探索建设有中国特色的社会主义的规律。[2]江苏省教委把国情教育定为各专业和年级大学生的必修课,纳入教学计划,每周2学时,每学期要求上满22学时。为保证国情教育课的教学质量,省教委组织22所高校的专家学者编写出版了《中国国情与社会主义》一书,并向全省高校推荐一批录音带和录像带,作为国情教育的辅导材料。江苏省教委要求各高校自1990年春季学期开始在14万多名大学生中普遍开展"中国国情与社会主义"专题教育,引导和帮助大学生深入了解国情,进一步坚定

〔1〕 首都教育理论界座谈贯彻落实江泽民同志指示强调　全党全社会都要积极行动起来　切实加强近现代史和国情教育　王震李铁映等出席座谈会并讲了话 [N]. 人民日报,1991-06-02(1).
〔2〕 湖南高校政工干部和教师提出　政治理论课必须坚持党性原则 [N]. 中国教育报,1989-09-05(2).

社会主义信念，认清社会主义道路是中国走向现代化的必由之路。[1]

3. 倡导学马列原著、学党史、学雷锋活动。自 1989 年之后，高校校园兴起了一场轰轰烈烈的学马列原著、学党史、学雷锋活动。自 1989 年下半年开始，大学生学习马列原著蔚然成风，他们通过这种自我教育的方式，纠正或重新确立了自己的政治价值观。以北京大学为例，"自去年（1989 年）下半年开始，燕园里悄然吹起一股清新的风——曾一度弥漫于课余讲坛的另一种声音被学习、宣传、探讨马克思主义的讲座所取代；三角地附近的墙壁上，不时出现学习、宣传、探讨马克思主义的墙报，令人耳目一新；学生的书架上，摆出了《毛泽东选集》；图书馆借出的马列著作明显增多；学生业余社团的行列里，增添了学马列学术社团的倩影。有人估计，全校性和系级学马列社团拥有正式会员近 400 人，有本科生，也有硕士生、博士生；有文科学生，也有理科学生"[2]。同时，高校积极开展党史教育活动。据不完全统计，截至 1991 年 7 月，已有 51 所首都高校成立了党校或业余党校，全市高校中系一级的学马列小组、共产主义学习会、读书会已达 400 多个。仅 1991 年上半年，就有 700 多名学生光荣地加入了中国共产党。清华大学物 74 班，1990 年成立党课学习小组时仅有 3 名党员和 5 名积极分子参加，而 1991 年一开学，全班同学都报了名，党课小组的学习变成了全班性的政治理论学习。[3]

在倡导学马列原著、学党史的同时，高校积极开展学雷锋活动。雷锋是集共产主义精神、集体主义情怀、为人民服务精神、爱党和爱社会主义于一身的典型人物。有学者认为，雷锋精神的最核心内容就是他对社会主义的无比热爱和对共产党的坚定信念。如果全国亿万人民都能像雷锋那样，坚信我们社会主义事业的必然性，坚定地跟着党，团结一致，同心同德，艰苦奋斗，顽强拼搏，一个民主、富强、文明的社会主义现代化国家必将在中国大地实现。同时，发扬雷锋精神，是防止"和平演变"，培养一代"四有新人"的需要。[4]1990 年初，团中央号召青少年广泛开展学雷锋活动，"要求各级团组织进一步开展学

〔1〕 帮助大学生进一步坚定社会主义信念 江苏高校新学期开展国情教育 省教委已把国情教育定为大学生必修课 [N]. 人民日报，1990-02-15（3）.
〔2〕 燕园吹起一股清新的风——记北大学生学马列活动 [N]. 人民日报，1990-06-04（3）.
〔3〕 首都大学生学马列更加自觉 [N]. 人民日报，1991-07-03（3）.
〔4〕 石泰生. 九十年代学雷锋 [J]. 甘肃社会科学，1991（2）：12-13.

雷锋活动，引导青少年树立无产阶级世界观和人生观，在社会主义现代化建设和改革开放的实践中锻炼成为无产阶级革命事业的接班人……通知提出今年（1990 年）学雷锋活动的主题是'学雷锋精神，做四有青年'。各级团组织要紧紧围绕主题，引导青少年学习雷锋热爱党、热爱社会主义、热爱人民的政治立场；学习雷锋刻苦学习马列主义、毛泽东思想和文化科技知识的钉子精神；学习雷锋助人为乐、无私奉献、全心全意为人民服务的高尚品德；学习雷锋生活上低标准、工作上高要求、为祖国艰苦奋斗的思想境界"[1]。在团中央的号召下，高校积极开展学雷锋活动。以福建省高校为例，许多院校积极组织开展学雷锋、学先进、踊跃参加共产主义义务劳动活动。福建医学院（现为福建医科大学）、福建中医学院（现为福建中医药大学）的学生组织学雷锋小组，在课余和假日里，带着简易药械深入居民住宅和市郊农户家里为病人服务[2]。

4. 积极组织开展社会实践活动。1989 年以后，党和国家深刻认识到了社会实践活动在引导大学生树立正确的政治价值观中的重要性，要求高校积极组织社会实践活动。自 20 世纪 90 年代初开始，党和国家鼓励大学生积极参与暑期"三下乡"活动，号召学校组织学生参观企业、厂矿等。按照党和国家的要求，各地各高校积极组织学生开展社会实践活动。如西南师范大学（现为西南大学）以"了解社会、服务社会，依托北碚，实践成才"为主旨，以系为单位，结合专业特点，与学校周围的厂矿、企业、机关、农村、部队、学校等建立长期定点联系，广泛深入地开展社会实践活动，收到较好效果[3]。内蒙古自治区组织 227 名高校文科大学生到农村、牧区，通过社会实践活动接受毕业前的国情教育。他们一方面向农牧民宣讲有关文件与科技知识，另一方面在广泛接触中向农牧民学习，加深对国情与社会的了解，以弥补学校教育中的不足。[4]

5. 强化文科建设。针对当时"高等学校某些哲学社会科学专业业务方向不明确，教学内容反映时代特点和中国实际不够，甚至偏离马克思主义指导的问

〔1〕 团中央号召青少年开展学雷锋活动　学雷锋精神　做四有青年 [N]. 人民日报，1990-01-11（1）.

〔2〕 学马列、学雷锋、唱革命歌曲蔚成风气　福建省大学校园出现新气象 [N]. 人民日报，1990-03-08（3）.

〔3〕 长期定点　双向受益　西南师大学生社会实践探新路 [N]. 中国教育报，1990-02-10（1）.

〔4〕 内蒙古文科大学毕业生到基层接受国情教育 [N]. 人民日报，1991-05-11（3）.

题"[1]，党和国家开始高度重视文科建设。1990 年初，时任国家教育委员会副主任滕藤在部分高校主管文科校长和有关系主任座谈会上强调：高校文科必须坚持社会主义方向，"文科各专业应加强马克思主义哲学和政治经济学的教学，以'马克思主义原著选读'课程联结基础课、专业课，使文科各专业的课程体系成为一个以马克思主义指导的有机整体。抓紧文科教材特别是理论课教材的建设工作，对资产阶级自由化思潮在文科各学科领域中的表现进行分析批判"[2]。次年，滕藤在高校文科教改座谈会上再次强调，要坚持社会主义方向，搞好文科建设。他指出："高校的文科必须培养出社会主义事业的建设者和接班人，而决不能是民主个人主义者，这是不能动摇的政治原则，它关系着社会主义在中国的命运和前途。"[3]

按照党和国家的要求，自 1990 年 5 月起国家教育委员会有关部门开始组织力量，编写"文学概论""史学概论""伦理学概论""新闻学概论""社会学概论""政治学概论""法学基础理论""宪法学""政治经济学""管理学""教育学原理"等十大类学科的主要课程教学指导纲要。编写这些课程教学指导纲要的目的是教给学生最基本的马克思主义观点，使他们打下比较扎实的马克思主义根基。同时，告诉学生哪些是资产阶级自由化观点，哪些是错误观点，使他们分清理论是非。[4] 这一时期，在党和国家的指导下，高校大力开展文科建设，改革文科教学。如吉林大学在文科建设中，"坚持社会主义方向，旗帜鲜明地坚持四项基本原则，确立马克思主义在各学科的核心地位，清理清除资产阶级自由化思潮在教学和科研领域中的影响，使全校文科建设呈现良好开端。一是确定马克思主义基本理论在各学科的核心地位。学校新修订的教学计划中，突出了马克思主义原理课在文科各专业课体系中的核心地位。二是加强文科实践性教学环节，引导学生深入社会，学习工农，了解国情。学校明确要求，担任文科专业的教师，在教学中要积极组织和引导学生接触社会，应用课堂上所学的理论和知识，认识分析复杂的社会现象，增强识别是非的能力和分析问题、解

---

[1] 关于我国教育工作的若干问题 国务委员教委主任李铁映在七届全国人大常委会第十一次会议上的汇报 [N]. 中国教育报，1990-01-04（3）.

[2] 部分高校主管文科校长和有关系主任座谈时强调 高校文科必须坚持社会主义方向 [N]. 中国教育报，1990-01-09（1）.

[3] 滕藤在高校文科教改座谈会上强调 坚持社会主义方向搞好文科建设 [N]. 中国教育报，1991-04-23（1）.

[4] 坚持马克思主义基本观点 国家教委组织编写文科教学指导纲要 [N]. 中国教育报，1990-11-27（1）.

决问题的能力。三是清除资产阶级自由化思潮在教学和科研领域中的影响。四是建立一支具有马列主义理论素养、坚持四项基本原则的教师队伍"。[1]

6.制定高等学校学生行为准则，强化军事训练。为正确引导大学生政治价值观的发展方向，并规范大学生政治行为，我国于 1989 年 11 月出台了《高等学校学生行为规范》，具体内容包括："①维护祖国的利益。不得参与任何有损祖国尊严和荣誉、违背四项基本原则、危害社会秩序的活动，反对破坏安定团结的行为。②遵守宪法和国家的各项法律、规定。努力做维护民主和法制的典范，反对无政府主义。③维护各民族的平等、团结、互助关系。尊重不同民族的风俗习惯和宗教信仰，反对损害民族团结的行为。④坚持社会主义、集体主义。个人利益要服从国家利益、集体利益；同学之间团结友爱，互相学习，互相帮助；关心集体；反对极端个人主义。⑤坚持实事求是的原则。说话要有事实依据，办事力求从实际出发；正确开展批评和自我批评。⑥热爱劳动，积极参加社会实践。积极参加公益劳动、生产劳动和勤工俭学活动，虚心向工人、农民学习；不参与经商活动。⑦发扬艰苦奋斗精神。勤俭节约；不浪费水、电、粮食，不向学校和家庭提出超越实际可能的生活要求。⑧注意个人品德修养。⑨积极参加体育锻炼和健康的文化活动，增进身心健康。⑩勤奋学习，刻苦钻研。⑪维护教学秩序。遵守学校纪律，考试不作弊。⑫维护公共秩序。⑬遵守宿舍管理规定。⑭爱护公共财物。⑮遵守外事纪律。"[2]《高等学校学生行为准则》（以下简称《准则》）出台以后，全国各高校大学生积极学习。"华中师大将'准则'发给每生一份，以年级或班为单位进行集中学习和讨论。形势教育课的教师则把'准则'的部分内容纳入'政治立场的自我反思'这个专题的课堂教学内容。在提高学生认识的基础上，严肃校纪，清除了一批违纪学生，校风明显好转。"[3]《准则》对于规约大学生的政治行为，端正他们的政治价值观取向具有重要意义。

不仅如此，自 1989 年下半年开始，党和国家在北京大学、复旦大学等高校的新生中逐步开展军事训练活动，其重点是培养大学生集体主义精神、纪律观

---

[1]　确立马克思主义在各学科的核心地位　清理清除资产阶级自由化的影响　吉林大学坚持正确方向　加强文科建设 [N].中国教育报，1989-12-12（2）.
[2]　高等学校学生行为准则（试行）[N].中国教育报，1989-11-19（2）.
[3]　全国一些高校积极行动　贯彻高校学生行动准则 [N].中国教育报，1990-01-20（1）.

念，以及爱国热情，树立正确的政治价值观。如北京大学新生军训委托了石家庄陆军学院"重点抓了政治理论教学这个主渠道。确定政治理论课以四中全会精神为指导，贯彻四项基本原则教育，坚定学员的政治方向；军事课着力培养组织纪律观念、集体观念和勇敢顽强的作风，增强国防意识，文化课也要结合教学内容宣传爱国主义，陶冶思想情操。坚持从严治校，创造良好的育人环境。加强党的自身建设，保证党的坚强领导"[1]。

7. 加强教师队伍思想政治建设，改善教师的政治待遇和工作条件。1989 年以后，党和国家高度重视高校教师队伍建设，要求"马克思主义理论课教师必须与党中央保持高度一致，坚持四项基本原则，旗帜鲜明地反对资产阶级自由化；在思想上坚信马克思主义，具有全心全意为社会主义教育事业服务的精神；在业务上具有坚实的马克思主义理论基础、比较丰富的人文社会科学知识和必要的自然科学基础知识，并经过一定的实践锻炼（包括担任学生班主任和辅导员）"[2]，并在高校教师职务评聘上，对于不能坚持四项基本原则、职业道德差、不能为人师表的教师不予评聘，已经聘任的应进行教育帮助；对顽固坚持资产阶级自由化立场的教师要取消其任职资格，并调离教师岗位。此外，这一时期高校还组织青年教师和干部参加社会实践。如武汉大学组织青年教师和干部到基层去，进行为期一年的社会实践锻炼。[3]这些社会实践活动，使青年教师在政治思想上更加成熟，进而确保大学生政治价值观教育的社会主义方向。

经过一段时间的反资产阶级自由化教育后，大学生的政治价值观发生了重大转变。通过对武汉 20 多所高校 400 名学生的调研发现，在"坚持四项基本原则"，尤其是"坚持走具有中国特色的社会主义道路和坚持共产党的领导"这两个关键问题上，大多数学生的思想认识有了很大提高，认为应该走"具有中国特色的社会主义道路"的人，1989 年前占 54%，现在上升到 80%，而认为"不管走什么道路，只要能发展经济就行"的人，则由 1989 年前的 25% 下降到 4%。在 1989 年犯有错误的学生中，对上述两个问题的看法，分别由过去的 39% 上升到 71% 和由过去的 38% 下降到 7%。持赞成"两党或多党制"看

〔1〕 石家庄陆军学院 . 北大新生军训的做法与成效 [N]. 中国教育报，1990-01-20（3）.

〔2〕 普通高校思想政治理论课文献选编（1949—2008）[M]. 北京：中国人民大学出版社，2008：141.

〔3〕 深入社会　了解国情　锻炼思想　增长才干　武汉大学 60 名青年教师赴基层锻炼一年 [N]. 中国青年报，1990-05-12（1）.

法的，1989 年前占 16%，现在下降到 3%。认为"应坚持中国共产党领导的多党合作制"的，则由过去的 60% 上升到 83%。其中在 1989 年犯有错误的学生持上述两种看法的，分别由过去的 32% 下降到 4.6% 和由过去的 46% 上升到81%。[1]

第二节　改革探索，继承中创新的时期（1992—2001 年）

以邓小平的南方谈话和党的第十四次全国代表大会召开为标志，改革开放和社会主义现代化建设进入了一个新的发展阶段。在新的历史时期，"以公有制和按劳分配为主体，其他多种经济成分和分配方式并存的条件下，如何坚持社会主义意识形态的主导地位，用马克思列宁主义、毛泽东思想和邓小平同志建设有中国特色社会主义理论教育青少年；在进一步扩大对外开放，学习国外先进科学技术和管理经验的条件下，如何教育青少年正确认识我国国情，继承和发扬中华民族优秀文化传统和中国共产党领导下的革命斗争传统，树立民族自尊、自信、自强、自立的精神"[2]，成为这一时期大学生政治价值观教育面临的主要问题。自 1992 年开始，大学生政治价值观教育在继承的基础上进行了改革创新。

一、市场经济体制的确立与社会变革

从 20 世纪 90 年代初开始，我国经济体制改革和科技体制改革逐步走向深入。1992 年年初，邓小平发表了南方谈话。同年，江泽民在党的第十四次全国代表大会上作了《加快改革开放和现代化建设步伐，夺取有中国特色社会主义事业的更大胜利》的报告。报告总结了十一届三中全会以来 14 年的实践经验，决定抓住机遇，加快发展；确定了中国经济体制改革的目标是建立社会主义市场经济体制；提出了用邓小平同志建设有中国特色社会主义理论武装全党。

---

〔1〕　当前青年学生思想变化的趋向——对武汉地区 400 名大学生的调查 [N]. 人民日报,1991-03-06（3）.
〔2〕　普通高校思想政治理论课文献选编（1949—2008）[M]. 北京：中国人民大学出版社，2008：151-152.

自党的十四大以后，我国改革围绕国有大中型企业经营机制的转化和现代企业制度的建构，全面实行新的社会主义公有制基础上的市场经济体制。同时，以上海浦东为龙头，全方位开放沿海、沿江、沿边和内陆铁路沿线城市。社会主义市场经济体制的最终确立，有效地促进了城市民营经济和乡村非农经济的发展，以及种种身份制度的逐渐瓦解。城乡之间人口流动更加自由，社会结构不断分化。社会成员个体不再隶属于"单位"，国家对社会成员的控制与管理逐渐"放松"。社会成员个体地位逐渐凸显出来，其主体性逐渐受到尊重，其创造性和积极性被不断激发出来。他们之间通过市场活动自发地进行交往，并建立起非官方的社会组织。

建设有中国特色社会主义的理论成为新形势下我国经济改革和社会发展的指导思想，为我国各项制度改革和政策制定提供了理论依据。建设有中国特色社会主义的理论，使我们对"什么是社会主义，怎样建设社会主义"的认识更加明确和深入。而社会主义现代化建设，必然要求中国共产党提高自身执政能力，明确自身在新形势下的历史任务，为此"三个代表"重要思想在新的历史环境下，对"建设什么样的党，怎样建设党"的问题作出了回答和阐述。邓小平建设有中国特色社会主义的理论和"三个代表"重要思想是马列主义、毛泽东思想在新的历史时期的发展，为我国政治文化增添了新的内容。

经济体制的变革和社会的发展，必然要求改革教育体制。实际上，20世纪80年代初以后，我国在开展经济体制改革的同时，就着手进行教育体制改革并取得了明显进展。然而，教育体制不能适应经济和社会发展需要的问题仍未从根本上得到解决。自1989年下半年起，党和国家开始反思80年代中期教育体制改革中存在的不足。在邓小平南方谈话发表之后，根据建设有中国特色社会主义理论的新认识，中共中央、国务院印发了《中国教育改革和发展纲要》，就新形势下教育工作的任务作了明确规定，即"遵循党的十四大精神，以建设有中国特色的社会主义理论为指导，坚持党的基本路线，全面贯彻教育方针，面向现代化，面向世界，面向未来，加快教育的改革和发展，进一步提高劳动者素质，培养大批人才，建立适应社会主义市场经济体制和政治、科技体制改革需要的教育体制，更好地为社会主义现代化建设服务"。[1]与此同时，文件还阐

---

〔1〕 中共中央国务院印发《中国教育改革和发展纲要》[N]. 人民日报，1993-02-27（2）.

明了教育体系改革应遵循的原则，即教育是社会主义现代化建设的基础，必须坚持把教育摆在优先发展的战略地位；必须坚持党对教育工作的领导，坚持教育的社会主义方向，培养德智体全面发展的建设者和接班人；必须坚持教育为社会主义现代化建设服务；与生产劳动相结合，自觉地服从和服务于经济建设这个中心，促进社会的全面进步；必须坚持教育的改革开放，努力改革教育体制、教育结构、教学内容和方法，大胆吸收和借鉴人类社会的一切文明成果，勇于创新，敢于试验，不断发展和完善社会主义教育制度；必须全面贯彻党和国家的教育方针，遵循教育规律，全面提高教育质量和办学效益；必须依靠广大教师，不断提高教师政治和业务素质，努力改善他们的工作、学习和生活条件。[1]

这一时期，"素质教育"被提高到事关国家发展大局的地位。1999年，中共中央、国务院印发的《关于深化教育改革全面推进素质教育的决定》提出："实施素质教育，就是全面贯彻党的教育方针，以提高国民素质为根本宗旨，以培养学生的创新精神和实践能力为重点，造就'有理想、有道德、有文化、有纪律'的、德智体美等全面发展的社会主义事业建设者和接班人。全面推进素质教育，要面向现代化、面向世界、面向未来，使受教育者坚持学习科学文化知识与加强思想修养的统一，坚持学习书本知识与投身社会实践的统一，坚持实现自身价值与服务祖国人民的统一，坚持树立远大理想与进行艰苦奋斗的统一。全面推进素质教育，要坚持面向全体学生……尊重学生身心发展特点和教育规律，使学生生动活泼、积极主动地得到发展。"[2]该文件也对实施素质教育的手段和途径作了明确规定，要求努力改革考试评价、课程教材，而且要同时改革教育体制、教育结构、教师队伍。

二、社会主义政治价值建设不断深化

党的十四大以后，以建设社会主义市场经济体制为目标和依据，政治价值建设不断走向深化。

1992年党的十四大报告提出，政治体制要与经济体制改革和经济发展相适

---

〔1〕　中共中央国务院印发《中国教育改革和发展纲要》[N]. 人民日报，1993-02-27（2）.

〔2〕　十五大以来重要文献选编：中 [M]. 北京：人民出版社，2001：859.

应，"必须按照民主化和法制化紧密结合的要求，积极推进政治体制改革。我国政治体制改革，目标是建设有中国特色社会主义民主政治，绝不是搞西方的多党制和议会制……人民民主是社会主义本质的要求和内在属性。没有民主和法制就没有社会主义"[1]。1997年，党的十五大确立了邓小平理论的指导地位，明确了社会主义初级阶段的政治纲领，进一步提出了"公有制为主体多种所有制经济共同发展，是我国社会主义初级阶段的一个基本经济制度"[2]，"非公有制经济是中国特色社会主义市场经济的重要组成部分"[3]，重申了"建立比较完善的社会主义市场经济，保持国民经济持续快速健康发展，是必须解决好的两大课题"[4]。基于此，党的十五大强调要"进一步扩大社会主义民主，健全社会主义法制，依法治国，建设社会主义法治国家"。[5]依法治国方略的提出，表明了法治作为一种政治价值，将成为社会普遍的价值标准和价值追求。

党的十五大以后，社会主义政治价值建设进入了快车道。1999年，第九届全国人大二次会议通过宪法修正案，以国家根本大法的形式将依法治国方略正式确定下来。2000年，江泽民提出"三个代表"重要思想，进一步明确了党执政的价值目标、价值标准和价值导向。此外，他还强调要加强社会主义道德建设，将法制建设与道德建设结合起来，以实现依法治国与以德治国的有机统一。这一时期，党进一步提出和坚持健全民主集中制，继续加强党的建设，完善党内政治生活的各项准则并大力开展以讲学习、讲政治、讲正气为主要内容的党性党风教育。此后，健全法制的观念不断深入人心，对国家政治生活的影响和塑造作用越来越大。

---

〔1〕 十四大以来重要文献选编：上 [M]. 北京：人民出版社，1996：943.

〔2〕 江泽民. 高举邓小平理论伟大旗帜　把建设有中国特色社会主义事业全面推向二十一世纪——在中国共产党第十五次全国代表大会上的报告 [M]. 北京：人民出版社，1997：22.

〔3〕 江泽民. 高举邓小平理论伟大旗帜　把建设有中国特色社会主义事业全面推向二十一世纪——在中国共产党第十五次全国代表大会上的报告 [M]. 北京：人民出版社，1997：24.

〔4〕 江泽民. 高举邓小平理论伟大旗帜　把建设有中国特色社会主义事业全面推向二十一世纪——在中国共产党第十五次全国代表大会上的报告 [M]. 北京：人民出版社，1997：22.

〔5〕 江泽民. 高举邓小平理论伟大旗帜　把建设有中国特色社会主义事业全面推向二十一世纪——在中国共产党第十五次全国代表大会上的报告 [M]. 北京：人民出版社，1997：33.

三、强化理想信念和民主法制教育，重塑学生政治价值观

社会主义市场经济体制的确立和国家经济的快速发展，引发了社会结构性变化，导致多元政治价值观不断涌现，对大学生的思想认识形成了一定影响。针对这一问题，中共中央、国务院于 1993 年印发了《中国教育改革和发展纲要》，为新形势下大学生政治价值观教育改革指明了方向：在新的形势下，学校德育的根本任务是"用马列主义、毛泽东思想和建设有中国特色的社会主义理论教育学生，把坚定正确的政治方向摆在首位，培养有理想、有道德、有文化、有纪律的社会主义新人"[1]。为完成这一根本任务，高校要"加强党的基本路线教育，爱国主义、集体主义和社会主义思想教育，近代史、现代史教育和国情教育，引导学生运用马克思主义立场、观点、方法认识现实问题，走与工农结合、与实践结合的成长道路，促进学生逐步树立科学的世界观和为人民服务的人生观，增强学生抵制资产阶级自由化和一切剥削阶级腐朽思想的能力，坚定建设有中国特色社会主义的信念"[2]。这一时期，高校结合改革开放和现代化建设实践，通过学习邓小平理论，强化理想信念教育，引导学生确立建设有中国特色社会主义的共同理想。与此同时，民主法制观教育也成为这一时期大学生政治价值观教育的重要使命。就民主而言，它是社会主义现代化建设的基本政治条件。对此，邓小平强调："没有民主就没有社会主义，就没有社会主义现代化。"[3]"我们一定要向人民和青年着重讲清楚民主问题。社会主义道路、无产阶级专政、共产党的领导、马列主义毛泽东思想，都同民主问题有关。什么是中国人民今天所需要的民主呢？中国人民今天所需要的民主，只能是社会主义民主或称人民民主，而不是资产阶级的个人主义的民主。"[4]"文化大革命"时期和 20 世纪 80 年代中后期被扭曲的民主观给国家和社会造成了严重负面影响。"文化大革命"时期，在以阶级斗争为纲的指导下，通过大鸣、大放、大字报、大辩论的方法表达政治态度和政治诉求的"大民主"，最终使社会陷入无序民主的混乱状态。20 世纪 80 年代中后期所表现出的"民主"，其口号是"自由""民

---

〔1〕 十四大以来重要文献选编：上 [M]. 北京：人民出版社，1996：77.
〔2〕 十四大以来重要文献选编：上 [M]. 北京：人民出版社，1996：77.
〔3〕 邓小平文选：第 2 卷 [M]. 北京：人民出版社，1994：168.
〔4〕 邓小平文选：第 2 卷 [M]. 北京：人民出版社，1994：175.

主""人权",其表现形式为"文化大革命"时期"大民主"的翻版。鉴于此,社会主义民主观教育便成为20世纪80年代中后期尤其是90年代初大学生政治价值观教育的一项重要任务。就法制教育而言,它是社会主义市场经济发展的内在要求。"1989年政治风波"暴露出大学生存在的一个严重问题,即缺乏法制观念。不少大学生漠视法律甚至践踏法律。因此,在大学生中开展法制观教育工作迫在眉睫。不仅如此,强化法制意识建设也是社会主义市场经济发展的内在要求。社会主义市场经济要求在政治上发展民主、健全法制、实行依法治国。这一时期,大学生政治价值观教育主要从以下六个方面入手强化社会主义理想信念、民主法制教育。

1. 强化建设有中国特色社会主义理论教育,深入开展邓小平理论教育与学习。自党的十四大召开以后,全国掀起了学习邓小平建设有中国特色社会主义理论的热潮。1993年《邓小平文选》(第3卷)出版以后,全国再次掀起了邓小平理论学习热潮。高校纷纷开展邓小平理论"进课堂、进教材、进学生头脑"工作。1995年,国家统编教材《邓小平建设有中国特色社会主义理论教程》出版之后,34所高校开设了"邓小平理论"必修课,并积极探索科学有效的教学模式。如在党的十五大召开前夕,北京大学将本科三年级5个院系作为试点开设邓小平理论课,请吴树青、肖蔚云等12位知名教授分别讲授"邓小平对社会主义本质的概括""中国社会主义建设的发展战略"等12个专题,到课率近100%。1998年春季开学后,北大全校1 700多名三年级本科生全部上邓小平理论课。[1]很多学生通过学习,加深了对马克思主义学说的理解和认同,形成了正确的政治价值观念,政治意识和使命意识得到空前加强,申请入党的学生人数实现倍增。在首都高校中越来越多的大学生把加入中国共产党作为自己的政治追求。[2]

自1998年秋季开始,"邓小平理论概论"课成为高校的一门必修课。1998年4月,时任中共中央政治局常委、国务院副总理李岚清在邓小平理论课教学座谈会上强调:"大学生学习马克思主义,首先是要学好邓小平理论这一当代中国的马克思主义,因为只有邓小平理论而没有别的理论能解决中国的前途和命

〔1〕 北大:邓小平理论课热起来 [N]. 人民日报,1998-04-06(5).
〔2〕 首都高校大学生踊跃要求入党 十六万大学生中,每八人就有一人向党组织递交了入党申请书 [N]. 人民日报,1994-06-29(3).

运问题。只有把学生的思想统一到邓小平理论和党的基本路线上来，才能把他们培养成为社会主义事业的建设者和接班人。"[1]同年7月，江泽民在学习邓小平理论工作会议上指出，学习邓小平理论，必须从国际国内大局出发增强自觉性，必须同学习和贯彻十五大精神结合起来，必须在改造客观世界的同时努力改造主观世界，必须大力弘扬马克思主义学风。[2]不久之后，中宣部、教育部联合发文，要求高校从当年秋季起开设"邓小平理论概论"课。[3]自此，"邓小平理论概论"课同"马克思主义哲学原理""毛泽东思想概论""思想道德修养"等课程一起成为大学生的必修课。不仅如此，该课程课时设置在不同学制的高校略有区别。二年制专科"邓小平理论概论"为64学时；三年制专科"邓小平理论概论"为60学时；本科"邓小平理论概论"为70学时。同时，邓小平理论的教育与学习不断从第一课堂延伸至第二课堂。如清华大学以振兴民族经济为切入点，在大学生中相继开展了"爱国、成才、奉献"和"以中华民族富强为己任，为民族经济做贡献"等主题教育，引导广大学生进一步深刻认识邓小平理论的重大现实意义和深刻的理论内涵。山东大学把邓小平理论列入学生的必修课，除定时上课讲授外，还组织专家宣讲团定期开办专题讲座，到各院系轮回宣讲。武汉大学开展了生动活泼的邓小平理论主题教育活动，辅助第一课堂的教学活动。这一时期，高校还成立了"邓小平理论研究会""邓小平理论读书会"的学生组织。如武汉大学成立了大学生邓小平理论研究会，全校20个院系成立了分会。南京大学先后成立了"马克思主义理论研究中心""邓小平理论专家报告团""邓小平理论研究中心""邓小平理论青年研究会""邓小平理论学习小组"等，还专门设立了"邓小平理论研究论著图书阅览室"。[4]天津高校组建了"大学生邓小平理论学习巡回报告团"，设立"两课"实践课和组织假期考察，深化理论的实践环节，同时还开展"以知识回报社会"为主题的社区服务活动，并通过组织大学生志愿者参加"文化、科技、卫生三下乡""文明街区共建"和选派大学生到区街基层挂职锻炼等形式，引导他们走向社会，锻炼成

---

[1]　李岚清在邓小平理论课教学座谈会上强调　用邓小平理论教育大学生有特殊重要意义　一定要认真抓好落实落实再落实[N].人民日报，1998-04-21（1）.
[2]　江泽民.在学习邓小平理论工作会议上的讲话（1998年7月17日）[N].人民日报,1998-10-16（1）.
[3]　普通高校思想政治教育课程文献选编（1949—2008）[M].北京：中国人民大学出版社，2008：180.
[4]　各地高校掀起学习邓小平理论热潮[N].人民日报，1998-10-14（5）.

长。[1]四川高校通过学生学马列小组和邓小平理论研究会的活动，引导和发动广大青年学生自觉学习邓小平理论，并通过专题报告会、校报、广播、宣传等形式营造校园理论学习的氛围。据对四川高校 5 000 名大学生的问卷调查结果显示，86.9% 的学生认为学校近几年在开展邓小平理论教育方面有明显成效[2]，越来越多的大学生肯定了理想信念教育和政治理论学习的重要性。如北京大学一位学生表示："新时代的大学生只有专业方面的知识是不够的，还必须有崇高的信仰和理想作指导。学习专业知识和深入学政治、学理论，对我们来说同等重要。"[3]

2002 年，中国共产党十六次全国代表大会将"三个代表"重要思想同马克思列宁主义、毛泽东思想和邓小平理论一道确立为党的指导思想。按照党和国家部署，教育部党组印发了《关于教育战线认真学习贯彻党的十六大精神的通知》，文件指出："'三个代表'重要思想是十六大的灵魂……学习贯彻十六大精神，首先要注重学习贯彻'三个代表'重要思想这个中心环节。"[4]此后，学习"三个代表"重要思想便成为大学生政治价值观教育的新任务和新内容。2003 年，教育部在《关于进一步深化"三个代表"重要思想"三进"工作的通知》中规定：将"邓小平理论概论"课调整为"邓小平理论和'三个代表'重要思想概论"课。自 2003 年秋季开学开始，高校普遍开设该课程，并在"两课"的其他课程教学中全面渗透"三个代表"重要思想教育。[5]

2. 加强民主观教育。在反思"文化大革命"时期和 20 世纪 80 年代中后期被扭曲的民主政治观的基础上，党和国家从 20 世纪 80 年代末 90 年代初开始高度重视大学生社会主义民主教育。这一时期，围绕维系社会主义民主本质精神，民主观教育的内容主要包括五个方面。

（1）民主与专政的关系。阐明民主与专政的关系是政治价值观教育的首要任务，也是帮助学生形成正确政治认知的前提。我国社会主义民主是对多数人

---

〔1〕 进课堂进教材进头脑 天津高校学习邓小平理论重实效（加强高校思想政治工作）[N]. 人民日报，2000-07-28（5）.

〔2〕 进教材 进课堂 进头脑 四川高校邓小平理论教育卓有成效 [N]. 人民日报，1999-04-09（5）.

〔3〕 首都高校讲政治学理论人数逐年递增 [N]. 人民日报，1996-11-18（11）.

〔4〕 加强和改进大学生思想政治教育重要文献选编（1978—2014）[M]. 北京：知识产权出版社，2015：242.

〔5〕 普通高校思想政治理论课文献选编（1949—2008）[M]. 北京：中国人民大学出版社，2008：193-194.

的民主和对少数人的专政的结合。对大多数人实行民主是社会主义民主的本质。江泽民在党的第十五次全国代表大会上明确指出："建设有中国特色社会主义的政治，就是在中国共产党领导下，在人民当家作主的基础上，依法治国，发展社会主义民主政治。"[1]"社会主义民主的本质是人民当家作主。国家一切权力属于人民。"[2]这是中国共产党对新时期社会主义民主的基本认识。邓小平就对少数人实行专政指出："发展社会主义民主，决不是可以不要对敌视社会主义的势力实行无产阶级专政。我们反对把阶级斗争扩大化，不认为党内有一个资产阶级，也不认为在社会主义制度下，在确已消灭了剥削阶级和剥削条件之后还会产生一个资产阶级或其他剥削阶级。但是我们必须看到，在社会主义社会，仍然有反革命分子，有敌特分子，有各种破坏社会主义秩序的刑事犯罪分子和其他坏分子，有贪污盗窃，投机倒把的新剥削分子，并且这种现象在长时期内不可能完全消灭。同他们的斗争不同于过去历史上的阶级对阶级的斗争（他们不可能形成一个公开的完整的阶级），但仍然是一种特殊形式的阶级斗争，或者说是历史上的阶级斗争，在社会主义条件下的特殊形式的遗留。对于这一切反对社会主义的分子仍然有必要实行专政，不对他们专政，就不可能有社会主义民主。"[3]"他们的存在同社会主义国家的民主化并不矛盾，他们的正确有效的工作不是妨碍，而是保证社会主义国家的民主化，事实上没有无产阶级专政，我们就不能保卫从而也不可能建设社会主义。"[4]民主与专政是辩证统一的关系。二者在对象、范围和方法上彼此区别的同时，又紧密相联。任何一个民主制的国家，都是一定阶级的民主与对一定阶级的专政的结合，都是民主与专政的统一体。换言之，掌握国家政权的统治阶级，既坚持对敌对阶级的专政，又坚持在本阶级内部实行一定形式的民主以调节其内部矛盾，增强凝聚力，继而对被统治阶级实行专政。与此同时，民主与专政相辅相成、互为前提、相互促进。对此，邓小平明确指出："人民的民主同对敌人的专政分不开。"[5]

---

〔1〕　江泽民.高举邓小平理论伟大旗帜　把建设有中国特色社会主义事业全面推向二十一世纪——在中国共产党第十五次全国代表大会上的报告[M].北京：人民出版社，1997：20.

〔2〕　江泽民.高举邓小平理论伟大旗帜　把建设有中国特色社会主义事业全面推向二十一世纪——在中国共产党第十五次全国代表大会上的报告[M].北京：人民出版社，1997：34.

〔3〕　邓小平文选：第2卷[M].北京：人民出版社，1994：168-169.

〔4〕　邓小平文选：第2卷[M].北京：人民出版社，1994：169.

〔5〕　邓小平文选：第2卷[M].北京：人民出版社，1994：175

（2）民主与集中的关系。中国共产党在党内生活和国家政治生活中历来倡导将民主基础上的集中与集中指导下的民主相结合。一方面强调发扬民主的目的是解放思想，充分调动人们在现代化建设中的积极性和创造性；另一方面强调民主基础上集中的目的是克服由极端民主化导致的无政府状态。正如江泽民在党的十四大报告中指出的："我们的目标仍然是努力造就又集中，又有民主，又有纪律，又有自由，又有统一意志，又有个人心情舒畅，生动活泼，那样一种政治局面。"〔1〕

（3）民主与法制的关系。民主和法制是我国社会主义建设的基础。其中，民主是法制的核心，法制是民主的保障。新中国政治发展的深刻教训是抛弃一切法制的"大民主"，非但没有促进社会主义民主进步，反而使民主建设陷入危机。对此，邓小平指出："民主和法制，这两个方面都应该加强，过去我们都不足。要加强民主，就要加强法制。没有广泛的民主是不行的，没有健全的法制也是不行的，我们吃够了动乱的苦头。"〔2〕"为了保障人民民主，必须加强法制。必须使民主制度化、法律化，使这种制度和法律不因领导人的改变而改变，不因领导人的看法和注意力的改变而改变。"〔3〕党的十五大报告强调："发展民主必须同健全法制紧密结合，实行依法治国"〔4〕，并提出了"在坚持四项基本原则的前提下，继续推进政治体制改革，进一步扩大社会主义民主，健全社会主义法制，依法治国，建设社会主义法治国家"〔5〕的目标。

（4）民主与纪律的关系。从国家治理角度来看，民主和纪律在凝聚社会力量，有效实现社会组织方面具有重要意义。对此，邓小平指出："合理的纪律同社会主义民主不但不是相互对立的，而且是相互保证的。大中小学的学生从入学起……都要学习和服从各自所必须遵守的纪律，对一切无纪律，无政府违反法治的现象，都必须坚决反对和纠正，否则就不能建设社会主义和实现现代

〔1〕 十四大以来重要文献选编：上 [M]. 北京：人民出版社，1996：44.

〔2〕 邓小平文选：第 2 卷 [M]. 北京：人民出版社，1994：189.

〔3〕 邓小平文选：第 2 卷 [M]. 北京：人民出版社，1994：146.

〔4〕 江泽民 . 高举邓小平理论伟大旗帜　把建设有中国特色社会主义事业全面推向二十一世纪——在中国共产党第十五次全国代表大会上的报告 [M]. 北京：人民出版社，1997：34.

〔5〕 江泽民 . 高举邓小平理论伟大旗帜　把建设有中国特色社会主义事业全面推向二十一世纪——在中国共产党第十五次全国代表大会上的报告 [M]. 北京：人民出版社，1997：33.

化。"[1]"我们这么大一个国家，怎样才能团结起来组织起来呢？一靠理想，二靠纪律，组织起来就有力量，没有理想没有纪律，就会像旧中国那样一盘散沙。那我们的革命怎么能够成功？我们的建设怎么能够成功？"[2]为此，无论在国家政治生活，还是在个人生活之中，我们都要实现民主与纪律的辩证统一。

（5）民主与党的领导。民主与党的领导的关系是指在民主国家里执政党与其他政党、政治团体之间的关系。具体到我国，就是中国共产党与各民主党派、政治团体之间的关系。宪法规定，我国的政权性质是工人阶级领导的、以工农联盟为基础的人民民主专政的社会主义国家。这就决定了代表工人阶级利益的中国共产党在政权中处于领导、执政地位，而代表其他阶级和利益群体的政党、政治团体处于被领导地位，发挥参政作用。这进一步决定了我国的政党制度是中国共产党领导下的多党合作与政治协商制度。在我们社会主义国家，广大人民群众享有民主权利，"共产党执政就是领导和支持人民掌握管理国家的权力，实行民主选举、民主决策、民主管理和民主监督，保证人民依法享有广泛的权利和自由，尊重和保障人权"[3]，也是代表广大人民群众利益的中国共产党如何发挥各民主党派、政治团体的作用，动员他们所联系的群众团体的积极性、创造性，共同投入到社会主义现代化建设事业之中。正如江泽民在党的十五大报告中所强调的："坚持和完善共产党领导的多党合作和政治协商制度。坚持'长期共存、互相监督、肝胆相照、荣辱与共'的方针，加强同民主党派合作共事，巩固我们党同党外人士的联盟。继续推进人民政协政治协商、民主监督、参政议政的规范化、制度化，使之成为党团结各界的重要渠道。"[4]这表明，坚持和完善中国共产党领导的多党合作的政治协商制度，对推进社会主义民主政治发展具有重要意义。

西方国家的资本主义民主政治实质上是享受民主的资产阶级对无产阶级的统治或管理。由于资产阶级内部存在利益分化，因此西方国家必然存在多个政党、政治团体在政权中的地位与作用所形成的相互关系，并继而形成两党制或

---

〔1〕 邓小平文选：第2卷 [M]. 北京：人民出版社，1994：360.

〔2〕 邓小平文选：第3卷 [M]. 北京：人民出版社，1993：111.

〔3〕 江泽民．高举邓小平理论伟大旗帜 把建设有中国特色社会主义事业全面推向二十一世纪——在中国共产党第十五次全国代表大会上的报告 [M]. 北京：人民出版社，1997：35.

〔4〕 江泽民．高举邓小平理论伟大旗帜 把建设有中国特色社会主义事业全面推向二十一世纪——在中国共产党第十五次全国代表大会上的报告 [M]. 北京：人民出版社，1997：35.

多党制的政治格局，但其本质上是代表资产阶级的利益，维护资产阶级政治统治，最终为资产阶级整体利益服务。对此，邓小平明确指出："资本主义国家的多党制有什么好处？那种多党制是资产阶级互相倾轧的竞争状态所决定的，它们谁也不代表广大劳动人民的利益。在资本主义国家，人们没有也不可能有共同的理想，许多人就没有理想。这种状况是它们的弱点而不是强点，这使它们每个国家的力量不可能完全集中起来，很大一部分力量互相牵制和抵消。我们国家也是多党，但是，中国的其他党，是在承认共产党领导这个前提下面，服务于社会主义事业的。我们全国人民有共同的根本利益和崇高理想，即建设和发展社会主义，并在最后实现共产主义，所以我们能够在共产党的领导下团结一致。我们党同其他几个党长期共存，互相监督，这个方针要坚持下来。但是，中国由共产党领导，中国的社会主义现代化建设事业由共产党领导，这个原则是不能动摇的；动摇了中国就要倒退到分裂和混乱，就不可能实现现代化。"[1] 作为工人阶级领导的、以工农联盟为基础的人民民主专政的社会主义国家，我国绝不能实行西方国家的两党制或多党制，这会改变我国社会主义国家性质。苏联社会主义事业失败的根源就是背弃了共产党领导的政党制度，最终导致国家走向消亡，这个深刻的历史教训值得我们认真吸取。此外，中国共产党要强化党内民主建设，以党内民主推进人民民主建设与发展，从而巩固党在社会主义民主建设中的领导地位。

3. 加强法制观教育。党的十五大对依法治国作出了明确阐述，即"依法治国，就是广大人民群众在党的领导下，依照宪法和法律规定，通过各种途径和形式管理国家事务，管理经济文化事业，管理社会事务，保证国家各种工作都依法进行，逐步实现社会主义民主的制度化、法律化"[2]。而教育是帮助民众形成并确立法制观念的主要途径。对此，江泽民指出："加强社会主义法制建设，坚持依法治国，一项重要任务是不断提高广大干部群众的法律意识和法制观念……有了比较健全和完善的法律和制度，如果人们的法制意识和法制观念淡薄，思想政治素质低，再好的法律和制度也会因为得不到遵守而不起作用……要加强普法教育，不断地提高干部和群众的遵守法律、依法办事的素质和

---

〔1〕 邓小平文选：第2卷[M]. 北京：人民出版社，1994：267-268.

〔2〕 江泽民.高举邓小平理论伟大旗帜　把建设有中国特色社会主义事业全面推向二十一世纪——在中国共产党第十五次全国代表大会上的报告[M]. 北京：人民出版社，1997：34.

自觉性。"[1]

随着国家立法工作的推进，法制教育工作在高校中不断深入。首先，高校认真贯彻落实国家法制宣传教育五年规划。1991 年，国家教育委员会印发了《教育系统开展法制宣传教育第二个五年规划》的通知，提出："教育工作者和学生，特别是大中学生是普法工作的重点对象。各级各类学校应结合师生特点和教育、教学安排进行法制教育，教书育人，培养学生的法律意识，提高学生遵纪守法的自觉性，教育学生树立正确的政治方向，做社会主义现代化建设的接班人。"[2]1996 年，中宣部、司法部印发《关于在公民中开展法制宣传教育的第三个五年规划》，其总体目标是"通过在全体公民中继续深入进行以宪法、基本法律和社会主义市场经济法律知识为主要内容的宣传教育，进一步增强公民的法律意识和法制观念，不断提高各级干部依法办事、依法管理的水平和能力，促进依法治国，努力建设社会主义法制国家……重点对象是县、处级以上领导干部，司法人员，行政执法人员，企业经营管理人员，青少年"[3]。按照党和国家的要求，高校积极落实开展大学生法制观教育。其次，开设法律基础必修课。设置法律基础知识课程是大学生法制观教育系统化、常规化的有效手段。自改革开放以来，我国就非常重视在大学生中开展法制教育。1986 年 9 月，国家教育委员会按照《中共中央、国务院转发关于向全体公民基本普及法律常识的五年规划的通知》和胡启立关于"在全国各大学开设法律基础课"的指示，印发了《关于在高等学校开设"法律基础课"的通知》。次年，国家教育委员会在《关于高等学校思想教育课程建设的意见》中明确要求学校开设"法律基础"必修课，以增强学生法制观念和社会责任感，适应社会主义法制建设的要求。[4]自 20 世纪 90 年代初开始，高校普遍开设了"法律基础"课。

4.大力实施公民道德教育。从表面上看，公民道德教育并不隶属于政治价值观教育的范围，但公民道德教育中所包含的为人民服务、爱国主义、社会主义亦属于政治价值观教育的核心内容。因此，我们可以将公民道德教育看作是政治价值观教育的重要举措。2001 年，党和国家从当时公民道德现状出发制定

〔1〕江泽民论社会主义精神文明建设 [M].北京：中央文献出版社，1999：165-166.
〔2〕中宣部司法部关于在公民中开展法制宣传教育的第二个五年规划 [N].人民日报，1991-02-25（4）.
〔3〕中宣部司法部关于在公民中开展法制宣传教育的第三个五年规划 [N].人民日报，1996-05-16（3）.
〔4〕普通高校思想政治理论课文献选编（1949—2008）[M].北京：中国人民大学出版社，2008：133.

并印发了《公民道德建设实施纲要》，提出了"爱国守法、明礼诚信、团结友善、勤俭自强、敬业奉献"的基本道德规范。这些基本道德规范成为大学生政治价值观教育的主要内容。按照党和国家的要求，高校广泛开展了大学生公民道德教育。

这一时期公民道德教育的目标是促进学生全面发展，使他们成长为有理想、有道德、有文化、有纪律的社会主义公民。公民道德教育的主要内容是"从我国历史和现实的国情出发，坚持以为人民服务为核心，以集体主义为原则，以爱祖国、爱人民、爱劳动、爱社会主义为基本要求，以社会公德、职业道德、家庭美德为着力点"[1]。党和国家力图通过公民教育引导大学生能够正确处理个人与社会、竞争与协作、先富与共富等关系，学会尊重人，并为人民为社会多作贡献；能够从集体主义出发，处理个人利益、集体利益和国家利益之间的关系；能够以热爱祖国、报效人民为最大光荣，以损害祖国利益、民族尊严为最大耻辱，并积极投身到社会主义现代化建设当中；能够具有良好的社会公德、职业道德和家庭美德。按照党和国家的要求，各高校从自身情况出发，根据大学生的特点制定了相应公民道德教育方案。如北京工业大学结合《公民道德建设实施纲要》，在学生中积极进行以"诚信与责任"为主题的教育。活动由道德层面的诚信入手，进而落实到对国家、对社会的责任上，对于大学生思想状况的针对性很强，收到了良好的育人效果。为了使教育活动更有说服力，北京工业大学举办了"企业家论人才素质"讲座，邀请有成就的校友返校现身说法，给学生思想以较强的冲击。在访问了讲诚信、有成就的校友之后，学生纷纷表示：我们要追求卓越，就必须有诚信，日后成为人才，首先应该会做人，而诚信是安身立命之本。[2]

5. 积极推进政治价值观教育在专业课程教育中的渗透。1994年，中共中央印发了《关于进一步加强和改进学校德育工作的若干意见》，明确提出："按照不同学科特点促进各类学科与课程同德育的有机结合。借鉴国外包括发达国家在这方面的经验和做法，在教育改革中积极探索，形成稳定机制。高校应积极开设人文、社会科学的选修课程，与马克思主义理论课和思想品德课统筹规划，

---

〔1〕 公民道德建设实施纲要 [M]. 北京：人民出版社，2001：6.
〔2〕 北京工大开展诚信与责任主题教育 [N]. 人民日报，2002-04-19（6）.

分工合作。各门课的建设应体现社会主义办学方向和全面发展的办学指导思想，教学大纲和教学评估标准，要有正确的思想导向。"[1]这一指导思想有力地推动了大学生政治价值观教育与专业课程教育的有机结合。各个高校在课程设置中增加了人文社会学科的选修课，并加强政治价值引导在专业课教学内容中的渗透，从而对学生正确政治价值观生成和确立产生积极影响。如复旦大学从20世纪90年代起，拓宽了本科生基础教育课程体系，增加了"中国文化史""世界文化史""中国传统文化精华""当代政治人物与政治思潮""当代公共行政与公共政策""宗教与中国社会""当代中国对外关系"等课程。同时，复旦大学还开设了"自然科学史""改变世界的物理学""化学与人类""生命科学导论"等自然学科的公共选修课，[2]这些课程最终成为大学生政治价值观教育的宝贵资源。

6.开辟网络政治价值观教育阵地，丰富教育路径与方法。从20世纪90年代中期开始，越来越多大学生开始使用互联网，网络中西方意识形态和文化开始渗透、弱化青年大学生社会主义政治信念和政治观念。在这种情况下，网络政治价值观教育实践在被动局面下初步开展，"防、堵、管"是主要对策。自1999年起，我国开始积极主动开展网络政治价值观教育工作。1999年中共中央出台了《关于加强和改进思想政治工作的若干意见》，2000年教育部印发了《关于加强高等学校思想政治教育进网络工作的若干意见》，大力推进了网络大学生政治价值观教育的发展。同年，江泽民在中央思想政治工作会议上强调："要重视和充分运用信息网络技术，使思想政治工作提高时效性、扩大覆盖面、增强影响力。"[3]紧接着，他在全国宣传部长会议上的讲话中进一步指出："现代社会，各种媒体特别是信息网络化迅速发展，舆论的作用和影响越来越大，越来越需要加强引导……要高度重视互联网的舆论宣传，积极发展，充分运用，加强管理，趋利避害，不断增强网上宣传的影响力和战斗力，使之成为思想政治工作的新阵地，对外宣传的新渠道。"[4]自20世纪90年代末开始，高校红色网

〔1〕　社会主义精神文明建设文献选编[M].北京：中央文献出版社，1996：535.

〔2〕　董雅华.知识·信仰·现代化：中国政治社会化中的高等教育[M].上海：复旦大学出版社，2005：120-121.

〔3〕　江泽民文选：第3卷[M].北京：人民出版社，2006：94.

〔4〕　全国宣传部长会议在京召开[N].人民日报，2001-01-11（1）.

站不断兴起，成为大学生政治价值观教育的主阵地。诸如清华大学的"红色网站"、北京大学的"红旗在线"、南京大学的"网上青年共产主义学校"、北京师范大学的"学生党建之窗"、南开大学的"觉悟网站"、华中科技大学的"党校在线"等，逐渐成为高校宣传和开展政治价值观教育的阵地和平台。不仅如此，一些高校还成立了由网络建设、宣传教育、学生工作及网络技术等有关部门组成的专门机构，建立了相应的管理体制，开设了网上党校、网上团校，并设立了理论学习、时事政策、两课辅导和答疑、心理咨询等网站。

此外，党和国家要求高校在改革开放和现代化建设的新阶段，"大力改进教学方法，注意运用课堂讨论、社会实践、演讲答辩等多种方式和现代化教学手段，不断提高教学效果"。[1]具体而言，党和国家倡导的大学生政治价值观教育途径和方式主要包括：一是将大学生政治价值观教育与关心指导学生的学习、生活相结合，与加强管理相结合；二是通过实现全员育人的方式，进一步发挥全体教职员工的育人作用；三是重视校园文化建设，大力开展学生喜闻乐见的丰富多彩、积极向上的活动；四是积极引导学生开展社会实践活动；五是提倡学校教育、家庭教育、社会教育的紧密配合。

第三节　以人为本，探索中变革的时期（2002—2011 年）

2002 年，党的十六大提出："完善社会主义市场经济体制，推动经济结构战略性调整，基本实现工业化，大力推进信息化，加快建设现代化，保持国民经济持续快速健康发展，不断提高人民生活水平。"[2]根据这一要求，2003 年党的十六届三中全会审议通过的《关于完善社会主义市场经济体制若干问题的决定》指出："中国社会主义市场经济体制初步建立，公有制为主体，多种所有制共同发展的基本经济制度已经确立，全方位，宽领域，多层次的对外开放格局基本形成"[3]，并对完善社会主义市场经济体制的主要基本目标、主要任务等作出了

---

〔1〕 普通高校思想政治理论课文献选编（1949—2008）[M].北京：中国人民大学出版社，2008：148.
〔2〕 江泽民.全面建设小康社会　开创中国特色社会主义事业新局面——在中国共产党第十六次全国代表大会上的报告[M].人民出版社，2022：21.
〔3〕 中共中央关于完善社会主义市场经济体制若干问题的决定[N].人民日报，2003-10-22（1）.

具体规定。在推进社会主义市场经济体制不断完善过程中，社会主义政治价值也随之出现变化。以党的十六大为标志，大学生政治价值观教育进入了一个新的发展阶段。

一、从"经济建设为中心"到实现科学发展，构建和谐社会

经过几十年的发展，我国社会结构发生了深刻的变化。"一个多样化的社会已经取代过去那种单一的社会，一个开放的社会已经取代过去那种封闭的社会，成万上亿自由流动的'社会人'正在取代过去那种一辈子依靠单位的'单位人'。"[1]在社会结构变化的影响下，社会矛盾也愈来愈凸显。如经济总体发展与社会成员之间和地区之间发展不平衡的矛盾正在扩大；经济持续发展与环境恶化之间的矛盾不断加剧。面对这些新状况，如何统筹兼顾各方面人民群众的利益充分调动一切积极因素进行社会主义建设，如何创造一个民主法治、公平正义、充满活力的社会，如何在全球化过程中实现中华民族的伟大复兴，是21世纪我国面临的重大课题。党的十六大以后，我国在发展观念上实现了"以经济建设为中心"向"科学发展""和谐发展"的转变，并在实践层面推行了一系列的社会改革措施。这一时期，党中央先后提出了"科学发展观"和"社会主义和谐社会"建设的任务。

1.科学发展观。马克思和恩格斯的最高政治理想是构建个性充分解放的"自由人的联合体"，其中包含着自由、平等和尊严这些人类基本的政治价值。他们在《共产党宣言》中这样写道："代替那存在着阶级和阶级对立的资产阶级旧社会的，将是这样一个联合体，在那里，每个人的自由发展是一切人自由发展的条件。"[2]但在现实社会尤其是阶级社会中，不存在抽象的自由、平等，政治自由是受宪法和法律保障的参加国家政治生活、表达政治见解的权利。所以，中国共产党用"以人为本"的科学发展观来表达马克思主义自由观。

2003年10月召开的党的十六届三中全会提出了"以人为本、全面、协调、可持续发展"的科学发展观。科学发展观强调在发展过程中首先应将坚持"以经济建设为中心"与坚持"以人为本"统一起来。所谓"以人为本"，就是要

---

〔1〕 李君如.当代中国政治走向 [M].福州：福建人民出版社，2007：30.
〔2〕 马克思恩格斯选集：第1卷 [M].北京：人民出版社，2012：422.

"把人民的利益作为一切工作的出发点和落脚点，不断满足人们的多方面需求和促进人的全面发展"。[1]"以人为本"是科学发展观的核心，充分凸显了人在发展中的重要地位和作用，即人是具体的、现实的、社会的人，是广大人民群众；人是发展的出发点，是发展的力量源泉；人是发展主体，是推进改革和发展的创造性的社会力量，是推动历史前进的真正动力。其次，在社会主义现代化建设中必须坚持全面、协调、可持续发展，坚持统筹城乡发展、统筹区域发展、统筹经济社会发展、统筹人与自然和谐发展、统筹国内发展和对外开放。经过20多年的发展，我国虽然在总体上实现了小康，但是仍是低水平的、发展不平衡的小康社会，城乡差距、区域差别和社会经济发展不协调已经影响到社会主义现代化建设的全局。为此，我国于2002年提出了全面建设小康社会的发展任务，这就要求实现城乡之间、区域之间、经济社会之间、人与自然之间、国内发展与对外开放之间的统筹发展。最后，在现代化建设中应将物质文明、政治文明、精神文明与和谐社会建设统一起来。经过20多年的发展，我国经济建设和社会改革取得了一定成就，但群众上访数量不断增多、群体性突发事件与日俱增、社会不安定因素随之增加等发展中存在的问题逐渐暴露出来。这必然要求在我国发展过程中，逐渐实现经济、文化、政治全面协调发展。

2. 社会主义和谐社会建设。随着社会主义市场经济的发展，社会不同利益主体随之出现，不同利益团体之间的矛盾也不断凸显，如就业问题、腐败问题、分配不公问题、社会治安问题等。面对社会矛盾的与日俱增，2004年9月，党的十六届四中全会上提出了"构建社会主义和谐社会"的任务。社会主义和谐社会应是一个民主法治、公平正义、诚信友爱、充满活力、安定有序、人与自然和谐相处的社会。关于"如何构建社会主义和谐社会"，胡锦涛在党的十六届四中全会上指明了方向。他提出："要适应我国社会的深刻变化，把和谐社会建设摆在重要位置，注重激发社会活力，促进社会公平和正义，增强全社会的法律意识和诚信意识，维护社会安定团结。"[2]

科学发展观是构建社会主义和谐社会的根本指针和根本保证，也是构建社会主义和谐社会的根本途径。科学发展观所强调的以人为本，是构建和谐社会

---

[1] 温家宝.提高认识 统一思想 牢固树立和认真落实科学发展观——在省部级主要领导干部"树立和落实科学发展观"专题研究班结业式上的讲话[N].人民日报，2004-03-01（2）.
[2] 十六大以来重要文献选编：中[M].北京：中央文献出版社，2006：286.

的根本要求和意义所在。伴随着科学发展观和社会主义和谐社会建设的提出，整个国家的发展战略出现了转变，即从"以经济建设为重"转向经济建设与以人为本兼顾；从偏重工业，转向农业、工业、第三产业兼顾；从偏重城市发展转向城乡统筹发展；从偏重经济发展转向人与自然和谐相处。这一时期，我国先后推行了一系列的改革措施，主要包括以下三个方面。一是建设社会主义新农村。为统筹城乡发展，我国提出了社会主义新农村建设的历史任务，其目标和要求是"生产发展、生活宽裕、乡风文明、村容整洁、管理民主"[1]。换言之，新农村建设要统筹好农业、农村和农民问题，要通过发展新农业、培养新农民建设社会主义新农村。二是发展社会主义文化。为推进文化建设，我国先后提出了社会主义荣辱观和社会主义核心价值观体系。2006 年 3 月，胡锦涛在参加全国政协十届四次会议与民盟、民进界委员联组讨论时提出，要引导广大干部群众特别是青少年树立"八荣八耻"的社会主义荣辱观。[2] 同年，党的十六届六中全会通过的《中共中央关于构建社会主义和谐社会若干重大问题的决定》指出："建设和谐文化，是构建社会主义和谐社会的重要任务。社会主义核心价值体系是建设和谐文化的根本。"[3] 社会主义核心价值体系是社会主义和谐文化的内在精神和灵魂，和谐文化是社会主义核心价值体系的具体体现。三是实施教育改革。科学发展观和社会主义和谐社会建设均强调在发展中坚持以人为本。"以人为本"逐渐成为教育改革的任务和目标。2010 年胡锦涛在全国教育工作会议上明确指出："坚持以人为本、全面实施素质教育是教育改革和发展的战略主题，是贯彻党的教育方针的时代要求，核心是解决好培养什么人、怎样培养人的重大问题，重点是面向全体学生、促进学生全面发展，着力提高学生服务国家服务人民的社会责任感、勇于探索的创新精神、善于解决问题的实践能力。"[4] 同年，我国制定了《国家中长期教育改革和发展规划纲要（2010—2020年）》，就教育发展的总体战略、发展任务、体制改革和保障措施进行了规划，将以人为本、促进学生全面发展作为教育发展的核心。[5]

〔1〕 十六大以来重要文献选编：中 [M]. 北京：中央文献出版社，2006：1050.
〔2〕 十六大以来重要文献选编：下 [M]. 北京：中央文献出版社，2008：317.
〔3〕 十六大以来重要文献选编：下 [M]. 北京：中央文献出版社，2008：660.
〔4〕 胡锦涛. 在全国教育工作会议上的讲话 [M]. 北京：人民出版社，2010：12.
〔5〕 国家中长期教育改革和发展规划纲要（2010—2020 年）[N]. 中国教育报，2010-07-30（1-3）.

二、社会主义政治价值建设的革新、完善

党的十六大将"发展社会主义民主政治，建设社会主义政治文明"[1]作为全面建设小康社会的重要目标，并对发展社会主义民主政治和建设社会主义政治文明作出了明确阐述。同时，党的十六大还强调要"坚持和完善社会主义民主制度。健全民主制度，丰富民主形式，扩大公民有序的政治参与，保证人民依法实行民主选举、民主决策、民主管理和民主监督，享有广泛的权利和自由，尊重和保障人权……加强社会主义法制建设。坚持有法可依、有法必依、执法必严、违法必究。适应社会主义市场经济发展、社会全面进步和加入世贸组织的新形势，加强立法工作，提高立法质量，到二○一○年形成中国特色社会主义法律体系"。[2]

为贯彻落实党的十六大战略部署，党的十六届三中全会提出要"坚持以人为本，树立全面、协调、可持续的发展观，促进经济社会和人的全面发展"。[3]2004年，第十届全国人大二次会议通过宪法修正案确立了"三个代表"重要思想的指导地位，强调推动物质文明、政治文明、精神文明协调发展。将"公民的合法的私有财产不受侵犯""国家尊重和保障人权"写入宪法。同年9月，党的十六届四中全会提出要"使我们党始终成为立党为公、执政为民的执政党，成为科学执政、民主执政、依法执政的执政党"。[4]2006年，胡锦涛发表关于树立社会主义荣辱观的讲话中提出了"八荣八耻"，这是党对社会主义政治价值内涵的集中概括，进一步明确了新时期政治价值建设的目标和任务。同年10月，党的十六届六中全会正式提出了"构建社会主义和谐社会"的重大命题，并对其中所蕴含的以人为本、民主法治、公平正义等政治价值意蕴进行了全面阐述，明确提出了建设社会主义核心价值体系的战略任务，这标志着党对社会主义政治价值建设的认识开始走向系统化、理论化。

---

〔1〕 江泽民. 全面建设小康社会 开创中国特色社会主义事业新局面——在中国共产党第十六次全国代表大会上的报告 [M]. 人民出版社，2002：31.
〔2〕 江泽民. 全面建设小康社会 开创中国特色社会主义事业新局面——在中国共产党第十六次全国代表大会上的报告 [M]. 人民出版社，2002：32-33.
〔3〕 中共中央关于完善社会主义市场经济体制若干问题的决定 [N]. 人民日报，2003-10-22（1）.
〔4〕 中共中央关于加强党的执政能力建设的决定 [N]. 人民日报，2004-09-27（1）.

党的十七大报告第一次提出了"人民民主是社会主义的生命"[1]。这一论断是对改革开放以来我国政治价值观建设的历史总结，体现了党的政治价值观理念的升华。不仅如此，党的十七大还进一步阐明了社会主义核心价值体系、科学发展观的内容、基本要求，提出了要按照民主法治、公平正义、诚信友善、充满活力、安定有序、人与自然和谐相处的总要求和共同建设、共同享有的原则积极构建社会主义和谐社会，并要坚定不移发展社会主义民主政治，不断推进社会主义政治制度的自我完善和发展。这些基本政治价值理念标志着当代中国政治发展越来越具有开放性与包容性。党的十七届六中全会对社会主义核心价值体系进行了系统科学阐述，全会强调："社会主义核心价值体系是兴国之魂，是社会主义先进文化的精髓，决定着中国特色社会主义发展方向。"[2]这表明党对社会主义核心价值体系认识的进一步深化。

三、以人为本，加强社会主义"荣辱观"和"核心价值体系"教育

党的十六届三中全会提出科学发展观以后，以人为本逐渐成为大学生政治价值观教育的指导思想。2010年9月《国家中长期教育改革和发展规划纲要（2010—2020年）》出台，明确提出："把育人为本作为教育工作的根本要求……要以学生为主体，以教师为主导，充分发挥学生的主动性，把促进学生健康成长作为学校一切工作的出发点和落脚点。关心每个学生，促进每个学生主动地、生动活泼地发展，尊重教育规律和学生身心发展规律，为每个学生提供适合的教育。"[3]同年9月，胡锦涛在全国教育工作会上再次强调："要以学生为主体，以教师为主导，充分发挥学生的主动性，尊重教育规律和学生身心发展规律，为多样化、个性化、创新型人才成长提供良好环境和机制，着力培养我国现代化建设需要的各方面人才，特别是要高度重视培养拔尖创新人才。"[4]这就要求大学生政治价值观教育要坚持以教师为主导，以学生为主体，以促进学生成长

〔1〕 胡锦涛．高举中国特色社会主义伟大旗帜 为夺取全面建设小康社会新胜利而奋斗——在中国共产党第十七次全国代表大会上的报告 [M]．北京：人民出版社，2007：28．
〔2〕 中共中央关于深化文化体制改革推动社会主义文化大发展 大繁荣若干重大问题的决定 [N]．人民日报，2011-10-26（1）．
〔3〕 国家中长期教育改革和发展规划纲要（2010—2020年）[N]．人民日报，2010-07-30（13）．
〔4〕 胡锦涛．在全国教育工作会议上的讲话 [M]．北京：人民出版社，2010：13．

发展为根本追求，注重培养学生的政治价值评判能力和政治参与能力。在以人为本教育理念的指引下，党和国家高度重视大学生社会主义荣辱观教育和社会主义核心价值体系教育。

（一）社会主义荣辱观教育

2006 年 3 月，胡锦涛在参加全国政协十届四次会议时提出了以"八荣八耻"（坚持以热爱祖国为荣、以危害祖国为耻，以服务人民为荣、以背离人民为耻，以崇尚科学为荣、以愚昧无知为耻，以辛勤劳动为荣、以好逸恶劳为耻，以团结互助为荣、以损人利己为耻，以诚实守信为荣、以见利忘义为耻，以遵纪守法为荣、以违法乱纪为耻，以艰苦奋斗为荣、以骄奢淫逸为耻）为主要内容的社会主义荣辱观，教育广大干部群众特别是广大青少年树立社会主义荣辱观。他强调："社会风气是社会文明程度的重要标志，是社会价值导向的集中体现。"[1]为推进社会主义荣辱观教育工作，2006 年 5 月 16 日中央精神文明建设指导委员会召开了第七次全体会议，研究部署深入学习实践社会主义荣辱观，大力加强思想道德建设工作。时任中共中央政治局常委、中央精神文明建设指导委员会主任李长春提出："要紧紧抓住青少年这个重点，让'八荣八耻'进校园、进教材、进课堂，使广大青少年成为落实社会主义荣辱观的生力军。"[2]紧接着，中央精神文明建设指导委员会于 5 月 19 日印发了《关于深入学习实践社会主义荣辱观　大力加强思想道德建设的意见》，明确提出："要推动社会主义荣辱观教育进校园、进教材、进课堂。进一步改进学校德育工作，结合目前正在进行的课程改革和课程标准修订工作，将社会主义荣辱观的内容和要求体现到大中小学的思想政治理论课和思想品德课教材之中，贯穿到德育课程和相关学科的课堂教学之中。要以倡导社会主义荣辱观为主要内容，组织开展专题读书活动和新童谣编创传唱活动，唱响'八荣八耻'等反映社会主义荣辱观的优秀歌曲，在校园形成健康向上的良好氛围。"[3]同年 10 月，党的十六届六中全会明确指出，要"树立社会主义荣辱观，培育文明道德风尚"。2010 年，我国制

〔1〕 胡锦涛吴邦国温家宝贾庆林曾庆红吴官正李长春罗干分别看望出席全国政协十届四次会议委员并参加讨论 [N]. 人民日报，2006-03-05（1）.

〔2〕 李长春在中央文明委全体会议上强调　深入学习实践社会主义荣辱观　大力加强思想道德建设 [N]. 人民日报，2006-05-17（1）.

〔3〕 中央精神文明建设指导委员会关于深入学习实践社会主义荣辱观　大力加强思想道德建设的意见（2006 年 5 月 19 日）[N]. 人民日报，2006-05-24（1）.

定了《国家中长期教育改革和发展规划纲要（2010—2020 年）》，将"加强社会主义荣辱观教育，培养学生团结互助、诚实守信、遵纪守法、艰苦奋斗的良好品质"[1]作为教育发展战略主题内容之一。

胡锦涛关于社会主义荣辱观的讲话和国家印发的相关文件引发了高等教育工作者和学界的热烈讨论。西安交通大学时任校长郑南宁院士认为："树立社会主义荣辱观是全社会的一项紧迫任务，对于培养社会主义建设者和接班人具有重大现实意义。西安交大要在德育建设中，突出开展社会主义荣辱观教育，把'热爱祖国、服务人民、崇尚科学、辛勤劳动、团结互助、诚实守信、遵纪守法、艰苦奋斗'作为师生的人生准则。"[2]山东大学时任党委书记朱正昌表示："总书记关于'八荣八耻'的讲话，既着眼当前又面向未来，充分汲取了中国传统文化的精华，具有鲜明的时代特色。高等学校承担着人才培养、知识创新和传承文明的重要任务，理应在弘扬和践行社会主义荣辱观方面走在社会前列，切实发挥好引领、示范和辐射作用。"[3]南开大学时任校长侯自新指出："现在大部分学生是独生子女，优越的生活环境容易造成他们荣辱观念薄弱。因此，培养他们树立'以团结互助为荣、以损人利己为耻'的品德尤为重要。"[4]重庆大学时任党委副书记赵修渝提出："要将社会主义荣辱观教育贯穿到人才培养、科学研究和服务社会等方面，为全面落实科学发展观，建设创新型大学，构建和谐校园，提供强大的思想保证和精神动力。"[5]围绕高校社会主义荣辱观教育思路、路径与方法等，学界展开了深入讨论。田建国认为，荣辱观教育是把青少年培养成为中国特色社会主义合格建设者和接班人的重要保证，高校应把荣辱观教育作为学校思想道德建设的重要任务，切实加强教师队伍建设，注重思想道德建设的内容创新。[6]焦玲认为，高等院校应把荣辱观教育落实到学校教育的各个方面，从解决实际问题入手，努力使荣辱观教育取得实效。高校还要把

〔1〕 国家中长期教育改革和发展规划纲要（2010—2020 年）[N]. 人民日报，2010-07-30（13）.

〔2〕 把讲话精神融入学校思想道德教育 提高学生思想政治素质和道德水平 胡锦涛关于荣辱观讲话在教育界引起强烈共鸣 [N]. 人民日报，2006-03-10（4）.

〔3〕 把讲话精神融入学校思想道德教育 提高学生思想政治素质和道德水平 胡锦涛关于荣辱观讲话在教育界引起强烈共鸣 [N]. 人民日报，2006-03-10（4）.

〔4〕 把讲话精神融入学校思想道德教育 提高学生思想政治素质和道德水平 胡锦涛关于荣辱观讲话在教育界引起强烈共鸣 [N]. 人民日报，2006-03-10（4）.

〔5〕 把讲话精神融入学校思想道德教育 提高学生思想政治素质和道德水平 胡锦涛关于荣辱观讲话在教育界引起强烈共鸣 [N]. 人民日报，2006-03-10（4）.

〔6〕 田建国. 高度重视青少年的荣辱观教育 [N]. 人民日报，2006-08-16（9）.

社会主义荣辱观教育摆到重要位置上，完善教材体系，加强理论研究，营造良好环境，提高教育实效。[1]夏建文认为，加强青少年社会主义荣辱观教育，应抓好三点：转变教育观念、创新教育方式、坚持实践第一。[2]

在党和国家高度重视下，中宣部和教育部组织修订了高校思想政治理论课教材，并于 2006 年秋季新学年实施了新的教学方案。课程科目将由原先的 7 门减少为 4 门，新生开设"思想道德修养与法律基础"课，其他 3 门课陆续开设。根据新课程方案，本科生要学习的 4 门思想政治理论课分别是"马克思主义基本原理概论""中国近现代史纲要""毛泽东思想邓小平理论和'三个代表'重要思想概论"（该课程后来被命名为"毛泽东思想和中国特色社会主义理论体系概论"）、"思想道德修养与法律基础"，另外以讲座和报告方式学习"形势与政策"课。修订后的思想政治理论课教材增加了科学发展观、和谐社会、提高党的执政能力和保持党员先进性教育以及社会主义荣辱观等内容。如"马克思主义原理"课增加了大学生价值观教育的内容；"中国近现代史纲要"课强化了反腐倡廉制度和廉洁奉公正反实例教育；"毛泽东思想邓小平理论和'三个代表'重要思想概论"课将积极宣传改革开放以来党和国家反腐倡廉的法规和制度，引导大学生主动构筑反腐败的思想防线，培养廉洁意识等内容纳入其中；"思想道德修养与法律基础"课增加了道德建设与廉洁教育、法制观念与廉洁教育、心理素质与廉洁教育等内容，明确提出了反对作业抄袭、考试作弊、不讲诚信、见利忘义、损人利己、好逸恶劳甚至违法乱纪等不良道德行为，以帮助学生树立社会主义荣辱观。

除课程教学改革之外，自 2006 年开始高校通过多种方式大力开展社会主义荣辱观学习、宣传、教育、实践活动。例如，北京大学马克思主义学院德育研究所为贯彻落实把社会主义荣辱观教育纳入学校教育和公民教育、纳入社会主义思想道德建设和精神文明建设全过程的要求，组织编写了《社会主义荣辱观理论教程》一书。[3]北京航空航天大学通过"感动北航"人物评选表彰活动，从北航师生优秀品质的挖掘和身边的感人事迹中引导学生加深对社会主义荣辱

〔1〕焦玲. 让荣辱观教育在高校结出硕果 [N]. 人民日报，2006-11-22（9）.

〔2〕夏建文. 转变观念 创新方式 注重实践 加强青少年社会主义荣辱观教育 [N]. 人民日报，2006-11-24（15）.

〔3〕《社会主义荣辱观理论教程》出版 [N]. 人民日报，2006-05-26（15）.

观的认识，树立正确的价值观。[1]北京化工大学成立了"八荣八耻"宣讲团，连续举办知荣明耻理论社团论坛、中国传统文化与社会主义荣辱观研究生系列论坛、"我谈当代大学生荣辱观"征文、"八荣八耻"荣辱观进社区等活动。[2]中国人民大学以讲座、培训、座谈、研讨、参观等形式组织学生学习胡锦涛总书记讲话，在校内寻访并树立先进典型，同时结合文明校园和诚信校园建设，引导学生从身边做起，自觉践行社会主义荣辱观。[3]随着思想政治理论课教学和丰富多彩的课外教育活动的开展，大学生的社会主义荣辱观得到进一步强化。如清华大学学生廖政军表示："荣辱观应该是一种道德标准。它告诉人们什么是光荣、什么是耻辱，明确什么是应该做的，什么是不应该做的；什么是应该提倡的，什么是应该摒弃的。'不知荣辱，则不可以为人。'关于'八荣八耻'的重要论述，实际上是对个人、对社会的一种道德要求和规范。"裴广江认为："'八荣八耻'的主要内容曾被作为道德规范为社会所强调和鼓励……随着社会经济的快速发展，我们以往的一些道德规范和标准正在受到强烈冲击。明确和强调社会主义荣辱观，非常具有现实意义。"[4]蔡颖婕认为："爱祖国、爱人民是对一名中国人最基本的要求。社会主义荣辱观中有关"热爱祖国"和"服务人民"的两条，看起来是非常宏大的要求，其实也与我们密切相关……实际上，正是在国家利益、集体利益和个人利益有所冲突的时候，才能真实反映出一个人的荣辱观念和道德水准。"[5]2007 年，北京市教工委对北京大学、清华大学、中国人民大学等 19 所在京高校学生的"社会主义荣辱观"进行了考察，调查结果显示：57.8% 的大学生认为"为人民服务最能体现人生价值"，仅有 10.6% 的大学生认为"获取大量财富是人生价值的体现"；52.6% 的大学生认为自己所接触到的大学生有"比较强"或"非常强"的集体观念和团结协作精神；87.8% 的学生同意任何时候"应该首先考虑国家和集体的利益"；69.4% 的大学生认为自己所接触到的大学生爱国热情"比较强"或"很强"；80.7% 的大学生反对以自我为中心；90% 的大学生认为参加志愿活动非常有意义。78.7% 的大学生认

〔1〕 以"感动"倡导荣辱观　北航师生评出"感动北航"人物 [N].中国教育报，2006-03-30（2）.
〔2〕 社会主义荣辱观·知与行 [N].人民日报，2006-04-06（13）.
〔3〕 我校社会主义荣辱观学习实践活动蓬勃开展 [DB/OL].http://xsc.ruc.edu.cn/info/1022/3461.htm.
〔4〕 清华学子激辩胡锦涛社会主义荣辱观 [N].人民日报，2006-03-20（5）.
〔5〕 清华学子激辩胡锦涛社会主义荣辱观 [N].人民日报，2006-03-20（5）.

为"诚实守信"是最值得赞扬和学习的品德。但有47.7%的大学生觉得身边的大学生"诚信意识"不够强。另外,仅有31.8%的人认为大学生群体的"艰苦奋斗精神""非常强"或"较强",还有44.7%的人认为大学生的心理素质"一般",近两成大学生认为他们心理素质"较弱"或"非常弱"。[1]

(二)社会主义核心价值体系教育

党的十七大报告提出,要切实把社会主义核心价值体系融入国民教育和精神文明建设全过程。紧接着,共青团十六大报告明确要求"用社会主义核心价值体系教育引导青年。要在青年中广泛开展中国特色社会主义理论体系宣传教育活动和学习实践科学发展观活动,深入推进'我与祖国共奋进'主题教育实践活动和青年马克思主义者培养工程,在各族青少年中加强民族团结教育"。[2]2010年、2013年,党和国家先后出台了《国家中长期人才发展规划纲要(2010—2020年)》《关于全面深化改革若干重大问题的决定》,提出要"把社会主义核心价值体系教育贯穿人才培养开发全过程,不断提高各类人才的思想道德水平"。[3]要"全面贯彻党的教育方针,坚持立德树人,加强社会主义核心价值体系教育,完善中华优秀传统文化教育,形成爱学习、爱劳动、爱祖国活动的有效形式和长效机制,增强学生社会责任感、创新精神、实践能力"。[4]与此同时,党和国家领导人在多个场合强调了高校社会主义核心价值体系教育的重要性。2011年,时任中共中央政治局常委李长春在清华大学考察时指出:"要以庆祝中国共产党成立90周年为契机,抓住社会主义核心价值体系建设这个灵魂和根本,在大学生中深入开展中国近现代史和中国共产党领导全国各族人民书写的奋斗史、创业史、改革开放史教育,引导他们深刻认识历史和人民是怎样选择了马克思主义、选择了中国共产党、选择了社会主义道路、选择了改革开放,进一步坚定在中国共产党领导下、走中国特色社会主义道路、实现

---

〔1〕 调查显示首都大学生整体积极向上　近八成大学生:诚实守信最值得赞扬 [N]. 中国青年报,2007-04-27(4).

〔2〕 高举中国特色社会主义伟大旗帜　团结带领广大青年　为夺取全面建设小康社会新胜利而奋斗——共青团十六大报告摘要 [N]. 中国青年报,2008-06-11(1).

〔3〕 国家中长期人才发展规划纲要(2010—2020年)[M]. 人民出版社,2010:20.

〔4〕 中共中央关于全面深化改革若干重大问题的决定 [M]. 人民出版社,2013:42-43.

中华民族伟大复兴的共同理想信念。"[1]2012 年，时任教育部副部长李卫红在《论文化建设——重要论述摘编》出版座谈会上强调，要"用社会主义核心价值体系凝聚共识，弘扬正气，积极引领多样化校园思潮和社会思潮"。[2]

在党和国家的高度重视下，理论界和教育界对高校推进社会主义核心价值体系教育展开了深入讨论。2010 年，由教育部中国特色社会主义理论体系研究中心、教育部高等学校社会科学发展研究中心、中国教育报主办，复旦大学马克思主义研究院承办的"中国特色社会主义理论体系论坛·2010"在上海市举行。与会者结合高校思想政治教育工作实践，围绕推进社会主义核心价值体系建设这一主题进行了研讨，一致认为："用社会主义核心价值体系引领高校思想政治教育，需要不断探索新途径、新办法。应把社会主义核心价值体系贯穿到课堂教学中，从大学生的思想和生活实际出发，用典型生动的事例、大学生喜闻乐见的形式进行阐释；融入和谐校园文化建设中，以培育优良的校风、学风、教风为核心，以开展丰富多彩的校园文化活动为重点，让大学生在潜移默化中接受先进文化的熏陶、主流价值的引领、文明风尚的感染和理想情操的陶冶；渗透到大学生社会实践中，建立和完善实践教育、体验教育、养成教育机制，推动大学生把个人发展与社会发展统一起来、把实现自身价值与报效祖国统一起来，努力成为理想远大、信念坚定、品德高尚、视野开阔、知识丰富、勇于创新的社会主义现代化事业的合格建设者和可靠接班人。"[3]这一时期，高校积极推进社会主义核心价值体系教育。

1.强化整体部署。为推进高校社会主义核心价值体系教育，党和国家相关部门进行了整体部署。2011 年 10 月，教育部党组就教育系统学习宣传贯彻党的十七届六中全会精神作出部署，时任教育部部长袁贵仁提出："把社会主义核心价值体系融入国民教育全过程，加强和改进学校思想政治教育，深入开展理想信念教育、革命传统教育、改革开放教育、国情教育；广泛开展民族精神教育、时代精神教育；加强民族团结进步教育、法制宣传教育。强调将社会主义

〔1〕李长春在清华大学调研时强调　深入开展社会主义核心价值体系学习教育　不断提高大学生思想政治教育工作水平 [N]. 人民日报，2011-07-01（2）.

〔2〕李卫红.推进社会主义核心价值体系进校园（《论文化建设——重要论述摘编》出版座谈会发言摘要）[N]. 人民日报，2012-02-17（12）.

〔3〕"中国特色社会主义理论体系论坛·2010"强调——用社会主义核心价值体系引领高校思想政治教育 [N]. 人民日报，2010-12-29（7）.

核心价值体系融入国民教育全过程，努力构建全员、全方位、全过程育人的工作格局的任务。"[1]按照党和国家要求，各地各高校认真贯彻落实社会主义核心价值体系教育工作的整体部署。如首都教育界坚持立德树人，把社会主义核心价值体系教育融入国民教育全过程。把社会主义核心价值体系融入课堂教学、校园文化、社会实践、学校管理等环节。[2]

2. 强化课堂教学主渠道。按照中央部署，中宣部、教育部启动了高校思想政治理论课4门本科教材修订和研究生5门课程教学大纲编写工作，通过将社会主义核心价值体系教育内容和要求融入其中，推进社会主义核心价值体系进教材、进课堂、进学生头脑。与此同时，强化思政课教师队伍建设。2008年，我国开始实行高校思想政治理论课教师在职攻读马克思主义理论博士学位的专项计划。该专项计划主要针对高校思想政治理论课业务骨干教师，从事思想政治理论课教学5年以上的高校教师。[3]2011年，教育部社科司启动了"全国高校优秀中青年思想政治理论课教师择优资助计划"，从而培养一批坚持正确的政治方向、理论功底扎实、善于联系实际，具有较高教学水平和科研能力的思想政治理论课的中青年骨干教师。

3. 强化高校实践育人工作。早在2005年2月，为贯彻落实《中共中央国务院关于进一步加强和改进大学生思想政治教育的意见》精神，推进实践育人工作，中宣部、中央文明办、教育部、共青团中央就印发了《关于进一步加强和改进大学生社会实践的意见》，提出大学生社会实践的总体要求是遵循大学生成长规律和教育规律，以了解社会、服务社会为主要内容，以形式多样的活动为载体，以稳定的实践基地为依托，以建立长效机制为保障，引导大学生走出校门、深入基层、深入群众、深入实际，开展教学实践、专业实习、军政训练、社会调查、生产劳动、志愿服务、公益活动、科技发明和勤工助学等，在实践中受教育、长才干、做贡献，树立正确的世界观、人生观和价值观，努力成长为中国特色社会主义事业的合格建设者和可靠接班人。文件还提出，要进一步加强以教学实践、专业实习为主要内容的实践教学；把军政训练作为必修课；

〔1〕 教育部党组召开扩大会议　研究部署学习贯彻党的十七届六中全会精神 [DB/OL]. http://www.moe. gov.cn/jyb_xwfb/gzdt_gzdt/moe_1485/201110/t20111021_125806.html.

〔2〕 线联平. 深化首都教育领域改革 [N]. 人民日报，2014-09-18（18）.

〔3〕 普通高校思想政治理论课文献选编（1949—2008）[M]. 北京：中国人民大学出版社，2008：245.

组织大学生围绕经济社会发展的重要问题，开展调查研究；创造条件，引导大学生参加生产劳动等。[1] 按照党和国家的要求，各地高校积极组织开展社会实践活动。如扬州大学采用事业化规划、社会化运作的方式构建了学生社会实践体系。教科院开办有星期日义务学校，法学院有法律援助中心，畜牧兽医学院有种植、养殖的帮扶村镇活动，医学院有"吴登云班"的送医下乡活动。[2] 2006年，河南省启动了"大学生志愿服务贫困县计划"，有200余名大学生自愿报名到19个国家级和省级扶贫开发工作重点县的贫困乡镇，从事为期两年的志愿服务工作。[3] 2008、2009年暑期，北京地区12支队伍共计100多名大学生志愿者，分别前往甘肃天水、陕西宁强、四川汉旺等地，通过支教、农村调研等方式帮助西部地区改善现有的教育状况。[4]

为深入贯彻落实党的十七大精神、《中共中央国务院关于进一步加强和改进未成年人思想道德建设的若干意见》《中共中央国务院关于进一步加强和改进大学生思想政治教育的意见》，教育部于2009年印发了《关于深入推进学生志愿服务活动的意见》，明确提出："深入推进学生志愿服务活动，要以政治理论和'三个代表'重要思想为指导，深入贯彻落实科学发展观，紧紧抓住社会主义核心价值体系建设这个根本，贴近实际、贴近生活、贴近学生，广泛普及志愿理念，大力弘扬志愿精神，着力培育志愿服务意识……使更多学生志愿者成为良好社会风尚的倡导者，成为社会主义精神文明的传播者、实践者，充分发挥志愿服务的育人功能"[5]，并要求各高校将志愿精神纳入思想政治理论和思想道德建设课程，将志愿服务纳入大学生思想政治教育工作评估体系，将高校学生参加志愿服务活动的有关记录纳入毕业生信息库中，并将之作为评优评奖、培养入党积极分子的实践环节。[6] 文件出台后，各地高校积极组织大学生志愿服务活动。如有12支队伍共计113名大学生参与了北京地区大学生"三星——西部

---

[1] 中宣部等四部门提出具体意见 进一步加强和改进大学生社会实践 [N]. 人民日报, 2005-03-22（4）.

[2] 扬州大学构建学生社会实践体系（加强和改进大学生思想政治教育工作）[N]. 人民日报, 2005-04-06（2）.

[3] 河南大学生志愿服务贫困县 [N]. 人民日报, 2006-05-08（11）.

[4] 北京大学生乡村志愿服务出发 [N]. 人民日报, 2008-07-18（15）.

[5] 加强和改进大学生思想政治教育重要文献选编：1978—2014[M]. 北京：知识产权出版社, 2015：275.

[6] 教育部印发《关于深入推进学生志愿服务活动的意见》, 鼓励更多学生成为志愿者 [N]. 中国教育报, 2009-07-18（1）.

阳光行动"乡村志愿服务活动，分别前往四川大罗、贵州白璧、宁夏同心等地，通过支教、农村调研等活动开展了志愿服务活动。[1]2011 年，围绕纪念建党 90 周年，高校开展了"永远跟党走"等特色鲜明的主题活动、丰富多彩的文艺活动和暑期社会实践活动。如全国大学生校园文艺会演《五月的鲜花——永远跟党走》在北京举行。来自华中科技大学、武汉纺织大学等高校的青年奔赴大别山，开展了"学党史、知党情、跟党走"活动，主要包括"寻访红色足迹"活动、"接力红色希望"老区帮扶行动、"传承红色文化"宣传推广活动等。[2]为深入推进实践育人工作，2012 年 1 月教育部等部门联合印发了《关于进一步加强高校实践育人工作的若干意见》，提出："进一步加强高校实践育人工作，是全面落实党的教育方针，把社会主义核心价值体系贯穿于国民教育全过程，深入实施素质教育，大力提高高等教育质量的必然要求"[3]，并强调高校要加强实践育人工作总体规划，强化实践教学环节，深化实践教学方法改革，认真组织军政训练，系统开展社会实践活动，着力加强实践育人队伍建设，积极发挥学生主动性，加强实践育人基地建设。

4. 积极开展校园文化建设。校园文化有助于大学生坚定社会主义理想信念，发扬爱国精神和民族精神，积极投身于为人民服务的社会实践。为贯彻落实《中共中央国务院关于进一步加强和改进大学生思想政治教育的意见》，教育部、共青团中央于 2004 年 12 月共同印发了《关于加强和改进高等学校校园文化建设的意见》，指出："高等学校校园文化建设的总体要求是：以邓小平理论和'三个代表'重要思想为指导，坚持社会主义先进文化的发展方向……以树立正确的世界观、人生观、价值观为导向……为培养社会主义合格建设者和可靠接班人提供强大的精神动力，使高等学校成为发展中国特色社会主义先进文化的重要基地、示范区和辐射源。"[4]文件还指出，高校校园文化建设的主要任务是以理想信念教育为核心，深入进行正确的世界观、人生观和价值教育；以爱国主义教育为重点，深入进行弘扬和培养民族精神教育；以基本道德规范

[1] 北京大学生志愿服务队再出发 [N]. 人民日报，2009-07-26（7）.
[2] 湖北十万青年重走大别山 [N]. 人民日报，2011-04-24（4）.
[3] 加强和改进大学生思想政治教育重要文献选编：1978—2014[M]. 北京：知识产权出版社，2015：496.
[4] 加强和改进大学生思想政治教育重要文献选编：1978—2014[M]. 北京：知识产权出版社，2015：275.

为基础，深入进行公民道德教育；以大学生全面发展为目标，深入进行素质教育。大力营造崇尚科学、严谨求实、善于创造、具有时代特征和学校特色的良好校园风气；大力加强人文素质和科学精神教育；精心组织校园文化活动；充分发挥网络等新型媒体及大学生社团等在校园文化建设中的重要作用。[1]按照党和国家要求，高校积极开展校园文化建设工作。例如，北京大学通过共唱校歌、集体佩戴校徽等形式，开学典礼着力创新，以爱校荣校教育为主线，激发学生的历史使命感和时代责任感；通过获奖学生集体呼喊获奖荣誉口号，介绍各项奖学金的设立者和设立过程，引导学生理解成功人士的成功之道和奉献精神等形式，激发学生树立追求卓越、回馈社会的责任感和使命感；通过专题短片回顾成长历程，呼喊毕业口号表达爱国豪情；播放原创电影回味校园生活等形式，激发学生感恩师长、报效祖国的志向追求。中国农业大学重点扶持品牌社团，通过树立典型人物，激励广大同学在社团活动中"受教育、做贡献、长才干"。[2]

为推进校园文化建设工作，教育部先后组织多次"全国高校校园文化建设优秀成果"评选活动。2011年，中宣部、教育部、辽宁省委宣传部共同组织了"郭明义精神进校园"活动。同年，中宣部、教育部、中央文明办等部委共同组织开展了"全国道德模范首都高校座谈巡讲"活动。这些校园宣讲活动先后走进北京大学、中国人民大学、北京科技大学、北京化工大学等高校，榜样模范的宣讲发挥了引导大学生坚定跟党走中国特色社会主义道路的信念，坚定理想、树立崇高目标，刻苦学习、全面发展，积极实践、奉献社会的积极作用。此外，这一时期我国大力推进网络思想政治教育，创新大学生参与网络文化建设方式。例如，江西绝大部分高校建立了红色教育网站，如"红土地""明德网""日新网""思政在线""启航""博雅""红色摇篮"等，经常上网的高校学生达86%以上。[3]中南大学先后建立了16个校园德育网站，形成了全方位覆盖、全过程渗透的网络思想政治教育体系。学校利用微博便捷、快速、辐射面广的优势，扩大教育覆盖面和影响力。学校还成立了学生手机报《思想驿站》，由校团委

〔1〕　加强和改进大学生思想政治教育重要文献选编：1978—2014[M].北京：知识产权出版社，2015：275.

〔2〕　春风化雨　润泽心灵——北京大学、清华大学等高校校园文化建设综述 [N].人民日报，2009-02-18（11）.

〔3〕　江西高校思想政治教育进网络 [N].人民日报，2002-07-16（4）.

组织编发微博信息，面向广大学生及时传递校园最新动态，加强思想引导。[1]

5.强化哲学社会科学育人功能。党的十六大提出了要坚持社会科学和自然科学并重，充分发挥哲学社会科学在国家建设和发展中的重要作用。党的十六届三中全会正式提出了"建设哲学社会科学理论创新体系"。紧接着，中共中央于2004年3月印发了《关于进一步繁荣发展哲学社会科学的意见》，强调"哲学社会科学是人们认识世界、改造世界的重要工具，是推动历史发展和社会进步的重要力量。哲学社会科学的研究能力和成果是综合国力的重要组成部分。建设中国特色社会主义离不开以马克思主义为指导的哲学社会科学的繁荣发展"[2]。与此同时，国家正式实施马克思主义理论研究和建设工程，并加大了对哲学社会科学的投入。2006年，全国哲学社会科学规划领导小组制定了《国家哲学社会科学研究"十一五"规划》；党的十七大明确要求繁荣发展哲学社会科学，推进学科体系、学术观点、科研方法的创新；党的十七届六中全会把繁荣发展哲学社会科学作为建设社会主义文化强国的一项重要内容。

为贯彻落实党和国家关于哲学社会科学发展的方针政策，教育部积极推进高校哲学社会科学繁荣发展工作。2003年，教育部专门成立了社会科学发展领导小组和社会科学专家委员会，研究制定了《关于进一步发展繁荣高校哲学社会科学的若干意见》，并出台了一系列措施，主要包括：将高校哲学社会科学繁荣计划纳入即将启动的2003—2007年教育振兴行动计划，不断加大经费投入力度，保证哲学社会科学经费随着教育事业经费的逐年增加而相应增长；在长江学者奖励计划中增设哲学社会科学特聘教授岗位，增加哲学社会科学教师在高校优秀青年教师奖中所占比例，将文科教师列入骨干教师培养计划；鼓励高校设立哲学社会科学资深教授岗位，并给予与自然科学和工程科学院士相应的待遇；实施哲学社会科学名刊大刊工程；设立高校哲学社会科学国际会议专项基金等。[3]2004年，在《中共中央关于进一步繁荣发展哲学社会科学的意见》印发之后，教育部抢抓机遇，启动实施了"高校哲学社会科学繁荣计划"。2011年教育部研究制定了《关于深入推进高等学校哲学社会科学繁荣发展的意见》，与财政部联合印发了《高等学校哲学社会科学繁荣发展计划（2011—

---

[1] 袁新文.用新的精神乳汁滋养当代学子　擎起一片明净的天空 [N].人民日报，2010-05-28（16）.

[2] 中共中央最近发出　关于进一步繁荣发展哲学社会科学的意见 [N].人民日报，2004-03-21（1）.

[3] 文科资深教授也能享受院士待遇　高校哲学社会科学繁荣计划启动 [N].人民日报，2003-03-03（11）.

2020年)》,并先后组织召开了全国高校和地方高校哲学社会科学工作会议。在全国高校哲学社会科学工作会议上,时任中共中央政治局常委李长春指出,高校要"深入贯彻落实党的十七届六中全会精神,大力开展社会主义核心价值体系宣传教育,认真实施马克思主义理论研究和建设工程,充分发挥高校哲学社会科学在教书育人方面的重要作用,帮助大学生树立正确的世界观、人生观、价值观"[1]。时任中共中央政治局委员、国务委员刘延东强调:"坚持马克思主义指导地位,坚持中国特色社会主义道路、理论和制度,坚持'二为'方向和'双百'方针,大力推动社会主义核心价值体系建设,促进哲学社会科学创新体系建设"[2]。全国高校和地方高校哲学社会科学工作会议和《关于深入推进高等学校哲学社会科学繁荣发展的意见》《高等学校哲学社会科学繁荣发展计划（2011—2020年）》对深入推进高校哲学社会科学繁荣发展作出全面部署,提出了具体要求和工作安排,强调要将社会主义核心价值体系建设融入哲学社会科学繁荣发展各项工作之中,贯穿教学科研全过程。

在党和国家高度重视和教育部积极推动下,高校哲学社会科学教育取得了显著成就,集中体现在以下三个方面。一是加强了学科建设。教育部设立了马克思主义理论一级学科及六个二级学科,组建了新的马克思主义理论学科评议组,全国设立了马克思主义理论一级学科博士点21个、硕士点73个,6门二级学科设立博士点103个、硕士点453个。二是初步形成了哲学社会科学教材体系。经过各方努力,马工程重点教材编写工作取得了实质性进展。中央马工程办负责的四批41种教材编写进展顺利,其中4种思想政治教育理论课教材出版使用,《马克思主义哲学》《马克思主义政治经济学概论》《科学社会主义概论》《政治学概论》《法理学》《社会学概论》《新闻学概论》《文学理论》《史学概论》等9本重点教材基本完成编写工作,陆续在全国高校投入使用。三是设立了多项哲学社会科学研究课题,涌现了丰富的研究成果。教育部设立了一批马克思主义研究重大课题,重点建设了一批马克思主义、毛泽东思想、中国特色社会主义理论体系研究基地。高校工作者在国家级主流媒体发表了大量理

---

〔1〕全国高等学校哲学社会科学工作会议召开　李长春作出批示　刘延东出席 [N]. 人民日报,2011-11-18（1）.

〔2〕全国高等学校哲学社会科学工作会议召开　李长春作出批示　刘延东出席 [N]. 人民日报,2011-11-18（1）.

论研究和宣传文章，出版了千余部理论著作。北京大学邓小平理论研究中心的《党的十六大以来马克思主义中国化的新进展》被国家新闻出版总署列为"强国之路——纪念改革开放30周年书系"重点图书；复旦大学当代国外马克思主义研究中心的《国外马克思主义发展年度报告》，成为反映国外马克思主义理论研究的重要窗口。与此同时，教育部还设立了哲学社会科学研究重大课题攻关项目，组织高校内外优秀研究团队和顶尖人才联合攻关，产出了一批标志性研究成果。立项的330多个重大攻关项目牵动高校、企事业单位、党政机关相关部门和科研院所数百家，研究人员3000多名，推出了学术专著680多部，研究论文5760多篇，提交各类咨询报告720多份。据不完全统计，"十一五"期间高校人文社科领域共出版著作约15万部，比"十五"期间增长近30%；发表论文约150万篇，增长近50%，其中在国际刊物发表约2万篇，增长近60%；提交研究报告约10万篇。在教育部组织开展的第四届和第五届高等学校优秀研究成果奖（人文社会科学）评选中，共有1074项优秀成果获奖。此外，教育部还设立了"马克思主义中国化时代化大众化"专项课题200多项和"加强社会主义核心价值体系建设研究和宣传"专项课题，组织编写了《高校马克思主义大众化研究报告》《高校学者解读六个"为什么"》，在高校思想政治理论课中深入开展了六个"为什么"教学试点，推进了社会主义核心价值体系"三进"工作。四是加强队伍建设、巩固马克思主义指导地位。"十一五"期间，在中宣部、教育部等六部门组织推动下，哲学社会科学教学科研骨干研修工作成效显著。中央六部门共举办了研修班30期，培训学员3000余人。各地结合实际，共举办了研修班近500期，培训学员近4万余人。[1]

6. 强化大学生党员先进性教育。2004年，中共中央、国务院印发了《关于进一步加强和改进大学生思想政治教育的意见》，明确指出："要发挥党的政治优势和组织优势……高度重视学生党员发展工作，坚持标准，保证质量，把优秀大学生吸纳到党的队伍中来……对大学生党员要加强党员先进性教育，使他们严格要求自己，提高党性修养，充分发挥在大学生思想政治教育中的骨干带头作用和先锋模范作用。"[2]2005年9月，时任中共中央政治

---

〔1〕经时济世写华章——深入推进高校哲学社会科学繁荣发展综述 [N]. 中国教育报，2011-11-18（1）.
〔2〕普通高校思想政治理论课文献选编（1949—2008）[M]. 北京：中国人民大学出版社，2008：206.

局委员、书记处书记、中组部部长、中央先进性教育活动领导小组组长贺国强到北京大学调研时指出："高校的先进性教育活动，要把着力点放在坚定社会主义办学方向，坚持用科学理论武装教职工和学生头脑、指导教学和科研，促进师德校风建设，培养中国特色社会主义事业的合格建设者和可靠接班人上。"[1]紧接着，贺国强于12月中央组织部、中央宣传部、教育部党组在北京联合召开第十四次全国高等学校党的建设工作会议上再次强调："要深刻认识按照加强党的先进性建设的要求做好高校党建工作，是在高等教育事业中全面落实科学发展观的根本保证，是加强党的执政能力建设的重要内容，是构建社会主义和谐社会的现实需要，是全面完成'十一五'时期各项任务的客观要求。"[2]在党和国家高度重视下，自2005年开始，在全国高校范围内开展了一场大学生党员先进性教育活动，以帮助学生正确认识我国主导政治价值观，增强社会主义理想信念。例如，浙江大学利用高校校园网，建立"浙江大学党员先进性教育活动试点工作主题网页"，在网上安排了大量有关学习实践"三个代表"重要思想的文字和音像资料，开展网上宣传教育、信息发布、调查研究和交流研讨，各党支部以"保持先进促发展，科教兴国争先锋"为主题，组织山乡科技扶贫、博士生报告团西部行、大学生百支实践"三个代表"小分队等形式多样的活动。[3]西北工业大学采取集中学习、自学、专家报告辅导、参观学习、观看优秀影视教育片、交流讨论等多种形式开展先进性教育。同时，他们还建立了先进性教育专题网站，并充分利用学校电视台、校报、简报、橱窗等媒体，及时宣传先进性教育的典型事例。[4]

---

〔1〕贺国强调研在京部分高校先进性教育活动时强调　围绕坚定社会主义办学方向　扎实推进高校先进性教育活动 [N]. 人民日报，2005-09-28（4）．

〔2〕贺国强在第十四次全国高等学校党的建设工作会议上强调　认真总结高校先进性教育活动的成功经验　建立健全保持共产党员先进长效机制 [N]. 人民日报，2005-12-25（4）．

〔3〕浙江大学创新方式抓先进性教育（实践"三个代表"重要思想　保持共产党员先进性）[N]. 人民日报，2005-01-19（4）．

〔4〕西北工业大学：建立先进性教育长效机制（实践"三个代表"重要思想　保持共产党员先进性）[N]. 人民日报，2006-01-06（4）．

第四节　立德树人，深化中拓展的时期（2012 年至今）

2012 年，党的十八大以来，以习近平同志为核心的党中央提出了一系列具有开创性的新理念、新思想、新战略，并不断深化对民主政治发展规律的认识，积极推进全过程人民民主，健全广泛、全面的人民当家作主制度体系，丰富和创建了畅通、有序的民主渠道，实现了社会主义民主政治规范化、制度化、程序化，使得中国特色社会主义政治制度优越性得到更好发挥。2017 年，党的十九大对我国在政治建设上取得的成绩进行了总结，并指明了未来努力的方向。2021 年，党的十九届六中全会通过的《中共中央关于党的百年奋斗重大成就和历史经验的决议》，深刻总结了新时代我国在政治建设上取得的理论和实践成就。党和国家在政治价值建设中的探索与成就，为进一步推动大学生政治价值观教育改革创新提供了条件和保障。以党的十八大为标志，大学生政治价值观教育进入了不断深化拓展的新阶段，立德树人、培育"时代新人"成为政治价值观教育的目标导向和指导思想。

一、新时代我国社会主要矛盾变化和意识形态领域斗争加剧

党的十八大以来，中国特色社会主义进入了新时代，这是我国发展新的历史方位。自 2001 年加入世界贸易组织之后，我国经济持续稳定高速增长。经济总量从 1978 年的世界第十一位上升到 2010 年以来的稳居世界第二位。在世界经济增长持续放缓的大背景下，2017 年我国国内生产总值达到 82.7 万亿元，按可比价格计算，比 1978 年增长了 33.5 倍。制造业产值连续 8 年居世界第一位，220 多种主要工农业产品生产能力稳居世界第一位。社会主要矛盾的一方——"落后的社会生产"已经出现了变化。我国解决了十几亿人的温饱问题，形成了世界上人数最多的中等收入群体。这使得我国消费结构不断优化升级，人们的消费类型从数量满足转向追求质量，人民对美好生活的需要呈现出多样化、优质化特征。与此同时，我国经济持续高速增长加上发展方式粗放、经济结构不合理导致的城乡、区域以及社会、生态环境等领域的发展不平衡不充分问题凸显出来。因此，社会主要矛盾出现了变化。2017 年，习近平在党的十九大报告中明确指出："我国社会主要矛盾已经转化为人民日益增长的美好生活需要和不

平衡不充分的发展之间的矛盾。"[1]

社会主要矛盾的新变化，必然要求我国经济增长实现向高质量的转变。从客观现实角度看，"我国经济已由高速增长阶段转向高质量发展阶段，正处在转变发展方式、优化经济结构、转换增长动力的攻关期"[2]。党的十八大以来，我国经济发展持续稳定、高质量发展，社会不断进步。国内生产总值从54万亿元增长到114万亿元，我国经济总量占世界经济的比重达18.5%，提高7.2%，稳居世界第二位；人均国内生产总值从39 800元增加到81 000元。谷物总产量稳居世界首位，十四亿多人的粮食安全、能源安全得到有效保障。城镇化率提高11.6%，达到64.7%。制造业规模、外汇储备稳居世界第一位。建成世界最大的高速铁路网、高速公路网，机场港口、水利、能源、信息等基础设施建设取得重大成就。我们加快推进科技自立自强，全社会研发经费支出从10 000亿元增加到28 000亿元，居世界第二位，研发人员总量居世界首位。基础研究和原始创新不断加强，一些关键核心技术实现突破，战略性新兴产业发展壮大，载人航天、探月探火、深海深地探测、超级计算机、卫星导航、量子信息、核电技术、新能源技术、大飞机制造、生物医药等取得重大成果，进入创新型国家行列。[3]我国打赢了脱贫攻坚战，正式宣布全面建成小康社会、实现第一个百年奋斗目标，开启了全面建设社会主义现代化国家、向第二个百年奋斗目标进军新征程。

与此同时，人们"不仅对物质文化生活提出了更高要求，而且在民主、法治、公平、正义、安全、环境等方面的要求日益增长"[4]。在政治生活领域，人们尤其是青年大学生越来越要求享有社会主义民主政治、法治国家建设的成果，希望进一步维护社会公平正义，增强包括人身、财产安全在内的多方面安全感，依法享有广泛权利和自由，如知情权、参与权、表达权等，充分保障其平等参与、平等发展的权利。不仅如此，在新时代，随着世界多极化、经济全球化、

[1] 习近平.决胜全面建成小康社会　夺取新时代中国特色社会主义伟大胜利——在中国共产党第十九次全国代表大会上的报告 [M].北京：人民出版社，2017：11.
[2] 习近平.决胜全面建成小康社会　夺取新时代中国特色社会主义伟大胜利——在中国共产党第十九次全国代表大会上的报告 [M].北京：人民出版社，2017：30.
[3] 习近平.高举中国特色社会主义伟大旗帜　为全面建设社会主义现代化国家而团结奋斗——在中国共产党第二十次全国代表大会上的报告 [M].北京：人民出版社，2022：8.
[4] 习近平.决胜全面建成小康社会　夺取新时代中国特色社会主义伟大胜利——在中国共产党第十九次全国代表大会上的报告 [M].北京：人民出版社，2017：11.

社会信息化、文化多样化的深入发展，对大学生政治价值观的形成和发展提出了严峻挑战。那么，如何帮助大学生形成正确的政治价值评判标准，并掌握一定的政治参与能力，成为当前和未来高校的一项重要任务。

党的十八大以来，"我们确立和坚持马克思主义在意识形态领域指导地位的根本制度，新时代党的创新理论深入人心，社会主义核心价值观广泛传播，中华优秀传统文化得到创造性转化、创新性发展，文化事业日益繁荣，网络生态持续向好，意识形态领域形势发生全局性、根本性转变"。[1] 但与此同时，随着我国进入社会转型、经济结构调整的加速期，各种社会矛盾的不断凸显，意识形态领域面临着非常复杂的斗争，对我们加强意识形态领域全面领导权提出新的要求。

从国际环境来看，国内外敌对势力通过多种途径和手段，妄图阻碍我们经济社会发展，并将西方制度模式与价值观念渗透到我国民众的头脑中。以美国为首的西方国家通过其投资和支持的新闻媒体鼓吹西方民主自由，并对经过精心包装的政策主张进行大力宣传，提升其在民众尤其是年轻人中的影响力。同时，美国的一些非政府组织还通过组织媒体人员前往美国参观考察，培养出了一批亲西方的媒体，积极为西方国家的价值主张提供传播平台。这对我国掌握意识形态阵地主动权提出了严峻挑战。

从国内环境来看，我国正处于大发展、大变革的时期，意识形态领域的斗争更加复杂。一是我国经济社会发展中存在不平衡、不充分、不协调、不可持续的问题较为突出，造成各种深层次的矛盾不断涌现，社会心理失衡，对民众尤其是青年大学生的价值观念产生了不良影响。当前我国正处于经济增速放缓、经济结构调整转型的关键时期。经济发展和转型期的各种社会问题，如人民生活水平普遍提升的同时出现的收入差距不断扩大、社会财富分配公平问题引发了社会舆论的广泛关注。国家工作人员贪污腐败、渎职案件造成了一定的负面影响。社会发展过程中产生的各类问题不可避免地诱发人们尤其是青年大学生思想意识和对国家主导政治价值取向的质疑。二是经济体制、社会结构的变革，利益格局的调整和对外开放的拓展，致使社会思想意识多元化更加突出，各种

---

〔1〕 习近平. 高举中国特色社会主义伟大旗帜　为全面建设社会主义现代化国家而团结奋斗——在中国共产党第二十次全国代表大会上的报告 [M]. 北京：人民出版社，2022：10.

思想既相互融合又彼此争锋，使得社会主义核心价值观在多元中占主导的任务更加艰巨。尤其是新自由主义、历史虚伪主义、民主社会主义、民粹主义等错误思潮暗流涌动，大肆攻击、侵蚀党的领导、中国特色社会主义制度和社会主义核心价值观等，对人们尤其是大学生的政治价值观造成了严重冲击。新自由主义在经济上反对公有制，主张彻底私有化和完全市场化；在政治上鼓吹宪政民主，美化西方自由、民主、人权。民主社会主义主张政治上实行多党制，认为唯有多党制才能建立一个政治民主、经济民主、文化民主和社会民主的社会；经济上主张通过扩大公民经济权利和社会福利，进行收入和财富的再分配，以实现经济平等。民粹主义在政治信仰方面强调极端平民化，完全排斥政府；在经济方面，要求财富均等化。三是由于信息化、网络化尤其是各种自媒体的出现，使意识形态领域的斗争呈现出更加复杂的状态。我国正处在信息化快速发展的历史进程之中，当代大学生成为"数字原住民"以及网络世界的重要主体之一。然而，网络舆论表达所呈现的匿名性、非理性、无序性特征，很容易制造并放大社会矛盾。尤其是随着即时通信工具、社交网站等新技术的快速普及，对社会舆论和人的思想价值观念的形成、变化产生了深刻影响，互联网业已成为意识形态斗争的主战场。

党的十八大以来，以习近平同志为核心的党中央高度重视意识形态工作，强调意识形态工作是为国家立心、为民族立魂的工作；强调意识形态工作的领导权任何时候都不能旁落。习近平指出："历史和现实都警示我们，思想舆论阵地一旦被突破，其他防线就很难守得住。在意识形态领域斗争上，我们没有任何妥协、退让的余地，必须取得全胜。"[1]同年，党的十九届六中全会通过的《中共中央关于党的百年奋斗重大成就和历史经验的决议》强调："（要）牢牢掌握意识形态工作领导权，建设具有强大凝聚力和引领力的社会主义意识形态，建设社会主义文化强国，激发全民族文化创新创造活力，更好构筑中国精神、中国价值、中国力量，巩固全党全国各族人民团结奋斗的共同思想基础。"[2]而如何牢牢掌握意识形态的主动权和领导权，维护我国意识形态安全，引导和帮助大学生形成正确的政治价值评判标准，并掌握一定的政治参与能力，已成为

---

〔1〕下好先手棋　打好主动仗——习近平总书记关于防范化解重大风险重要论述综述 [N]. 人民日报，2021-04-15（2）.

〔2〕中共中央关于党的百年奋斗重大成就和历史经验的决议 [M]. 北京：人民出版社，2021：44.

当前和未来高校的一项重要任务。

二、社会主义政治价值建设的创新发展

党的十八大以来，以习近平同志为核心的党中央在治国理政的实践中，高度重视社会主义政治价值建设，创造性地提出了一系列新思想新观点新论断新要求，为推进国家治理体系和治理能力现代化提供了遵循。

党的十八大提出："（要）加强社会主义核心价值体系建设……倡导富强、民主、文明、和谐，倡导自由、平等、公正、法治，倡导爱国、敬业、诚信、友善，积极培育和践行社会主义核心价值观。牢牢掌握意识形态工作领导权和主导权"[1]。这充分体现了党对建设社会主义核心价值体系、培育和践行社会主义核心价值观的高度重视和理论自觉。之后不久，习近平在《求是》杂志发表了《全面贯彻落实党的十八大精神要突出抓好六个方面工作》一文，提出："我们要继续发展社会主义民主政治，坚定不移走中国特色社会主义政治发展道路，坚持党的领导、人民当家作主、依法治国有机统一，继续积极稳妥推进政治体制改革，坚持和完善人民代表大会制度、中国共产党领导的多党合作和政治协商制度、民族区域自治制度以及基层群众自治制度，巩固和发展最广泛的爱国统一战线，发展更加广泛、更加充分、更加健全的人民民主。"[2]为贯彻落实党的十八大战略部署，2013年十八届中央委员会第三次全体会议上对全面深化改革的若干重大问题作出了《中共中央关于全面深化改革若干重大问题的决定》，提出要"紧紧围绕坚持党的领导、人民当家作主、依法治国有机统一深化政治体制改革，加快推进社会主义民主政治制度化、规范化、程序化，建设社会主义法治国家，发展更加广泛、更加充分、更加健全的人民民主"[3]。同年12月，中共中央印发了《关于培育和践行社会主义核心价值观的意见》，明确提出：以"三个倡导"为基本内容的社会主义核心价值观"是我们党凝聚全党全社会价值共识作出的重要论断""为培育和践行社会主义核心价值观提供了基本遵循"，并全面阐述了培育和践行社会主义核心价值观的意义、原则、途径和方法，对

〔1〕 胡锦涛.坚定不移沿着中国特色社会主义道路前进　为全面建成小康社会而奋斗——在中国共产党第十八次全国代表大会上的报告[M].北京：人民出版社，2012：31-32.
〔2〕 习近平关于社会主义政治建设论述摘编[M].北京：中央文献出版社，2017：3.
〔3〕 中共中央关于全面深化改革若干重大问题的决定[M].北京：人民出版社，2013：4.

这一"铸魂工程"作出了新的战略部署。[1]这一时期，党中央对社会主义核心价值观建设高度重视。习近平多次强调："核心价值观，承载着一个民族、一个国家的精神追求，体现着一个社会评判是非曲直的价值标准。"[2]"核心价值观是一个民族赖以维系的精神纽带，是一个国家共同的思想道德基础。如果没有共同的核心价值观，一个民族、一个国家就会魂无定所、行无依归。"[3]"我们要大力培育和践行社会主义核心价值观，用共同理想信念凝聚民族意志，用中国精神激发中国力量，动员全体中华儿女共同创造中华民族新的伟业。"[4]为进一步培育和践行社会主义核心价值观，党和国家积极开展体制机制建设。2016年12月，中共中央办公厅、国务院办公厅印发了《关于进一步把社会主义核心价值观融入法治建设的指导意见》，强调把社会主义核心价值观上升到法律制度层面。2017年10月，党的十九大通过的党章将"发扬社会主义新风尚，带头实践社会主义核心价值观和社会主义荣辱观"作为党员权利加以强调。2018年3月，十三届全国人大一次会议将社会主义核心价值观写入宪法总纲，规定"国家倡导社会主义核心价值观"，将其上升到国家层面的价值追求。同年5月，中央印发了《社会主义核心价值观融入法治建设立法修法规划》，要求"司法解释，要按照社会主义核心价值观的要求，及时进行修订完善"[5]，让司法解释的立改废更加科学、透明、系统，让人民在每一个司法案件中感受到公平、正义，这充分体现了社会主义核心价值观"刚性规范"的法治导向。在积极宣传和落实社会主义核心价值观的同时，党和国家倡导以优秀传统文化涵养核心价值观，抵御错误思潮侵扰。习近平多次阐明传统文化与核心价值观之间的关系，他指出："中国人独特而悠久的精神世界，让中国人具有很强的民族自信心，也培育了以爱国主义为核心的民族精神。"[6]"中华优秀传统文化是中华民族的精神命脉，是涵养社会主义核心价值观的重要源泉，也是我们在世界文化激荡中站

〔1〕　中共中央关于培育和践行社会主义核心价值观的意见 [N]. 人民日报，2013-12-24（1）.
〔2〕　习近平. 青年要自觉践行社会主义核心价值观——在北京大学师生座谈会上的讲话 [M].北京：人民出版社，2014：8.
〔3〕　习近平. 在文艺工作座谈会上的讲话 [M].北京：人民出版社，2015：22.
〔4〕　十八大以来重要文献选编：中 [M].北京：中央文献出版社，2016：83
〔5〕　中共中央印发《社会主义核心价值观融入法治建设立法修法规划》[N].人民日报，2018-05-08（1）.
〔6〕　习近平. 出席第三届核安全峰会并访问欧洲四国和联合国教科文组织总部、欧盟总部时的演讲 [M].北京：人民出版社，2014：42.

稳脚跟的坚实根基。"[1] 党和国家为"培土夯基",稳固传统文化之根基,以中华优秀传统文化涵养社会主义核心价值观,主要从以下三个方面着手。一是倡导优良家风。2015 年,习近平在春节团拜会上特意强调:"不论时代发生多大变化,不论生活格局发生多大变化,我们都要重视家庭建设、注重家庭、注重家教、注重家风,紧密结合培育和弘扬社会主义核心价值观,发扬光大中华民族传统家庭美德。"[2] 家教家风成为推进社会主义核心价值观落地生根的重要抓手。2016 年 1 月 1 日实施的《中国共产党廉洁自律准则》中,将"廉洁齐家,自觉带头树立良好家风"上升为党员领导干部的基本要求。二是培育乡贤文化。乡贤文化根植乡土,蕴含着见贤思齐、崇德向善的力量。党的十八大以来,各地既重"古贤"又重"今贤",重构乡村本土文化,敦厚民心民风,激励向上向善,有力促进了社会主义核心价值观在乡村扎根。三是重视传统节日。党的十八大以来,由中宣部、中央文明办主办的"我们的节日"主题活动秉承"长中国人的根、聚中国人的心、铸中国人的魂"宗旨,以民族传统节日为契机弘扬中华优秀传统美德,让传统节日成为爱国节、文化节、道德节、情感节、仁爱节、文明节,彰显了节日文化内涵,树立了节日新风。

在社会主义核心价值观中,"民主"倍受党和国家的重视。党的十八大以来,党中央深化了对中国民主政治发展的认识,将强化民主建设、扩大人民民主作为一项重要的政治建设任务,充分展现了党和国家对民主这一政治价值观的高度重视。党的十八大报告提出:"必须坚持人民主体地位……要发挥人民主人翁精神,坚持依法治国这个党领导人民治理国家的基本方略,最广泛地动员和组织人民依法管理国家事务和社会事务、管理经济和文化事业、积极投身社会主义现代化建设,更好保障人民权益,更好保证人民当家作主。"[3] 此后不久,习近平在首都各界纪念现行宪法公布实施三十周年大会上指出:"我们要适应扩大人民民主、促进经济社会发展的新要求,积极稳妥推进政治体制改革,发展更加广泛、更加充分、更加健全的人民民主,充分发挥我国社会主义政治制度

〔1〕 习近平 . 在文艺工作座谈会上的讲话 [M]. 北京:人民出版社,2015:25.

〔2〕 习近平关于注重家庭家教家风建设论述摘编 [M]. 北京:中央文献出版社,2021:3.

〔3〕 胡锦涛 . 坚定不移沿着中国特色社会主义道路前进 为全面建成小康社会而奋斗——在中国共产党第十八次全国代表大会上的报告 [M]. 北京:人民出版社,2012:14.

优越性，不断推进社会主义政治制度自我完善和发展。"[1]2013年，习近平在第十二届全国人民代表大会第一次会议上的讲话中再次强调："我们要坚持党的领导、人民当家作主、依法治国有机统一，坚持人民主体地位，扩大人民民主，推进依法治国，坚持和完善人民代表大会制度的根本政治制度，中国共产党领导的多党合作和政治协商制度、民族区域自治制度以及基层群众自治制度等基本政治制度，建设服务政府、责任政府、法治政府、廉洁政府，充分调动人民积极性。"[2]2017年，党的十九大提出要"健全人民当家作主制度体系，发展社会主义民主政治"[3]"加强人民当家作主制度保障"[4]"发挥社会主义协商民主重要作用"[5]。2019年11月，习近平考察上海虹桥街道基层立法联系点时首次提出了"人民民主是一种全过程的民主"的重大理念。2021年7月1日，习近平在庆祝中国共产党成立一百周年大会上的讲话中强调，要"践行以人民为中心的发展思想，发展全过程人民民主"[6]。这一重要讲话把发展全过程人民民主视为当前和今后一段时间内中国特色社会主义民主政治建设的一项重要任务。几天之后，习近平在中国共产党与世界政党领导人峰会上（2021年7月6日）发表了主旨讲话，指出："民主同样是各国人民的权利，而不是少数国家的专利。实现民主有多种方式，不可能千篇一律。一个国家民主不民主，要由这个国家的人民来评判，而不能由少数人说了算。"[7]紧接着，习近平在中央人大工作会议上（2021年10月13日至14日）首次全面和系统地阐述了全过程人民民主的价值内涵、制度要求和具体工作措施。他指出："我国全过程人民民主不仅有完整的制度程序，而且有完整的参与实践。我国全过程人民民主实现了过程民主和成果民主、程序民主和实质民主、直接民主和间接民主、人民民主和国家意志相统一，是全链条、全方位、全覆盖的民主，是最广泛、最真实、最管用

〔1〕 习近平关于社会主义政治建设论述摘编 [M]. 北京：中央文献出版社，2017：4.

〔2〕 习近平关于社会主义政治建设论述摘编 [M]. 北京：中央文献出版社，2017：5.

〔3〕 习近平 . 决胜全面建成小康社会　夺取新时代中国特色社会主义伟大胜利——在中国共产党第十九次全国代表大会上的报告 [M]. 北京：人民出版社，2017：35.

〔4〕 习近平 . 决胜全面建成小康社会　夺取新时代中国特色社会主义伟大胜利——在中国共产党第十九次全国代表大会上的报告 [M]. 北京：人民出版社，2017：37.

〔5〕 习近平 . 决胜全面建成小康社会　夺取新时代中国特色社会主义伟大胜利——在中国共产党第十九次全国代表大会上的报告 [M]. 北京：人民出版社，2017：37.

〔6〕 习近平 . 在庆祝中国共产党成立100周年大会上的讲话 [M]. 北京：人民出版社，2021：12.

〔7〕 习近平出席中国共产党与世界政党领导人峰会并发表主旨讲话 [N]. 人民日报，2021-07-07（1）.

的社会主义民主。我们要继续推进全过程人民民主建设，把人民当家作主具体地、现实地体现到党治国理政的政策措施上来，具体地、现实地体现到党和国家机关各个方面各个层级工作上来，具体地、现实地体现到实现人民对美好生活向往的工作上来。"[1]不久之后，国务院新闻办发表了《中国的民主》白皮书，明确指出："中国的民主是人民民主，人民当家作主是中国民主的本质和核心。党的十八大以来，党深化对中国民主政治发展规律的认识，提出全过程人民民主重大理念并大力推进，民主价值和理念进一步转化为科学有效的制度安排和具体现实的民主实践。全过程人民民主，实现了过程民主和成果民主、程序民主和实质民主、直接民主和间接民主、人民民主和国家意志相统一，是全链条、全方位、全覆盖的民主，是最广泛、最真实、最管用的社会主义民主。"[2]2022年，党的二十大提出要"发展全过程人民民主，保障人民当家作主"[3]，强调："全过程人民民主是社会主义民主政治的本质属性，是最广泛、最真实、最管用的民主。必须坚定不移走中国特色社会主义政治发展道路，坚持党的领导、人民当家作主、依法治国有机统一，坚持人民主体地位，充分体现人民意志、保障人民权益、激发人民创造活力。我们要健全人民当家作主制度体系，扩大人民有序政治参与，保证人民依法实行民主选举、民主协商、民主决策、民主管理、民主监督，发挥人民群众积极性、主动性、创造性，巩固和发展生动活泼、安定团结的政治局面。"[4]"全过程人民民主"首次写入中共党代会报告，标定了中国民主道路上的"新路标"，具有深刻的意义。在实践层面上，党的十八大以来，我国全面推进民主选举、民主协商、民主决策、民主管理、民主监督，协同推进选举民主与协商民主，人民依法有序政治参与不断扩大，人民的民主生活丰富多彩。

与此同时，党和国家也非常重视"法治"建设。党的十八大以来，以习近平同志为核心的党中央更加注重法治在现代化建设中的重要作用，明确提出了

〔1〕 习近平在中央人大工作会议上发表重要讲话强调　坚持和完善人民代表大会制度　不断发展全过程人民民主 [N]. 人民日报，2021-10-15（4）.

〔2〕 中华人民共和国国务院新闻办公室. 中国的民主 [N]. 人民日报，2021-12-05（5）.

〔3〕 习近平. 高举中国特色社会主义伟大旗帜　为全面建设社会主义现代化国家而团结奋斗——在中国共产党第二十次全国代表大会上的报告 [M]. 北京：人民出版社，2022：37.

〔4〕 习近平. 高举中国特色社会主义伟大旗帜　为全面建设社会主义现代化国家而团结奋斗——在中国共产党第二十次全国代表大会上的报告 [M]. 北京：人民出版社，2022：37.

全面推进依法治国、加快建设社会主义法治国家的战略任务。党的十八届三中全会通过了《中共中央关于全面深化改革若干重大问题的决定》，将完善和发展中国特色社会主义制度、推进国家治理体系和治理能力现代化确定为全面深化改革的总目标，把"推进法治中国建设"的历史性任务第一次载入党的文献之中，强调"建设法治中国，必须坚持依法治国、依法执政、依法行政共同推进，坚持法治国家、法治政府、法治社会一体建设"。[1] 2014年，基于对新中国成立以来出现的重大失误和严重错误，以及民主法治建设成功经验和惨痛教训的深入分析，习近平在党的十八届四中全会第二次全体会议上指出："法治和人治问题是人类政治文明史上的一个基本问题，也是各国在实现现代化过程中必须面对和解决的一个重大问题。综观世界近现代史，凡是顺利实现现代化的国家，没有一个不是较好解决了法治和人治问题的。相反，一些国家虽然也一度实现快速发展，但并没有顺利迈进现代化的门槛，而是陷入这样或那样的'陷阱'，出现经济社会发展停滞甚至倒退的局面。后一种情况很大程度上与法治不彰有关。"[2]"历史是最好的教科书，也是最好的清醒剂……经验和教训使我们党深刻认识到，法治是治国理政不可或缺的重要手段。法治兴则国家兴，法治衰则国家乱。什么时候重视法治、法治昌明，什么时候就国泰民安；什么时候忽视法治、法治松弛，什么时候就国乱民怨。"[3]党的十八届四中全会通过的《中共中央关于全面推进依法治国若干重大问题的决定》强调："全面推进依法治国是关系我们党执政兴国、关系人民幸福安康、关系党和国家长治久安的重大战略问题，是完善和发展中国特色社会主义制度、推进国家治理体系和治理能力现代化的重要方面"[4]，明确了全面推进依法治国的指导思想、基本原则、总目标、总抓手和基本任务，提出了建设中国特色社会主义法治体系的重大论断，从顶层设计的角度阐述了加快社会主义法治国家建设的一些理论和实践问题，对进一步深化和完善法治建设具有重要驱动作用。2015年，习近平在省部级主要领导干部学习贯彻党的十八届四中全会精神全面推进依法治国专题研讨班上的讲话中再次强调："公正是法治的生命线。公平正义是我们党追求

〔1〕 十八大以来重要文献选编：中 [M]. 北京：中央文献出版社，2016：140-141.
〔2〕 习近平法治思想学习纲要 [M]. 北京：人民出版社，学习出版社，2021：60-61.
〔3〕 习近平法治思想学习纲要 [M]. 北京：人民出版社，学习出版社，2021：61.
〔4〕 中共中央关于全面推进依法治国若干重大问题的决定 [M]. 北京：人民出版社，2014：44.

的一个非常崇高的价值，全心全意为人民服务的宗旨决定了我们必须追求公平正义，保护人民利益，伸张正义。全面依法治国，必须紧紧围绕保障和促进社会公平正义来进行。"[1] "没有全面依法治国，我们就治不好国、理不好政，我们的战略布局就会落空。要把全面依法治国放在'四个全面'的战略布局中来把握，深刻认识全面依法治国同其他三个'全面'的关系，努力做到'四个全面'相辅相成、相互促进、相得益彰。"[2] 与此同时，习近平在会上还谈到了党的领导与法治之间的关系，他指出："我们是中国共产党执政，各民主党派参政，没有反对党，不是三权鼎立、多党轮流坐庄，我国法治体系要跟这个制度相配套……党的领导是中国特色社会主义法治之魂，是我们的法治同西方资本主义国家的法治最大的区别。离开了中国共产党的领导，中国特色社会主义法治体系、社会主义法治国家就建不起来。我们全面推进依法治国，绝不是要虚化、弱化甚至动摇、否定党的领导，而是为了进一步巩固党的执政地位、改善党的执政方式、提高党的执政能力，保证党和国家长治久安。"[3] 不久之后，党的十八届五中全会通过了《中共中央关于制定国民经济和社会发展第十三个五年规划的建议》，明确提出："法治是发展的可靠保障。必须坚定不移走中国特色社会主义法治道路，加快建设中国特色社会主义法治体系，建设社会主义法治国家，推进科学立法、严格执法、公正司法、全民守法，加快建设法治经济和法治社会，把经济社会发展纳入法制轨道。"[4] 党的十八届六中全会专题研究全面从严治党问题，体现了依规治党与依法治国的结合，完善了"四个全面"战略布局，进一步强化了全面依法治国的战略地位和重要作用。2017 年，党的十九大把坚持全面依法治国确定为新时代坚持和发展中国特色社会主义基本方略的有机构成要素，强调"全面依法治国是中国特色社会主义的本质要求和重要保障"[5] "必须坚持厉行法治"[6]。党的十九届三中全会指出："必须加快推进国

〔1〕习近平关于全面依法治国论述摘编 [M]. 北京：中央文献出版社，2015：38.

〔2〕习近平关于全面依法治国论述摘编 [M]. 北京：中央文献出版社，2015：15.

〔3〕习近平关于全面依法治国论述摘编 [M]. 北京：中央文献出版社，2015：35-36.

〔4〕中共中央关于制定国民经济和社会发展第十三个五年规划的建议 [M]. 北京：人民出版社，2015：6.

〔5〕习近平 . 决胜全面建成小康社会　夺取新时代中国特色社会主义伟大胜利——在中国共产党第十九次全国代表大会上的报告 [M]. 北京：人民出版社，2017：22.

〔6〕习近平 . 决胜全面建成小康社会　夺取新时代中国特色社会主义伟大胜利——在中国共产党第十九次全国代表大会上的报告 [M]. 北京：人民出版社，2017：38.

家治理体系和治理能力现代化，努力形成更加成熟、更加定型的中国特色社会主义制度。这是摆在我们党面前的一项重大任务"[1]，并根据党的十九大的总体部署，决定组建中央全面依法治国委员会，借以加强党中央对法治中国建设的集中统一领导。2022 年，党的二十大报告强调："我们要坚持走中国特色社会主义法治道路，建设中国特色社会主义法治体系、建设社会主义法治国家，围绕保障和促进社会公平正义，坚持依法治国、依法执政、依法行政共同推进，坚持法治国家、法治政府、法治社会一体建设，全面推进科学立法、严格执法、公正司法、全民守法，全面推进国家各方面工作法治化。"[2]在法治建设实践方面，我国不断完善以宪法为核心的中国特色社会主义法律体系，扎实推进依法行政，严格公正司法，加快建设法治社会。党的十八大以来，中共中央、国务院先后印发了《法治政府建设实施纲要（2015—2020 年）》《法治中国建设规划（2020—2025 年）》《法治政府建设实施纲要（2021—2025 年）》《法治社会建设实施纲要（2020—2025 年）》，积极推进了中国特色社会主义法治体系建设。截至 2022 年 9 月底，我国现行有效法律有 293 件，行政法规有 598 件，地方性法规有 13 000 余件。10 年来，制定和修订了 159 部中央党内法规。司法体制改革取得重大进展。司法机关 85% 的人力资源集中到了办案一线，人均办案数量增长了 20%，结案率上升了 18%，一、二审裁判生效后服判息诉率达到了 98%，司法质量、效率和公信力持续提升。社会公平正义法治保障更为坚实。法律面前人人平等保障机制不断完善，人权法治保障显著加强，严格规范公正文明执法水平不断提高，切实保证了人民群众依法享有广泛的权利和自由、承担应尽的义务。[3]

三、培育"时代新人"的政治价值观教育导向

在确定"新时代"这一我国发展新的历史方位和中国特色社会主义发展新的时代空间基础上，党和国家提出并确立了培育"时代新人"的教育目标导向。

〔1〕 中国共产党第十九届中央委员会第三次全体会议文件汇编 [M].北京：人民出版社，2018：16.

〔2〕 习近平 . 高举中国特色社会主义伟大旗帜　为全面建设社会主义现代化国家而团结奋斗——在中国共产党第二十次全国代表大会上的报告 [M].北京：人民出版社，2022：40.

〔3〕 周斌 . 二十大新闻中心举办第三场记者招待会　法治中国建设领域取得五项重要成就 [N]. 法治日报，2022-10-20（2）.

所谓"时代新人",是中华民族复兴大任的担当者,是走在时代前列的奋进者、开拓者、奉献者,是有理想、有本领、有担当的青年一代,是顺应时代潮流的坚定者、奋进者、搏击者,是德智体美劳全面发展的社会主义建设者和接班人。

1."时代新人"是中华民族复兴大任的担当者。"担当民族复兴大任的时代新人"是党的十九大报告中对"时代新人"最早和最直接的界定,也是对"时代新人"最切近、最本质的界定。如果离开了"担当民族复兴大任"这一限定,也谈不上"时代新人"。"时代新人"最根本、最重要的资质就是"担当民族复兴大任",即只有担当"民族复兴"大任,才能算得上是"时代新人"。百余年的革命、建设为中华民族伟大复兴奠定了坚实的基础,而"新时代"是距离实现中国梦最近的时代,这一时代中的人尤其是青年不仅应有信心、有能力实现这个目标,而且应担负起这个重任,用辛勤的劳动将这个民族复兴梦转变为现实。作为"时代新人"应自觉意识到自身肩负的历史使命,用行动践行使命担当。

2."时代新人"是走在时代前列的奋进者、开拓者、奉献者。走在时代前列的奋进者、开拓者、奉献者是着眼于民族伟大复兴中国梦实现的时代要求而提出的育人目标。2013年5月2日,习近平在给北京大学考古文博学院2009级本科团支部全体同学的回信中写道:"希望你们珍惜韶华、奋发有为,勇做走在时代前面的奋进者、开拓者、奉献者,努力使自己成为祖国建设的有用之才、栋梁之材,为实现中国梦奉献智慧和力量。"[1] 在这里,"时代新人"的特征和要求就是"奋进者、开拓者、奉献者"。2014年5月4日,习近平在北京大学师生座谈会上再次使用了这一表述:"广大青年对五四运动的最好纪念,就是在党的领导下,勇做走在时代前列的奋进者、开拓者、奉献者,以执着的信念、优良的品德、丰富的知识、过硬的本领,同全国各族人民一道,担负起历史重任,让五四精神放射出更加夺目的时代光芒。"[2] 在这里,"时代新人"的要求不仅是奋进者、开拓者、奉献者,还将其与"担当历史重任"联系在一起。2016年7月1日,习近平在庆祝中国共产党成立九十五周年大会上的讲话中再次强调:"勇做走在时代前列

〔1〕 习近平给北京大学学生回信勉励当代青年 勇做走在时代前面的奋进者开拓者奉献者 [N]. 人民日报,2013-05-05(1).
〔2〕 习近平在北京大学考察时强调 青年要自觉践行社会主义核心价值观 与祖国和人民同行努力创造精彩人生 [N]. 人民日报,2014-05-05(1).

的奋进者、开拓者、奉献者，让青春在为祖国、为人民、为民族的奉献中焕发出绚丽光彩！"[1]"时代前列的奋进者、开拓者、奉献者"不仅是"时代新人"这一明确提法的先声，也是对"时代新人"的基本要求和教育的目标导向。

3."时代新人"是有理想、有本领、有担当的青年一代。2013 年 5 月 4 日，习近平在同各界优秀青年座谈时强调："广大青年一定要坚定理想信念。'功崇惟志，业广惟勤。'理想指引人生方向，信念决定事业成败。没有理想信念，就会导致精神上'缺钙'。"[2]2016 年 6 月，习近平在会见中国少年先锋队第七次全国代表大会代表时指出："志向是人生的航标……人生最重要的志向应该同祖国和人民联系在一起，这是人们各种具体志向的地盘，也是人生的脊梁。"[3]党的十九大报告指出："青年兴则国家兴，青年强则国家强。青年一代有理想、有本领、有担当，国家就有前途，民族就有希望。"[4]"有理想、有本领、有担当的青年一代"是时代新人规范性表达。自此，"有理想、有本领、有担当"成为新时代对青年的要求。

4."时代新人"是德智体美劳全面发展的社会主义建设者和接班人。2018 年 5 月，习近平在与北京大学师生座谈时明确提出："我们的教育要培养德智体美全面发展的社会主义建设者和接班人。"[5]同年 9 月，习近平在全国教育大会上明确提出了"培养德智体美劳全面发展的社会主义建设者和接班人"的历史任务，并指出："在党的坚强领导下，全面贯彻党的教育方针，坚持马克思主义指导地位，坚持中国特色社会主义教育发展道路，坚持社会主义办学方向，立足基本国情，遵循教育规律，坚持改革创新，以凝聚人心、完善人格、开发人力、培育人才、造福人民为工作目标，培养德智体美劳全面发展的社会主义建设者和接班人，加快推进教育现代化、建设教育强国、办好人民满意的教育。"[6]他还指出："培养什么人，是教育的首要问题。我国是中国共产党领导的

〔1〕　中共中央文献研究室 . 十八大以来重要文献选编：下 [M]. 北京：中央文献出版社，2018：358.

〔2〕　习近平 . 在同各界优秀青年代表座谈时的讲话 [N]. 人民日报，2013-05-05（2）.

〔3〕　习近平在会见中国少年先锋队第七次全国代表大会代表时寄语全国各族少年儿童强调　美好的生活属于你们　美丽的中国梦属于你们 [N]. 人民日报，2015-06-02（1）.

〔4〕　习近平 . 决胜全面建成小康社会　夺取新时代中国特色社会主义伟大胜利——在中国共产党第十九次全国代表大会上的报告 [M]. 北京：人民出版社，2017：70.

〔5〕　习近平 . 在北京大学师生座谈会上的讲话 [N]. 人民日报，2018-05-03（2）.

〔6〕　习近平在全国教育大会上强调坚持中国特色社会主义教育发展道路　培养德智体美劳全面发展的社会主义建设者和接班人 [N]. 人民日报，2018-09-11（1）.

社会主义国家，这就决定了我们的教育必须把培养社会主义建设者和接班人作为根本任务，培养一代又一代拥护中国共产党领导和我国社会主义制度、立志为中国特色社会主义奋斗终身的有用人才。这是教育工作的根本任务，也是教育现代化的方向目标。"[1]"德智体美劳全面发展的社会主义建设者和接班人"深刻揭示了"时代新人"的政治要求。这一对"时代新人"的界定既体现了我国教育目标一以贯之的要求，又体现了新时代教育目标的新特点。从根本上讲，"时代新人"是社会主义建设者和接班人在新时代的展现。自全国教育大会之后，培育"时代新人"正式成为我国政治价值观教育的目标导向。

关于"时代新人"的具体素质要求，习近平在全国教育大会上的讲话中讲到理想信念、爱国情怀、道德品质、知识见识、奋斗精神和综合素质等问题，并提到身心健康素质、劳动素质、审美素质等。"时代新人"在精神状态上也有一定要求，即坚定、自信、奋进、担当。2017年5月，习近平在中国政法大学考察时强调："青年一代的理想信念、精神状态、综合素质，是一个国家发展活力的重要体现，也是一个国家核心竞争力的重要因素。"[2]他所强调的精神状态，主要是指新时代的中国人尤其是青年人要有"理想信念""勇于担当"，坚持"四个自信"，要成为民族复兴伟业的"坚定支持者""奋进者""开拓者""奉献者""时代弄潮儿"。

四、立德树人，积极推进社会主义核心价值观教育

在继承"育人为本，德育为先"原则基础上，党的十八大进一步强调："把立德树人作为教育的根本任务，培养德智体美全面发展的社会主义建设者和接班人。"[3]党的十九大提出教育要"全面贯彻党的教育方针，落实立德树人根本任务，发展素质教育，推进教育公平，培养德智体美全面发展的社会主义建设

---

〔1〕习近平在全国教育大会上强调　坚持中国特色社会主义教育发展道路　培养德智体美劳全面发展的社会主义建设者和接班人 [N]. 人民日报，2018-09-11（1）.

〔2〕习近平在中国政法大学考察时强调　立德树人德法兼修抓好法治人才培养　励志勤学刻苦磨炼促进青年成长进步 [N]. 人民日报，2017-05-04（1）.

〔3〕胡锦涛. 坚定不移沿着中国特色社会主义道路前进　为全面建成小康社会而奋斗——在中国共产党第十八次全国代表大会上的报告 [M]. 北京：人民出版社，2012：35.

者和接班人。"〔1〕自此，立德树人、培育时代新人成为大学生政治价值观教育的宗旨和价值导向。

"立德树人"揭示了德育工作尤其是政治价值观教育工作在学校教育中的突出地位，体现了党对"如何培养人"这一教育本质的新认识。2016 年，习近平在清华大学建校 105 周年的贺信中强调，站在历史新的起点上，清华大学要坚持正确方向，坚持立德树人，坚持服务国家，坚持改革创新。〔2〕2018 年 5 月 2 日，习近平在北京大学师生座谈会上指出，要把立德树人内化到大学建设和管理的各领域、各方面和各环节，做到以树人为核心，以立德为根本。〔3〕

"青年的价值取向决定了未来整个社会的价值取向，而青年又处在价值观形成和确立的时期，抓好这一时期的价值观养成十分重要。这就像穿衣服扣扣子一样，如果第一粒扣子扣错了，剩余的扣子都会扣错。人生的扣子从一开始就要扣好。"〔4〕经济全球化深入发展、改革攻坚克难、社会思潮多样化，实践考验、观点交锋，也推动着青年大学生思考各种与实践紧密相连的理论问题，如马克思主义生命力、所有制选择、民主模式等。因此，用社会主义核心价值观教育学生，帮助他们扣好人生的第一粒扣子，是高等教育工作的使命所在。党的十八大以来，国家高度重视大学生社会主义核心价值观教育工作。2013 年，中共中央办公厅印发了《关于培育和践行社会主义核心价值观的意见》，为高校开展大学生政治价值观教育指明了方向、提出了要求，即"坚持育人为本、德育为先，围绕立德树人的根本任务，把社会主义核心价值观纳入国民教育总体规划，贯穿于基础教育、高等教育……形成课堂教学、社会实践、校园文化多位一体的育人平台……拓展青少年培育和践行社会主义核心价值观的有效途径。"〔5〕为深入贯彻落实中共中央办公厅《关于培育和践行社会主义核心价值观的意见》，不少省份相继制定了实施方案。如中共湖北省委高等学校工作委员会、湖北省教育厅印发了《湖北高校培育和践行社会主义核心价值观实施

〔1〕 习近平.决胜全面建成小康社会　夺取新时代中国特色社会主义伟大胜利——在中国共产党第十九次全国代表大会上的报告 [M].北京：人民出版社，2017：45.
〔2〕 习近平致清华大学建校 105 周年贺信 [N].人民日报，2016-04-23（1）.
〔3〕 习近平.在北京大学师生座谈会上的讲话 [N].人民日报，2018-05-03（2）.
〔4〕 习近平.青年要自觉践行社会主义核心价值观——在北京大学师生座谈会上的讲话（2014 年 5 月 4 日）[N].人民日报，2014-05-05（2）.
〔5〕 十八大以来重要文献选编：上 [M].北京：中央文献出版社，2014：580.

意见》，中共南京市委教育工作委员会、南京市教育局印发了《关于在全市教育系统深入推进培育和践行社会主义核心价值观的实施意见》，中共陕西省委宣传部、中共陕西省委高教工委印发了《陕西高校培育和践行社会主义核心价值观实施意见》。2014 年 5 月 4 日，习近平在北京大学师生座谈会上再次强调社会主义核心价值观"实际上回答了我们要建设什么样的国家、建设什么样的社会、培育什么样的公民的重大问题……青年要从现在做起、从自己做起，使社会主义核心价值观成为自己的基本遵循，并身体力行大力将其推广到全社会去。"〔1〕不久，时任教育部部长袁贵仁在《人民日报》撰文，提出在社会主义核心价值教育工作中，学校要"形成课堂教学、校园文化和社会实践多位一体的育人平台……切实推动社会主义核心价值观进教材、进课堂、进学生头脑。"〔2〕紧接着，教育部党组经过研究、部署，要求"教育系统切实把培育和践行社会主义核心价值观融入国民教育全过程，全面落实立德树人根本任务。教育系统正在推动社会主义核心价值观进教材、进课堂、进学生头脑。"〔3〕2015 年 1 月，中共中央办公厅、国务院办公厅印发了《关于进一步加强和改进新形势下高校宣传思想工作的意见》，根据这一文件精神，各地各部门迅速行动，构筑高校社会主义核心价值观教育的长效机制。此后不久，《教育系统贯彻落实〈关于培育和践行社会主义核心价值观的意见〉的工作方案》《中共教育部党组、共青团中央关于在各级各类学校推动培育和践行社会主义核心价值观长效机制建设的意见》等文件密集出台，要求高校着力在"贯穿、结合、融入"和"宣传、教育、引导"上下功夫。2017 年，习近平在党的十九大报告中强调："社会主义核心价值观是当代中国精神的集中体现，凝结着全体人民共同的价值追求。要以培养担当民族复兴大任的时代新人为着眼点，强化教育引导、实践养成、制度保障，发挥社会主义核心价值观对国民教育、精神文明创建、精神文化产品创作生产传播的引领作用，把社会主义核心价值观融入社会发展各方面，转化为

〔1〕 习近平.青年要自觉践行社会主义核心价值观——在北京大学师生座谈会上的讲话（2014 年 5 月 4 日）[N]. 人民日报，2014-05-05（2）.
〔2〕 袁贵仁.坚持立德树人　加强社会主义核心价值观教育（深入学习贯彻习近平同志系列重要讲话精神）——深入学习贯彻习近平同志在北京大学师生座谈会上的重要讲话精神 [N]. 人民日报，2014-05-23（7）.
〔3〕 推动社会主义核心价值观进教材、进课堂、进学生头脑 [N]. 人民日报，2014-05-29（18）.

人们的情感认同和行为习惯。"[1]2022年，党的二十大明确提出了广泛践行社会主义核心价值观的要求，强调"社会主义核心价值观是凝聚人心、汇聚民力的强大力量。弘扬以伟大建党精神为源头的中国共产党人精神谱系，用好红色资源，深入开展社会主义核心价值观宣传教育，深化爱国主义、集体主义、社会主义教育，着力培养担当民族复兴大任的时代新人。推动理想信念教育常态化制度化，持续抓好党史、新中国史、改革开放史、社会主义发展史宣传教育，引导人民知史爱党、知史爱国，不断坚定中国特色社会主义共同理想。用社会主义核心价值观铸魂育人，完善思想政治工作体系……把社会主义核心价值观融入法治建设、融入社会发展、融入日常生活。"[2]这一时期，学界和教育界围绕大学生社会主义核心价值观教育展开了深入讨论，先后举办了"大学校训传播社会主义核心价值观"研讨会、"高校培育践行社会主义核心价值观长效机制建设"专题研讨会、"建设校园文化涵育核心价值"现场交流会、"宿舍文明建设"座谈会等活动，与会者在讨论中深入交流、广泛传播好的经验和做法。与此同时，宣传教育部门组织开展了"中国特色社会主义和中国梦宣传教育""辉煌十二五""展望十三五"等系列报告会。《兵者·国之大事》《雨花台》等话剧在各地校园巡讲巡演，显著增强了广大师生对社会主义核心价值观的知晓度和认同度。《中国梦青少年教育读本》《社会主义核心价值观青少年读本》《社会主义核心价值观·关键词》《中国人的美德与核心价值观》等通俗理论读物和"高校培育和践行社会主义核心价值观创新案例"等系列丛书走红校园。在党和国家的高度重视下，各地各高校通过不同路径与措施开展社会主义核心价值观教育实践活动。如四川在全省推广"全课程社会主义核心价值观"，把核心价值观融入教书育人全过程。浙江大学构建"德育共同体"，发挥"新生之友"、德育导师、导学团队等作用，激发学生的家国情怀。[3]北京大学把建设马克思主义文献研究中心列入学校年度规划；北京师范大学每月召开一次学院书记会；上海交通大学校长、中科院院士张杰坚持给学生上第一堂思想政治理论课；厦

〔1〕习近平.决胜全面建成小康社会　夺取新时代中国特色社会主义伟大胜利——在中国共产党第十九次全国代表大会上的讲话[M].北京：人民出版社，2017：42.
〔2〕习近平.高举中国特色社会主义伟大旗帜　为全面建设社会主义现代化国家而团结奋斗——在中国共产党第二十次全国代表大会上的报告[M].北京：人民出版社，2022：44.
〔3〕坚守为党育人为国育才——党的十八大以来高校党的建设和思想政治工作综述[N].人民日报，2021-06-26（1）.

门大学拿出 3 个学分作为实践学分，要求所有学生参加社会实践；河海大学在思政课教学中组织学生进行社会调查，开展课程实践课题研究；安徽农业大学推出《"大别山道路"纪实》《泥腿子教授胡承霖》《安农村官》等校本教材，构建了集"课堂教育、文化熏陶、实践感知、典型引导"于一体的课程体系；东北大学邀请专家学者、先进模范人物担任思想政治理论课特聘教授，曾经两次当选全国劳动模范的尉凤英老人走进东北大学思想政治理论课课堂。[1]整体而言，高校社会主义核心价值观教育的路径与方式主要包括以下五个方面。

1. 着力提升思想政治理论课教学质量。"思政课是落实立德树人根本任务的关键课程，思政课作用不可替代，思政课教师队伍责任重大。"[2]"办好思政课，最根本的是要全面贯彻党的教育方针，解决好培养什么人、怎样培养人、为谁培养人这个根本问题。"[3]为推进思想政治理论课建设与发展，党和国家相继印发了《普通高校思想政治理论课教师队伍培养规划（2013—2017）》《高等学校思想政治理论课建设标准（2015 年）》《普通高校思想政治理论课建设体系创新计划》《高等学校马克思主义学院建设标准》《新时代高校思想政治理论课教学工作基本要求》《"新时代高校思想政治理论课创优行动"工作方案》《深化新时代学校思想政治理论课改革创新先行试点工作方案》《关于加强新时代马克思主义学院建设的意见》等文件。党的十八大召开以后，中宣部、教育部组织修订了两轮高校思想政治理论课统编教材和教学大纲。党的十九大之后，中宣部、教育部全面修订了高校本科和研究生思想政治理论课教材（教学大纲），组织了新教材任课教师全员培训。如 2015 年新修订的"思想道德修养与法律基础"课教材将社会主义核心价值观的精神实质和基本要求贯穿全书各部分。在绪论中设专节集中阐述了社会主义核心价值观的基本内容、重大意义等；在结语部分以"做社会主义核心价值观的积极践行者"为题，进一步点明大学生学习这门课程应当明确的落脚点，阐述了大学生弘扬践行社会主义核心价值观的实践要求。教材的法律部分着重体现"知""信""行"的逻辑思路。第六、七、八章着重突出法律部分的理论性阐述，强化对中国特色社会主义法治体系、社会主义法治观念、全面依法治国、公民的法律权利和法律义务等内容的阐

〔1〕 风起扬帆正当时——党的十八大以来加强高校思想政治工作纪实 [N]. 人民日报，2016-12-08（1）.
〔2〕 习近平 . 思政课是落实立德树人根本任务的关键课程 [M]. 北京：人民出版社，2020：2.
〔3〕 习近平 . 思政课是落实立德树人根本任务的关键课程 [M]. 北京：人民出版社，2020：9.

述。[1] 2018 年、2021 年、2023 年我国三次修订的"思想道德修养与法律基础"课程（2021 年该课程名称改为"思想道德与法治"）必修教材修订版中，专门设置了"践行社会主义核心价值观"这一章节，并将核心价值观的内容渗透于其他各个章节之中。此外，习近平新时代中国特色社会主义思想体系中蕴含着丰富的社会主义核心价值观及其教育工作的内容。为进一步推进社会主义核心价值观教育，中办、国办于 2019 年印发了《关于深化新时代学校思想政治理论课改革创新的若干意见》，提出全国高校重点马克思主义学院要率先全面开设"习近平新时代中国特色社会主义思想概论"课。按照党和国家的要求，以北京大学、清华大学、中国人民大学、武汉大学为代表的全国重点马克思主义学院率先启动了"习近平新时代中国特色社会主义思想概论"课教学工作，此后其他高校也纷纷开设了这门课程。同时，《中国特色社会主义学习读本》《习近平总书记教育重要论述讲义》《习近平谈治国理政》等先后编写发行，给"习近平新时代中国特色社会主义思想概论"课教学提供了依据和支撑。为进一步推动和规范习近平新时代中国特色社会主义思想进教材进课堂进头脑，强化社会主义核心价值观教育，2023 年中宣部会同教育部组织编写了《习近平新时代中国特色社会主义思想概论》（由高等教育出版社、人民出版社联合出版）教材，并于 2023 年秋季学期全面投入使用。

在课堂教学组织方面，各地各高校勇于创新，积极推进思想政治理论课教学组织模式的改革。如针对思政课内容包罗万象，专业性强的特点，武汉大学思想政治理论课采用"开门办思政"思路，实施专题化教学。文艺观让文学院老师来讲，法治思想让法学院老师来讲，健康中国战略让基础医学院老师来讲。自 2022 年起，学校 12 个学院的 120 多名教师，分讲思政课的 15 个专题。[2] 清华大学通过汇聚"大师资"，采用"一课多师"方式，深化"形势与政策"课教学改革。该课程由校长邱勇担任组长，邀请多名院士、名师共同担任大课主讲人，并针对时事热点研讨每一讲的教学主题，设计教学方案；选聘 10 位优秀青年教师担任助教，分头开设 54 次研讨小课。同时，为调动各方资源形成改革合力，清华大学搭建"大平台"，成立由校党委副书记向波涛牵头的课程工作

〔1〕 胡云腾，沈壮海 . 推动党的理论创新最新成果进教材进课堂进头脑　写好思想政治理论课的"导论篇"[N]. 人民日报，2015-09-18（21）.
〔2〕 课堂越鲜活　学生越解渴 [N]. 人民日报，2022-06-20（14）.

组。工作组整合马克思主义学院、教务处、学生部、宣传部、智库中心、新闻学院等多个院系及部门的力量，在大纲与课程设计、教师与助教遴选、技术支持、课程宣传等方面分工合作，实现了"开门办思政"。[1]

在课堂教学方法方面，各高校积极探索，深入推动思想政治理论课改革创新。如清华大学的因材施教法、北京师范大学的分众教学法、中央财经大学的"问题链"教学法、东北师范大学的"四维并进"教学法、浙江大学的情景式教学法、西北大学的叙事教学法等都在全国产生较大影响。在实践教学方面，江西师范大学实施了"红色基因传承"教学方法改革，广东还借助大学生暑期社会实践活动把思政小课堂同社会大课堂结合起来。[2]在新媒体教学方面，清华大学采用线上线下相结合的研究方法，复旦大学利用混合式大规模开放式慕课教学平台等。[3]北京理工大学创建了思政课体验教学中心，学生们通过虚拟现实技术重回1940年的延安窑洞，聆听延安时期老院长徐特立声情并茂地讲述红色校史。直播、短视频、H5等新媒体技术在思政课中得到广泛运用，全国高校重点建设了200个优质思政类公众号，拥有粉丝6 119万。[4]

积极开展思政课教师队伍建设工作。办好思想政治理论课的关键是教师，因此党和国家高度重视教师队伍规模、整体素质建设。截至2021年年底，高校思政课专兼职教师超过12.7万人，其中专职教师超9.1万人。与2016年相比，思政课教师总数增加了6万人，其中专职教师增加了4.5万人。9万多名专职思政课教师中，49岁以下的教师占77.7%，拥有研究生及以上学历的教师占72.9%，具有高级职称的教师占35%。2021年，思政课专职教师中拥有博士学位的有17 866人，比2016年增加了8 486人。[5]为提升教师队伍素质，国家开始加快构建全方位体系化的教师培养培训体系。41个全国高校思政课教师研修（学）基地、32个"手拉手"集体备课中心，开展常态化培训研修，每年

〔1〕清华大学深化"形势与政策"课教学改革 受到学生欢迎——"这是思政课应有的样子"[N]. 中国教育报，2023-06-05（9）.
〔2〕广东7万大学生下乡扶贫 [N]. 中国教育报，2019-07-11（3）.
〔3〕谱写立德铸魂的奋进篇章——全国高校思想政治工作会议以来学校思想政治理论课建设综述 [N]. 人民日报，2019-03-18（1）.
〔4〕全国高校守正创新 打造新时代思政"金课"——让更多学生爱上"真理的味道"[N]. 人民日报，2022-06-05（2）.
〔5〕高校思政课专兼职教师超12.7万人 [N]. 人民日报，2021-12-13（13）.

培训教师近 6 000 人。到 2021 年，全国高校马克思主义学院发展到了 1 440 余家，中宣部、教育部重点建设 37 家全国重点马克思主义学院，教育部支持建设了 200 余个优秀教学科研团队。2016 年至 2021 年，全国马克思主义理论一级博士学位授权点由 39 个增至 104 个、一级硕士学位授权点由 129 个增至 279 个，学位点数量位居各学科前列。此外，思政平台建设力度不断加大，优质教学资源供给不断强化。教育部与中央网信办共同打造了"云上大思政课"主题宣传活动，3 年开展多期全国大学生"同上一堂思政大课"活动，观看量超过 1.5 亿次。[1]

2. 积极开展课程思政建设。课程思政作为一种隐性教育方式，能够达到"润物无声"的教育效果，对推进大学生社会主义核心价值观教育具有重要作用。党的十八大以后，我国积极推进课程思政建设工作。2016 年，习近平在全国高校思想政治工作会议上提出："其他各门课都要守好一段渠、种好责任田，使各类课程与思想政治理论课同向同行，形成协同效应。"[2]这一重要讲话明确指出了其他各类课程也承担着立德树人的职责。自此，"课程思政"这一概念被正式提出并引起学界广泛关注。2019 年 3 月，习近平在学校思想政治理论课教师座谈会上再次强调："要坚持显性教育和隐性教育相统一，挖掘其他课程和教学方式中蕴含的思想政治教育资源，实现全员全程全方位育人。"[3]同年 4 月，习近平在北京大学师生座谈会上指出："人才培养一定是育人和育才相统一的过程，而育人是本。人无德不立，育人的根本在于立德。这是人才培养的辩证法……要把立德树人内化到大学建设和管理各领域、各方面、各环节，做到以树人为核心，以立德为根本。"[4]为深入贯彻落实习近平总书记关于教育的重要论述和全国教育大会精神，把思想政治教育贯穿人才培养体系，全面推进高校课程思政建设，发挥好每门课程的育人作用，教育部于 2020 年 6 月制定了《高等学校课程思政建设指导纲要》，提出要"让所有高校、所有教师、所有课程

---

〔1〕 思政课教师培养培训体系加快构建　全国高校马克思主义学院超 1440 家 [N]. 人民日报，2022-03-18（4）.

〔2〕 习近平在全国高校思想政治工作会议上强调　把思想政治工作贯穿教育教学全过程　开创我国高等教育事业发展新局面 [N]. 人民日报，2016-12-09（1）.

〔3〕 习近平主持召开学校思想政治理论课教师座谈会强调　用新时代中国特色社会主义思想铸魂育人　贯彻党的教育方针落实立德树人根本任务 [N]. 人民日报，2019-03-19（1）.

〔4〕 习近平 . 在北京大学师生座谈会上的讲话 [N]. 人民日报，2018-05-03（2）.

都承担好育人责任，守好一段渠、种好责任田，使各类课程与思政课程同向同行、将显性教育和隐性教育相统一，形成协同效应，构建全员全程全方位育人大格局"[1]。

这些讲话和文件为进一步推进高校社会主义核心价值观教育，实现全方位、全过程、全员育人提供了方向和基本遵循。党的十九大以来，我国基本完成了《马克思主义哲学》《科学社会主义概论》《史学概论》《政治学概论》《宪法学》《新闻学概论》《西方经济学》等 20 余种专业课重点教材修订，充分反映了党的理论创新、社会主义核心价值观。不少学者的课程思政研究工作得到了国家社科基金、省市社科基金或教学教改项目的支持。在党和国家的高度重视下，全国高校积极开展课程思政建设工作。如复旦大学新闻学院课程思政实施"走出去"和"请进来"战略：开了 10 多年的"马克思主义新闻观"课程拓展了新形式：老师带领学生走进党的一大会址、西柏坡等红色历史地标，与当地高校合作交流、开门办学；开展"走进新闻传播"系列讲座活动，广邀新闻传播领域知名学者、主流媒体负责人与学生面对面交流；开展"新时代的中国"国情教育系列讲座，邀请各领域领导干部和专家学者授课。[2]西南大学开发建设了"大国三农"通识教育特色课程，课程团队由来自农林经济、农业科技、农耕文明、农业扶贫、农村金融等相关研究领域的 12 名知名专家教授组建而成，课程以"家国民生大情怀"为目标，着力将中国农业文明与文化传承、中国农业科技创新和农业安全、中国乡村振兴与新型城乡关系讲清、讲明、讲透，引导学生明晰新时代农林青年的时代使命。除课堂讲授外，学校还组织农学与生物科技学院、生物技术学院、植物保护学院、动物科技学院、动物科学学院等农科专业100 余名教师和 600 余名学子在实践地开展了春耕备耕农事帮扶、农业科技宣传等形式的支农活动，内容涉及种植业、养殖业、水产业等多个领域，足迹遍布四川、云南、贵州、河南等 9 省 18 个市区。[3]清华大学教学改革的方向旨在让每一节课都落实价值塑造。课程思政教学研究中心对全体教师进行培训，力

---

[1] 教育部印发《高等学校课程思政建设纲要》[OB/OL].http://www.gov.cn/zhengce/zhengceku/2020-06/content_5517606 · htm.

[2] 守正创新　弦歌不辍——复旦大学新闻学院课程思政纪实 [N]. 人民日报，2019-10-30（6）.

[3] 西南大学从课程育人全环节增强学生服务"三农"意识　用活"三大课堂"　推进农科专业改革 [N]. 中国教育报，2020-12-14（6）.

图讲深讲透基础课、实验课、专业课怎么做课程思政；针对院系，开展了"一院一策"课程思政建设；汇编了不同院系15类课程的150多个课程思政典型案例，形成具有清华特色的"同行锦囊"。[1]

3. 加强"四史"教育。引导大学生弄清楚"中国共产党为什么能、马克思主义为什么行、中国特色社会主义为什么好"等基本道理，能够帮助他们加强对党的历史、党的理论的理解和把握，了解我国主导政治价值观形成的历史背景和社会主义核心理论基础，增强对国家主导社会主义核心价值观的认同感。党的十八大前后，习近平围绕党史、国史和改革开放史、社会主义史等问题，发表了一系列重要论述，为"四史"教育指明了方向。2020年10月，为贯彻落实习近平总书记关于加强党史、新中国史、改革开放史、社会主义发展史教育的重要指示精神，教育部召开专题会议，正式启动了"四史"大学生读本编写工作，以推动习近平新时代中国特色社会主义思想"三进"，引导大学生从历史和现实、理论和实践、国际和国内的紧密结合上坚定国家主导价值观[2]，教材于2021年春季学期全面投入使用。之后不久，中共中央办公厅印发了《关于在全社会开展党史、新中国史、改革开放史、社会主义发展史宣传教育的通知》，强调要"以学习宣传贯彻习近平新时代中国特色社会主义思想为主线……不断增进政治认同、思想认同、理论认同、情感认同……要突出青少年群体，把握青少年群体的特点和习惯，组织好青少年学习教育，厚植爱党爱国爱社会主义的情感，让红色基因、革命薪火代代相传。"[3]按照党和国家的要求，各部门各地各高校积极开展"四史"教育活动。如教育部联合多个单位举办了"庆祝建党百年示范微党课""全国大学生党史知识竞答大会""重走长征路"等实践活动，引导学生听党话跟党走取得了实在效果。北京大学于2021年春季学期开设了"中共党史""中华人民共和国史专题"等19门"四史"类专题课程，推出的"百年党史专题"课程面向身在不同校区、不同时区的学生开放。同时，北京大学充分发挥校史资源，开展革命文物调研、珍贵史籍和文物展览、红色经典文艺作品展演等活动。北京大学各院系还把抗疫感人事迹、伟

---

〔1〕培养肩负使命、追求卓越的时代新人——清华大学践行"三位一体"育人理念纪实[N]. 中国教育报，2023-09-23（1）.

〔2〕教育部启动编写"四史"大学生读本[N]. 人民日报，2020-10-23（12）.

〔3〕中办发《通知》 在全社会开展党史、新中国史、改革开放史、社会主义发展史宣传教育[N]. 人民日报，2021-05-26（1、4）.

大抗疫精神搬上讲坛，组织多场专题报告会、座谈交流会。[1]对外经济贸易大学组织各学院学生集体参观"中国对外经贸博物馆"，由校党委书记蒋庆哲在博物馆内为新生开讲开学第一节思政课；四川大学、电子科技大学等高校结合学校科技报国的典型人物、感人故事，激励广大学生勇担中华民族伟大复兴的历史重任；西安交通大学开展西迁精神主题教育；北京理工大学组织1 100名师生分批前往中国共产党历史展览馆参观；北京工业大学党史宣讲团27名成员以讲理论和讲故事相结合的形式，到二级党组织进行宣讲。[2]

4. 积极推进实践育人和校园文化建设。社会实践和校园文化对于引导大学生学习和践行社会主义核心价值观具有重要作用。中共中央于2013年印发的《关于培育和践行社会主义核心价值观的意见》明确提出：要"拓展青少年培育和践行社会主义核心价值观的有效途径。注重发挥社会实践的养成作用，完善实践教育教学体系，开发实践课程和活动课程，加强实践育人基地建设，打造大学生校外实践教育基地、高职实训基地、青少年社会实践活动基地，组织青少年参加力所能及的生产劳动和爱心公益活动、益德益智的科研发明和创新创造活动、形式多样的志愿服务和勤工俭学活动。注重发挥校园文化的熏陶作用，加强学校报刊、广播电视、网络建设，完善校园文化活动设施，重视校园人文环境培育和周边环境整治，建设体现社会主义特点、时代特征、学校特色的校园文化。"[3]2016年12月，中共中央、国务院印发的《关于加强和改进新形势下高校思想政治工作的意见》再次强调培育和践行社会主义核心价值观要坚持贯穿结合融入、落细落小落实，把社会主义核心价值观体现到教书育人全过程。广泛开展校园创建，强化校训、校歌的育人功能，组织开展丰富多彩积极向上的校园文化活动。强化社会实践育人，提高实践教学比重，组织师生参加社会实践活动，完善科教融合、校企联合等协同育人模式。[4]为进一步贯彻落实全国高校思想政治工作会议精神和中共中央、国务院《关于加强和改进新形势下高校思想政治工作的意见》，教育部于2017年12月印发了《高校思想政治工

---

〔1〕 郝平. 积极探索高校"四史"宣传教育路径 [N]. 人民日报，2021-06-01（13）.
〔2〕 全国高校扎实开展党史学习教育和形势政策教育——传承红色基因 书写华彩青春 [N]. 人民日报，2021-10-08（6）.
〔3〕 中共中央关于培育和践行社会主义核心价值观的意见 [N]. 人民日报，2013-12-24（2）.
〔4〕 十八大以来重要文献选编：下 [M]. 北京：中央文献出版社，2018：481-489.

作质量提升工程实施纲要》，将实践育人、文化育人纳入"十大育人"体系，强调要扎实推动实践育人，教育引导师生在亲身参与中增强实践能力、树立家国情怀；深入推进文化育人，开展中华优秀传统文化、革命文化、社会主义先进文化教育，践行和弘扬社会主义核心价值观。[1]2020年4月，教育部等八部门发布的《关于加快构建高校思想政治工作体系的意见》提出要深化实践教育，把思想政治教育融入社会实践、志愿服务、实习实训等活动中，创办形式多样的"行走课堂"，繁荣校园文化。[2]次年3月，习近平在看望参加全国政协十三届四次会议的医药卫生界、教育界委员时提出了"思政课不仅应该在课堂上讲，也应该在社会生活中来讲……'大思政课'我们要善用之"[3]的重要命题。"大思政"所倡导的是思政课要立足"两个大局"，走出教室、走向国情社情，在现实关照中阐释真理的力量，帮助青年学生强化"四个正确认识"，坚定"四个自信"，深刻理解"两个确立"的决定性意义，做到"两个维护"。紧接着，教育部等十部门于2022年7月联合印发《全面推进"大思政课"建设的工作方案》，提出要"善用社会大课堂"，开门办思政课，强化问题意识、突出实践导向，充分调动全社会力量和资源，建设"大课堂"、搭建"大平台"、建好"大师资"，设立一批实践教学基地，推动思政小课堂与社会大课堂相结合，教育引导学生坚定"四个自信"，成为堪当民族复兴重任的时代新人。[4]在重视实践育人的同时，党和国家要求繁荣校园文化，坚持培育优良校风教风学风，持续开展文明校园创建活动。

　　按照党和国家要求，各部门各地各高校积极构建实践育人体系，引导学生通过亲身体验，领悟、认同并践行社会主义核心价值观。教育部等8部门联合建立了全国首批453个"大思政课"实践教学基地，设有科学精神、工业文化、美丽中国、抗击疫情、中华优秀传统文化（革命文化、社会主义先进文化）、脱贫攻坚（乡村振兴）、党史新中国史教育等实践教学专题。与此同时，教育部持续组织开展了形式多样的实践教学活动，如中国国际"互联网+"

〔1〕　高校思政工作如何着眼新征程谋划新篇章、聚焦新要求落实新任务？打通高校育人最后一公里[N].人民日报，2021-12-21（18）.

〔2〕　教育部等八部门联合印发意见　加快构建高校思想政治工作体系[N].中国教育报，2020-05-14（1）.

〔3〕　"大思政课"我们要善用之[N].人民日报，2021-03-07（1）.

〔4〕　《全面推进"大思政课"建设的工作方案》印发——建设大课堂　搭建大平台[N].人民日报，2022-08-26（6）.

大学生创新创业大赛青年红色筑梦之旅、习近平新时代中国特色社会主义思想大学习领航计划、"小我融入大我，青春献给祖国"主题社会实践、"技能成才，强国有我"主题教育活动。上海围绕"铸魂、强师、提质、厚基"四个方面，对思政课进行"流程再造式"改革，致力于让"活"的理论和实践融入教育教学全过程。山东济南出台实践教学指导意见，研制了八大类实践教学内容，建立了100家思政课实践教学基地，完善了实践教学的全链条运作机制，提升实践教学的内涵品质。安徽师范大学将社会实践纳入人才培养方案，76.5个学时实践教学成为思政课的必修环节，修满社会实践0.5个学分成为学生毕业的必要条件。[1]重要活动、考察调研、志愿服务等成为这一时期高校开展实践教学的主要组织形式。如复旦大学组织学生走进河南的希望之星学校，为留守儿童送去呵护与关爱；深入贵州的大山深处，调研贫困地区的脱贫情况；走到甘肃的田间地头，探索经济发展与生态保护的平衡之道；前往四川的基层挂职，在治理一线磨砺意志。[2]中南大学将校园志愿服务作为引导学生学习和践行社会主义核心价值观的重要载体。学校通过建立志愿者服务，将学生志愿服务经费纳入学校预算、实施志愿服务"星"级认证制度，创建"百人百项"提质机制、"学长火炬"接力机制、"爱心集市"对接机制，激励学生积极参与志愿服务工作。[3]云南大学"理解中国"系列调研团有近100名研究生，行走在省内21个边境口岸的边境线上，撰写决策咨询报告42篇、调研报告21篇、社会观察笔记80余篇；大连理工大学策划"与共和国同行""红色筑梦之旅"等调研专项活动，组织200余支实践团队赴革命老区、贫困山区开展调研，用所学知识服务社会，为地方经济发展献计献策。[4]中国人民大学组织开展了思想政治理论课学生社会实践活动，引导学生结合"千人百村""街巷中国"社会调研，把课堂上学习的理论知识和社会实际相结合，让学生在理论与实践的良性互动中深刻体悟社会主义核心价值观和习近平新时代中国特色社会主义思想。[5]福建全

〔1〕 开门办思政　学在天地间——各地各校全面推进"大思政课"建设扫描（中）[N]. 中国教育报，2022-09-26（2）.

〔2〕 在实践中放飞青春 [N]. 人民日报，2017-10-09（10）.

〔3〕 全国大学生思想政治教育发展研究中心. 全国高校校园文化建设优秀成果选编 [M]. 北京：北京日报出版社，2018：13-16.

〔4〕 高校思想政治工作成效显著——为中国梦矢志奋斗的青春力量 [N]. 人民日报，2022-01-09（5）.

〔5〕 张东刚. 落实好立德树人根本任务 [N]. 人民日报，2022-03-18（9）.

省高校采用社会观察、调查研究、学习体验等形式，以思想探源之路、星火燎原之路、滴水穿石之路、绿水青山之路、文化寻根之路、海上丝绸之路、高质量发展之路"七大主题线路"为重要脉络，组织大学生开展社会实践活动，着力引导青年大学生感悟思想伟力、体验伟大变革，用党的创新理论指引青年学生成长之路。[1]

在丰富和创新实践育人路径方法的同时，各高校积极开展校园文化建设，深入挖掘校园建筑景观、文物和校史校训校歌的文化价值，进一步发挥开学典礼、毕业典礼的育人功能，通过举办健康向上、格调高雅的校园文化活动，潜移默化地增强学生对社会主义核心价值观的认知、认同。例如，南京财经大学实施"一院一品"工程，将社会主义核心价值观教育融入校园文化精神的凝练和师资队伍建设等工作之中。学校党委宣传部大力推进校园文化建设和社会主义核心价值观的弘扬和践行，制定了《关于开展南京财经大学"培养和践行社会主义核心价值观"专题教育活动的通知》，将12个主题词分解到18个学院，各学院根据学科特色，结合社会主义核心价值观的主体词，每个学院围绕一个关键词，或者多个学院共同围绕一个关键词的方式组织特色活动。其中，经济学院和财政与税收学院围绕"富强"、工商管理学院和管理科学与工程学院围绕"和谐"、艺术设计学院围绕"自由"、金融学院围绕"诚信"等社会主义核心价值观主题词。各学院结合各自专业特点诠释社会主义核心价值观，将相应的价值理念贯彻落实到各学院、各党支部的文化建设、人才培养等相关工作中。南京财经大学还开设了"中国古代文学专题"等十余门传统文化课程，开展《弟子规》诵读、寻找"家风""南京中华老字号考察"等活动以传承传统文化，并邀请知名学者参与"人文时政讲坛""南财学堂""南财论坛"等文化讲座百余场，力图将弘扬社会主义核心价值观有机融入到校园文化建设之中。[2]此外，高校以艺术作"课"，通过"艺术＋思政"的方式积极营造红色校园文化，浸润青年。如清华大学原创话剧《马兰花开》重现了"两弹元勋"邓稼先等老一辈科技工作者鞠躬尽瘁、投身祖国伟大事业的光辉事迹，自2013年首演以来，该剧在十年的时间里完成了19轮共计90场演出，覆盖观众超过12万

〔1〕福建省引导大学生在实践中增长见识——成长，在"行走的大课堂"[N].人民日报,2023-09-19(11).
〔2〕全国大学生思想政治教育发展研究中心.全国高校校园文化建设优秀成果选编[M].北京：北京日报出版社，2018：18-19.

人次，除了基本实现了校内演出新生全覆盖，剧组还于青海、新疆、湖北、上海、陕西、四川、山西等地进行巡演。延边大学出品的原创民族歌舞剧《郑律成》讲述了杰出作曲家郑律成投身革命的故事。该剧在线下演出的同时，还通过新华社现场云、微信直播、哔哩哔哩等多平台同时线上直播，达到 208.56 万的总观看数量，扩展了剧目的社会效益。嘉兴南湖学院打造了原创红色舞台剧《南湖·1921》，以红色大学为载体、辐射带动周边，承继伟大红船精神，打造经典推动红色文化普及、红色精神传递。2019 年，北京师范大学原创校园话剧《往事歌谣》上演，讲述了革命时期音乐家王洛宾以对祖国、民族、人民的大爱发掘传统民歌的故事。2021 年，厦门大学开办了"踏寻红色足迹，传承红色文化"艺术团课，让学生们在恢宏磅礴的民乐合奏、钢琴独奏中品味经典、铸造信仰。2022 年，吉林省学生联合会"吉青学联"在省内各高校征集大学生主演的红色戏剧，在高校网络平台上进行展演推广了《小英雄雨来》《原点》《八女投江》等作品。[1]

5. 强化高校哲学社会科学建设。哲学社会科学对引导大学生树立并践行社会主义核心价值观具有重要影响。以习近平同志为核心的党中央高度重视哲学社会科学建设工作。习近平强调："坚持和发展中国特色社会主义，哲学社会科学具有不可替代的重要地位，哲学社会科学工作者具有不可替代的重要作用。坚持和发展中国特色社会主义，必须高度重视哲学社会科学，结合中国特色社会主义伟大实践，加快构建中国特色哲学社会科学。"[2]"高校是我国哲学社会科学'五路大军'中的重要力量。"[3]2016 年 12 月，中共中央、国务院印发的《关于加强和改进新形势下高校思想政治工作的意见》明确提出，要发挥哲学社会科学育人功能，加强哲学社会科学学科体系建设、哲学社会科学教材编审工作，规范哲学社会科学教材选用。[4]

党的十八大以来，我国积极开展高校哲学社会科学建设工作，取得了许多新进展，主要体现在以下两个方面。一是全面加强马克思主义理论教育。2015

---

〔1〕 当红色舞台遇上青春校园 [N]. 光明日报，2023-01-04（16）.

〔2〕 习近平主持召开哲学社会科学工作座谈会强调 结合中国特色社会主义伟大实践 加快构建中国特色哲学社会科学 [N]. 人民日报，2016-05-18（1）.

〔3〕 习近平在中国人民大学考察时强调 坚持党的领导传承红色基因扎根中国大地 走出一条建设中国特色世界一流大学新路 [N]. 人民日报，2022-04-26（2）.

〔4〕 十八大以来重要文献选编：下 [M]. 北京：中央文献出版社，2018：483-484.

年，中宣部、教育部组织实施了全国重点马克思主义学院建设，37 所高校的马克思主义学院被确定为全国重点马克思主义学院，高校马克思主义学院从 2012 年的 100 余家发展到了 2021 年的 1 440 余家。2012—2021 年，全国马克思主义理论一级博士学位授权点由 37 个增至 104 个、一级硕士学位授权点由 125 个增至 279 个，学位点数量位居各学科前列。思政课教师队伍建设实现了历史性突破，截至 2021 年底，高校思政课专兼职教师超过 12.7 万人，较 2012 年增加了 7.4 万人。同时，21 世纪马克思主义、当代中国马克思主义研究取得了一系列重大创新成果。高校社科界把学习研究阐释习近平新时代中国特色社会主义思想作为首要任务，扎实推进马克思主义理论研究和建设工程。教育部持续推进教育系统习近平新时代中国特色社会主义思想研究中心（院）建设，全面推动习近平新时代中国特色社会主义思想进学术、进学科、进课程、进培训、进读本，扎实推进习近平新时代中国特色社会主义思想入脑入心。二是中国特色哲学社会科学体系构建取得了重要进展和新成效。截至 2021 年底，我国哲学社会科学已涵盖哲学、经济学、法学、教育学、文学、历史学、管理学、艺术学共 8 个学科门类、28 个一级学科。教育部启动新文科建设，明确构建世界水平、中国特色文科人才培养体系总体目标。2012 年以来，新增 128 种文科类新专业，新设 41 种小语种专业；面向 6 大选题领域、22 个选题方向设立 1 011 个新文科项目；适应经济社会需求，新增 3000 余个文理、文工等学科交叉融合专业。教育部布局建设了教育部人文社科重点研究基地 151 个、教育部哲学社会科学实验室 30 个、哲学社会科学各类协同创新中心 40 家；深入实施"高校哲学社会科学繁荣计划"，2012—2021 年累计投入繁荣计划专项资金 47.9 亿元，高校哲学社会科学学术研究成果数量和质量取得长足进步。其中，作为教育部人文社科重点研究基地，华东师范大学课程与教学研究所围绕我国基础教育课程领域的重点难点问题开展研究，推进中国特色的学术与实践创新；作为首批教育部哲学社会科学实验室试点单位之一的吉林大学生物考古实验室，学者利用多学科交叉手段，聚焦人类起源等考古学重大理论基础和前沿问题。[1]

〔1〕 努力使中国特色哲学社会科学真正屹立于世界学术之林——党的十八大以来高校哲学社会科学发展成就综述 [N]. 人民日报，2022-07-07（4）.

第三章 改革开放以来大学生政治价值观教育的成效、经验、不足及其成因

回望改革开放 40 多年来波澜壮阔的历史画卷，大学生政治价值观教育取得了长足发展，创造和积累了非常宝贵的历史经验。系统梳理、深入思考和认真总结大学生政治价值观教育 40 多年来的成就、经验、不足及其成因，对我们整体认识和把握大学生政治价值观教育的历史轨迹，以及在新时代起点上推进大学生政治价值观教育的科学发展，具有十分重要的意义。

第一节 大学生政治价值观教育成效显著

随着改革开放的伟大实践，40 多年来党和国家对大学生政治价值观教育进行了艰辛探索，取得了显著成效，不断把大学生政治价值观教育推向新的历史高度。

一、我国意识形态安全防线不断巩固

大学生群体思想活跃、对国家政治敏感度高、具有较高水平的科学文化知识，是未来国家建设的主力军。他们具备什么样的政治知识、政治立场，认同怎样的政治体制在很大程度上影响着未来国家意识形态安全、政治发展和社会各个领域的建设。为此，改革开放以来党和国家高度重视大学生政治价值观教育工作，通过政治理论灌输、政治文化熏陶和政治实践锻炼等，帮助他们大大提升了政治认知水平、政治价值评判能力和政治参与能力，强化了政治认同感，从而使我国意识形态安全防线得到不断巩固。

在改革开放之初，由于受"文化大革命"的消极影响，大学生的政治信仰一度出现迷失，致使国家意识形态安全处于不稳定状态。随着改革开放的启动和高校政治价值观教育工作的加强，大学生对马克思主义理论有了更深入的理解。到 20 世纪 80 年代中期，大学生能够将个人价值、理想的实现融入社会价

值、社会理想的创造之中，他们倡导"团结起来，振兴中华"[1]"从我做起，从现在做起"[2]。到 20 世纪 80 年代后期，由于社会矛盾突出、西方资产阶级意识形态和资产阶级自由化思潮的渗透，有些大学生主张在中国也应采用"议会制""三权鼎立制"等，并对社会现实持怀疑批判态度。

　　针对部分大学生政治立场出现的问题，我国自 20 世纪 80 年代中后期开始不断加强坚持四项基本原则、反对资产阶级自由化教育，并取得了明显效果，进一步巩固了我国的意识形态安全。1993 年，时任国家教育委员会副主任朱开轩向在京视察的全国人大代表汇报高等教育工作情况时强调，对广大师生进行坚持高等学校的社会主义方向的教育和政治思想工作，取得了初步成效，主要体现在以下四个方面。"一是对这场风波的真相和性质有了清醒的认识，立场和感情有了不同程度的转变；二是对中国国情和中国人民选择社会主义道路的必然性加深了认识，体会到安定团结的重要意义；三是在学生中出现了学习马克思主义的政治热情，不少学生提出入党申请；四是校风、学风有所好转，组织纪律观念增强，刻苦读书的风气开始回升，课余活动出现健康发展的势头。"[3]从中宣部教育局课题组于 1991 年组织的"百名大学生两年来的思想变化及其规律"的调查结果来看，大多数学生通过两年多的爱国主义、社会主义教育，在以下三个问题上有了明显的进步。一是中国选择社会主义，不是中国共产党心血来潮，而是由中国的历史和国情所决定；二是以经济建设为中心，坚持改革开放，维护稳定是民族生存的基本要求；三是作为中国知识分子，必须维护我国的国家利益。[4]上海市关于大学生思想政治状况的调查结果显示："赞

─────────

〔1〕　1981 年 3 月 20 日晚，香港伊丽莎白体育馆，中国男排与南朝鲜队进行世界杯亚洲区预选赛决赛，胜者将代表亚洲参加在日本举行的世界杯赛。中国男排齐心协力，在先负两局的情况下，最后连赢三局。那天半夜，北京大学的同学们聚集在 38 号楼前，找来一面鼓，走出校门，举行欢庆游行。在北大南门外的马路上，有个同学提议喊出口号："团结，为中华的崛起而奋斗。"北京大学中文系 77 级学生刘志达说："好是好，就是太长，不如喊'团结起来，振兴中华'。""团结起来，振兴中华"的口号在欢庆胜利的路上第一次喊出来之后，激励了一代人，体现出当时大学生奋发报国的精神。
〔2〕　"从我做起，从现在做起"的口号是清华大学化工系 77 级 2 班学生提出的，这一口号先是在清华大学得到共鸣，继而被《中国青年报》报道。邓小平同志看到后，在一次讲话中予以了高度肯定。由此逐渐影响了一代人，成为时代的最强音。这句口号展现出当时大学生从抽象的人生思辨走向了人生实践，从课堂天地走向了自我价值和社会价值的统一，在社会实践中去选择自我的位置。
〔3〕　朱开轩向人大代表汇报时说　全国高校政治思想工作取得初步成效 [N]. 人民日报，1990-02-11（3）.
〔4〕　中宣部教育局课题组 . 走向成熟——当代大学生的理性透视 [M]. 北京：改革出版社，1993：37.

同中国实现四个现代化必须坚持党的领导这一看法的学生比例，1989 年底为 53.35%，1991 年已提高到 70%；认为中国必须走中国特色社会主义道路的学生比例，1989 年为 35.46%，1991 年已提高到 81%。"[1] 其中，一位大学生这样写道："中国必须坚持抵制和平演变的渗透，坚持走社会主义道路，因为中国落后的现状决定了走资本主义道路对绝大多数人都是不利的，是历史的倒退。"[2] 尤其是 1992 年邓小平发表南方谈话和党的十四大召开之后，大学生对我国主导的政治价值观的认同度明显增强。1996 年，一项关于上海大学生思想政治状况的调查显示，59.17% 的人认为多党制不符合中国国情，倾向于多党制的人数降至 20.41%，仅 5% 的人不同意 "21 世纪中叶中国仍然是共产党领导的社会主义国家"。47.95% 的人赞同 "社会主义终究可以战胜资本主义" 的看法，不同意 "马克思主义对我国现代化建设依然具有指导作用" 的人为 8.66%，而赞同 "马克思主义对我国的现代化建设依然具有指导作用" 的人数达到 72.43%，有 60.8% 的人赞同 "建设有中国特色社会主义理论能够统一人们的思想认识"，有 66.49% 的人希望自己目前或将来成为一个 "坚定的共产主义者"。[3] 这表明大学生已经成为国家意识形态安全的坚定守护者。

进入 21 世纪以后，大学生对我国主导的政治价值观的认同度进一步增强，有力维护和巩固了我国意识形态安全。从教育部思想政治工作司连续多年组织开展的高校学生思想政治状况滚动调查结果来看，大学生对社会主义、集体主义的主流价值导向的认同度不断提升。2001 年高校学生思想政治状况滚动调查结果表明：大学生人生观、价值观主流健康积极、务实进取。绝大多数学生认为 "中国共产党有能力把自身建设好" "社会主义终究可以战胜资本主义"，对我国社会主义、集体主义的主流价值导向基本认同。90% 的学生认为邓小平理论是 "成业之基，立身之本"，许多大学生提出要做邓小平理论的 "信仰者、实践者、继承者和发展者"。上海有 30 多所高校成立了大学生邓小平理论研究会，大学生 "邓研会" 已成为各学校发展最快、最富活力的学生社团。[4] 2003 年高校学生思想政治状况滚动调查结果表明：大学生的思想主流继续呈现出积

〔1〕 中宣部教育局课题组 . 走向成熟——当代大学生的理性透视 [M]. 北京：改革出版社，1993：3.
〔2〕 中宣部教育局课题组 . 走向成熟——当代大学生的理性透视 [M]. 北京：改革出版社，1993：4.
〔3〕 杨德广 . 中国当代大学生价值观研究 [M]. 上海：上海教育出版社，1998：445-447，453.
〔4〕 祖国至上　党在心中——当代大学生思想状况扫描 [N]. 人民日报，2001-06-11（2）.

极、健康、向上的良好态势。他们拥护"三个代表"重要思想和全面建设小康社会的奋斗目标，关心支持高等教育改革和发展并寄予较高期望，人生观、价值观主流积极向上、务实进取，竞争意识和学习自觉性明显增强，成才愿望非常强烈。[1]2004年高校学生思想政治状况滚动调查结果表明：绝大多数学生认为"三个代表"重要思想的本质是立党为公、执政为民，赞同《中共中央关于完善社会主义市场经济体制若干问题的决定》，96%的学生认可"坚持以人为本，树立全面、协调、可持续的发展观"。[2]2006年高校学生思想政治状况滚动调查结果表明：大学生高度认同科学发展观和社会主义和谐社会的战略目标，赞同党的十六届五中全会通过的《中共中央关于制定国民经济和社会发展第十一个五年规划的建议》，赞同建设社会主义新农村等重大发展战略和举措。大学生的基本政治态度和政治观点正确，普遍认为广泛开展保持共产党员先进性教育活动对党的自身建设成效显著；在坚持中国共产党的领导和社会主义制度、坚持马克思主义在我国意识形态的指导地位等基本政治态度上，大多数学生能保持清醒的认识，态度更趋明确；学生积极肯定学校开展先进性教育活动所取得的成绩；89%的学生坚信"中国共产党是中国特色社会主义事业的领导核心"。他们高度关注与国家和民族利益相关的大事，表现出强烈的爱国主义情感与民族自信心；广大学生关心国内外大事，尤为关注与国家民族荣誉、利益和国计民生相关的重大事件；学生高度关注国家安全稳定，认识判断比较理性，表现出较强的分析能力。[3]2009年高校学生思想政治状况滚动调查结果表明：大学生思想政治状况继续保持积极、健康、向上的良好态势，与20年前相比发生转折性变化。他们具有浓厚的爱国情怀，在国家大事、难事、急事面前，能够自觉担当、奋勇向前，表现出强烈的爱国热情、高度的社会责任感、崇高的奉献精神，是值得信赖、堪当重任、大有希望的一代。高校学生坚决拥护中国共产党的领导，高度认同中国特色社会主义"一面旗帜""一条道路"和"一个理论体系"，认同中国特色社会主义道路的高校学生比例为73.5%，比5年前增长了8.5个百分点。[4]2011年高校学生思想政治状况滚动调查结果表明：大

---

〔1〕　教育部在八省七十四所高校调查显示大学生思想主流积极健康向上 [N]. 中国教育报, 2003-06-03（1）.

〔2〕　教育部2004年滚动调查表明当前大学生思想主流积极向上 [N]. 人民日报, 2004-06-03（2）.

〔3〕　调查表明：大学生主流积极健康向上 [N]. 中国青年报, 2006-06-03（1）.

〔4〕　2009年高校学生思想政治状况调查表明　大学生主流思想积极、健康、向上 [N]. 中国青年报, 2009-07-07（3）.

学生思想主流继续保持积极、健康、向上的良好态势。广大学生坚决拥护党的领导，高度认同中国特色社会主义理论体系，对中国共产党成立 90 年来带领中国人民取得的辉煌成就给予高度肯定。他们的理想信念更加坚定，爱国热情持续高涨，社会责任感显著增强，道德素质和现代文明素质明显提升，这充分表明大学生正在成为中国特色社会主义共同理想的坚定信仰者、社会主义核心价值体系的积极践行者、社会和谐稳定的热情维护者，是大有作为、大有希望的一代，是党和人民可以完全信赖的一代。整体而言，大学生价值观主流积极向上，对社会主义核心价值体系高度认同。[1]

党的十八大以来，大学生对我国主导的政治价值观的认同度持续增强，我国意识形态安全防线得到进一步巩固。从教育部思想政治工作司历年组织开展的高校学生思想政治状况滚动调查结果来看，越来越多大学生成为社会主义核心价值观的积极学习者和践行者。2013 年高校学生思想政治状况滚动调查表明，90.2% 的学生赞同"大学生应成为社会主义核心价值观的积极践行者"。同时，高校学生对思想政治理论课教学、党团组织建设和作用发挥等方面的满意度也比去年（2012 年）有明显增长。[2] 2016 年大学生思想政治状况滚动调查结果显示，大学生思想政治主流积极、健康、向上，对社会主义核心价值体系高度认同，对中国特色社会主义事业和全面建成小康社会、实现中华民族伟大复兴的中国梦充满信心。其中，90.5% 的学生赞同"中国共产党是中国特色社会主义事业的领导核心"，95.4% 的学生对"中国特色社会主义事业进一步发展，综合国力不断增强，国际地位明显提高"表示认可，91.2% 的学生赞同"核心价值观是一个民族赖以维系的精神纽带，是一个国家共同的思想道德基础"，92.8% 的学生赞同"大学生应成为社会主义核心价值观的积极传播者和践行者"。[3] 党的十九大以来，大学生对国家主导政治价值观的认识不断深化。2018 年高校学生思想政治滚动调查显示，92.6% 的大学生赞同"在个人利益与国家利益、集体利益发生冲突时，应首先考虑国家利益和集体利益"，94.4% 的大学生赞同"大学生应成为社会主义核心价值观的坚定信仰者、积极传播者、模范践行

---

[1] 调查表明：大学生思想主流积极健康向上 [N]. 中国青年报，2011-06-04（2）.

[2] 大学生思想持续积极健康向上 [N]. 光明日报，2013-06-04（6）.

[3] 二〇一六年大学生思想政治状况滚动调查结果公布　立志成才　报效祖国 [N]. 人民日报，2016-07-18（9）.

者"。[1]2021 年高校师生思想政治状况滚动调查结果显示，98.7% 的学生表示"能将爱国情、强国志、报国行统一起来"，99.5% 以上的学生认同"人民至上、以人民为中心是中国共产党的使命担当"。[2]

二、社会主义现代化建设稳中向好态势进一步巩固

我国现代大学自开办之始就承担着"为国家现代化建设服务"的使命。从19 世纪末我国出现的第一所现代大学开始，大学办学宗旨就和国家现代化建设与发展的诉求紧密联系在一起。然而，现代化建设与发展本身所引发的经济、社会、文化转型和政治动员等，往往会引发"青年问题"。"青年问题"这一理论是由 S.N. 艾森斯塔德提出的。他认为："青年问题在现代化的最初阶段有两个主要的具体表现：其一是所谓青年的'社会问题'，它产生于都市化、初期工业化、移民以及各种脱节问题之中。青年问题在现代第二个主要表现，是各种青年运动、学生运动以及自发的青年组织的产生，它们起源于19 世纪初期中欧受浪漫主义强烈影响的大学生中间，强调以青年纯洁的个性参与广泛的社会运动，或目的在于以与众不同的青年人特有的价值来改革社会。这种对于各种类型运动的参与，是青年面对新生的社会模式所赋予的文化政治框架和象征时，所具有的不满和'不安'的普遍表现。"[3]"青年问题"是现代化发展的必然结果，要使青年转化为现代化发展的积极推动力量，离不开教育对他们的引导，其中最为重要的任务是帮助青年形成正确的价值观念和信仰，这直接关系到现代化发展的进程与能否成功。大学生是青年的关键性群体，因此新中国成立伊始党和国家就高度重视大学教育工作，力图通过教育帮助学生掌握科学文化知识的同时，引导他们树立正确的理想信念、责任与信仰，从而推进国家现代化建设。

党的十一届三中全会召开以后，我国恢复了实事求是的思想路线。以经济建设为中心，大力发展生产力，开展社会主义现代化建设再次成为社会发展的基本目标。1979 年，邓小平在会见外国记者时强调："什么是中国最大的政

---

[1] 让党的旗帜在高校高高飘扬——高校党的建设与思想政治工作综述 [N]. 人民日报,2019-01-15（6）.

[2] 培养担当民族复兴大任的时代新人 [N]. 人民日报，2021-12-10（1）；高校思想政治工作成效显著——为中国梦矢志奋斗的青春力量 [N].人民日报,2022-01-09（5）.

[3] S.N. 艾森斯塔德. 现代化：抗拒与变迁 [M]. 张旅平，译. 北京：中国人民大学出版社 1988：30.

治？四个现代化就是中国最大的政治。"[1]而有现代科学知识和技术、掌握现代科学知识和技术的人才是我国现代化建设的前提条件。教育尤其是高等教育是发展科学技术、培养掌握科学知识和技术人才的基础。在强调科学文化知识教育的同时，党和国家也非常重视教育工作的"政治方向"。邓小平在1978年4月召开的全国教育工作会议上明确提出："提高教育质量，提高科学文化的教学水平，更好地为无产阶级政治服务。我们的学校是为无产阶级培养人才的地方……学校要大力加强革命秩序和革命纪律，造就具有社会主义觉悟的一代新人，促进整个社会风气的革命化。"[2]1982年，党的十二大报告提出了新的历史时期的总任务是团结全国各族人民，自力更生，艰苦奋斗，逐步实现工业、农业、国防和科学技术现代化，把我国建设成为高度文明、高度民主的社会主义国家，并将教育列为社会主义现代化建设的一个战略重点。这一时期，高校在拨乱反正中加强科学文化教育，积极开展政治价值观引导，帮助大学生树立社会主义理想信念。在新的历史时期，一批批青年大学生进入社会，积极投身国家各个领域建设工作，有力地推进了我国现代化建设。截至1983年，"我们在全国范围内实现和发展了安定团结的政治局面，加强了社会主义民主和法制建设……我们国家的政治生活日益正常，各民族平等、团结、互助友爱的关系重新获得加强，爱国统一战线进一步扩大，整个社会一年比一年安定……为社会主义祖国争光，为实现社会主义现代化作贡献，正在成为我们的时代精神。"[3]国民经济全局稳定，经济增速明显。1982年全国工农业总产值达到8 291亿元，比1978年增长了32.6%，平均每年增长7.3%。全国农业总产值仍以每年平均递增7.5%的速度前进，超过了1978年以前的26年平均每年递增率的1.3倍。从1979年到1982年的四年内，轻工业平均每年增长11.8%，超过重工业每年平均增长3.4%的速度。城乡市场出现繁荣景象。1982年同1978年相比，社会商品零售总额由1 559亿元增加到2 570亿元，增长了64.8%，平均每年增加253亿元，比1978年以前的26年平均每年增加49亿元，高出4倍多。[4]

为进一步发挥教育在社会主义现代化建设中的重要作用，1985年中共中央

---

〔1〕 邓小平文选：第2卷[M].北京：人民出版社，1994：234.

〔2〕 邓小平.在全国教育工作会议上的讲话（一九七八年四月二十二日）[N].人民日报，1978-04-26（1）.

〔3〕 政府工作报告[N].人民日报，1983-06-24（1）.

〔4〕 政府工作报告[N].人民日报，1983-06-24（1）.

印发了《关于教育体制改革的决定》，提出："必须极大地提高全党对教育工作的认识……为九十年代以至下世纪初叶我国经济和社会的发展，大规模地准备新的能够坚持社会主义方向的各级各类合格人才。"[1]1987 年，党的十三大报告进一步系统阐明了社会主义初级阶段的理论和党在这一阶段的基本路线：以经济建设为中心，坚持四项基本原则，坚持改革开放，进一步明确了教育工作的方针任务是为培养社会主义现代化建设所需的合格人才服务。然而，这一时期对现代化的强烈渴望及其由此产生的对掌握科学文化知识人才的极大需求，使得科学文化知识及知识教育成为高校培养社会主义建设者和接班人的重点工作。加之，受"文化大革命"的消极影响，改革开放初期，人们的政治热情消退，出现了马克思主义和社会主义的信仰危机，对"文化大革命"的否定和反思进一步加深了信仰危机。对掌握科学文化知识人才的渴求及对知识教育的重视，与人们的信仰危机一道对高等教育体系形成了严重冲击。高校出现了淡化信仰教育的问题，忽视了现代化建设的根本目的是"巩固和发展社会主义"这一政治前提，忽视了马克思主义信仰和社会主义信念教育的政治意义。高校在"培养什么样的人"这一问题上显得模棱两可，在把握人才培养的政治方向上缺乏连贯性和一致性，坚持四项基本原则的正面教育显得苍白无力，最终造成大学生政治立场、政治行为出现了偏差，继而影响了社会主义现代建设工作的推进。对此，邓小平深刻指出："四个坚持、思想政治工作、反对资产阶级自由化、反对精神污染，我们不是没有讲，而是缺乏一贯性，没有行动，甚至讲得都很少。不是错在四个坚持本身，而是错在坚持得不够一贯，教育和思想政治工作太差。"[2]自 20 世纪 80 年代末尤其是党的十四大以后，党和国家在反思的基础上要求高校强化坚持四项基本原则、反对资产阶级自由化教育。邓小平强调："四项基本原则必须讲，人民民主专政必须讲。要争取一个安定团结的政治局面，没有人民民主专政不行，我们讲民主，不能搬用资产阶级的民主，不能搞三权分立那一套；社会主义建设，必须在安定团结的条件下有领导、有秩序地进行，要特别强调有理想、有纪律。"[3]按照党和国家的要求，高校积极开展坚持四项基本原则、反对资产阶级自由化教育，并结合改革开放和现代化建设

---

〔1〕 中共中央关于教育体制改革的决定 [N]. 人民日报，1985-05-29（1）.

〔2〕 邓小平文选：第 3 卷 [M]. 北京：人民出版社，1993：305.

〔3〕 邓小平文选：第 3 卷 [M]. 北京：人民出版社，1993：194-197.

实践，通过"邓小平理论"学习、强化理想信念教育，引导学生树立中国特色社会主义共同理想。大学生一方面在老师的引导下潜心学习科学文化知识；另一方面积极学习马克思主义理论知识，进一步坚定了马克思主义信仰和社会主义信念，增强了国家现代化建设的使命感。大学生们通过理论学习、社会实践，坚定了社会主义理想信念，积极投身国家现代化建设之中，有力地推动了我国社会主义建设事业的发展。截至1997年，我国国内生产总值达到74 770亿元，按可比价格计算，平均每年增长11%。顺利完成了"八五"计划，提前实现了20世纪末国民生产总值比1980年翻两番的目标。农业增加值平均每年增长4.5%，工业增加值平均每年增长15.3%，产业结构和产品结构出现了积极的变化。五年来我国对外开放继续扩大，形成了全方位、多层次、宽领域的开放格局。进出口总额由1 655亿美元增加到3 251亿美元。[1]截至2001年，我国国内生产总值达到95 933亿元，比1989年增长近2倍，年均增长9.3%，经济总量已居世界第6位。[2]

党的十六大以后，我国进入了全面建设小康社会、加快推进社会主义现代化建设的新发展阶段。这一时期，党和国家将教育摆在优先发展的战略地位，这是因为"教育是发展科学技术和培养人才的基础，在现代化建设中具有先导性全局性作用……全面贯彻党的教育方针，坚持教育为社会主义现代化建设服务，为人民服务，与生产劳动和社会实践相结合，培养德智体美全面发展的社会主义建设者和接班人"[3]。在新的发展阶段，按照党和国家的要求，高校一方面大力改革创新专业知识教育教学工作，培养服务于国家现代化建设的各领域专业人才；另一方面积极开展政治价值观教育，强化"三个代表"重要思想教育和科学发展观教育，引导学生树立社会主义荣辱观，增强对社会主义核心价值体系的认同。经过艰苦卓绝的努力，高等教育培养了一批批德智体美全面发展的社会主义建设者和接班人，极大推进了我国社会主义现代化建设。2002—2012年，我国经济总量从世界第6位跃升到第2位，社会生产力、经济实力、科技实力迈上一个大台阶，人民生活水平、居民收入水平、社会保障水平迈上一个大台阶，综合国力、国际竞争力、国际影响力迈上一个大台阶，国家面貌

〔1〕 李鹏总理《政府工作报告》摘要 [N]. 光明日报，1998-03-06（2）.

〔2〕 中国共产党第十六次全国代表大会文件汇编 [M]. 北京：人民出版社，2002：6.

〔3〕 中国共产党第十六次全国代表大会文件汇编 [M]. 北京：人民出版社，2002：39.

发生新的历史性变化。[1]

党的十八大以来,我国确立了建设中国特色社会主义的总任务是实现社会主义现代化和中华民族伟大复兴。[2]党的十九大明确提出全面建设社会主义现代化国家的战略安排,即到2035年基本实现社会主义现代化,到本世纪中叶把我国建设成为富强民主文明和谐美丽的社会主义现代化强国。[3]党的二十大提出我国进入了全面推进社会主义现代化国家建设的新阶段。[4]自党的十八大以来,党和国家要求高校贯彻党的教育方针,积极落实立德树人的根本任务,培养德智体美全面发展的社会主义建设者和接班人。这一时期,高校按照党和国家的要求,全面贯彻落实立德树人根本任务,着力开展思想政治理论课教学改革创新和课程思政建设,积极推进第一课堂和第二课堂良性互动,着力增强大学生政治价值观教育成效。在学校和社会的引导和帮助下,大学生树立了"四个意识"、坚定了"四个自信",形成并积极践行社会主义核心价值观,踊跃投身到全面建设社会主义现代化国家的事业当中,推动了国家各方面发展。社会主义民主政治制度化、规范化、程序化全面推进,社会主义核心价值观广泛传播,意识形态领域形势发生全局性、根本性转变。国内生产总值从54万亿元增长到114万亿元,我国经济总量占世界经济的比重达18.5%,提高了7.2%,稳居世界第2位;人均国内生产总值从39 800元增加到81 000元。谷物总产量稳居世界首位,14多亿人的粮食安全、能源安全得到有效保障。城镇化率提高了11.6%,达到60.7%。制造业规模、外汇储备稳居世界第一。建成了世界最大的高速铁路网、高速公路网,机场港口、水利、能源、信息等基础设施建设取得重大成就。基础研究和原始创新不断加强,一些关键核心技术实现突破,战略性新兴产业发展壮大,载人航天、探月探火、深海深地探测、超级计算机、卫星导航、量子信息、核电技术、新能源技术、大飞机制造、生物医药等取得重

〔1〕 胡锦涛.坚定不移沿着中国特色社会主义道路前进 为全面建成小康社会而奋斗——在中国共产党第十八次全国代表大会上的报告[M].北京:人民出版社,2012:6-7.
〔2〕 胡锦涛.坚定不移沿着中国特色社会主义道路前进 为全面建成小康社会而奋斗——在中国共产党第十八次全国代表大会上的报告[M].北京:人民出版社,2012:13.
〔3〕 习近平.决胜全面建成小康社会 夺取新时代中国特色社会主义伟大胜利——在中国共产党第十九次全国代表大会上的报告[M].北京:人民出版社,2017:29.
〔4〕 习近平.高举中国特色社会主义伟大旗帜 为全面建设社会主义现代化国家而奋斗——在中国共产党第二十次代表大会上的报告[M].北京:人民出版社,2022:1.

大成果，进入创新型国家行列。[1]

三、大学的政治社会化功能进一步增强

"政治社会化"是 20 世纪 60 年代美国行为主义流派的比较政治学家通过引用社会学中"社会化"的概念分析政治生活时提出的。关于"政治社会化"的概念，中外不同学者从不同视角进行了分析。实际上，"政治社会化"是人们在社会化过程中，在政治文化的潜移默化和国家、社会有意施加的政治影响下，通过政治交往和学习，形成政治观念和信仰、政治态度和政治行为倾向，培养政治生活能力的过程。[2]教育体系在国家政治社会化中具有举足轻重的作用。作为处在教育体系较高层次的高校，其所开展的政治价值观教育工作从根本上影响着高等教育政治社会化功能的发挥与成效。改革开放以来的大学政治价值观教育有力增强了高校的政治社会化功能，集中体现在以下三个方面。

1. 提升了国家政治价值体系分配成效。国家是阶级矛盾不可调和的产物，也是实现阶级统治的工具。统治阶级凭借其经济政治实力控制着精神生产资料，进行着思想的生产、加工、分配。国家需要也必然会将统治阶级主导的政治价值观灌输和传导给社会个体，以促使其形成符合一定阶级利益和国家发展的个体政治价值观念。对此，马克思、恩格斯指出："统治阶级的思想在每一时代都是占统治地位的思想。这就是说，一个阶级是社会上占统治地位的物质力量，同时也是社会占统治地位的精神力量。支配着物质生产资料的阶级，同时也支配着精神生产资料"[3]。统治阶级需要也必然会通过宣传、教育等路径来实现国家主导政治价值的灌输与分配，巩固意识形态领域的安全，进而维护其统治地位。学校教育是一种"将与控制物质与非物质财富的统治阶级的价值、利益、关注点相一致的文化表象化及其实践的过程"[4]，承担着政治价值分配的重要任务。其中，大学教育关系到国家能否将主导政治价值理念、社会发展目标分配给社会精英分子，继而成为他们的内在智慧和行动力量。改革开放以来，在党

〔1〕 习近平.高举中国特色社会主义伟大旗帜　为全面建设社会主义现代化国家而团结奋斗——在中国共产党第二十次全国代表大会上的报告 [M].北京：人民出版社，2022：8.
〔2〕 董雅华.知识・信仰・现代化：中国政治社会化中的高等教育 [M].上海：复旦大学出版社，2005：12.
〔3〕 马克思恩格斯选集：第 1 卷 [M].北京：人民出版社，2012：178.
〔4〕 佐藤学.教育方法学 [M].于莉莉，译.北京：教育科学出版社，2016：148.

和国家的高度重视下，高校一方面努力培养学生的科学文化知识；另一方面以培养学生的政治素质为目标，通过政治价值观教育理念、内容、方法、手段改革创新，成功地实现了以"社会主义"为核心的政治价值有效灌输和分配，培养了一批批有着坚定理想信念、积极投身我国社会主义现代化建设事业的建设者和接班人。

2. 提升了国家政治制度再生产能力。高校政治价值观教育能够将国家的政治价值知识、准则、立场、情感、行为要求等传递给大学生，引导他们形成政治共识、政治价值准则、信念信仰，并外化为正确的政治行为，成为能够适应国家政治规范和政治制度安排的"政治人"，从而使国家政治制度和秩序得以延续。这也就是国家政治制度再生产的过程。改革开放 40 多年以来的大学生政治价值观教育，通过不断改革创新思想政治理论课教学和充分发挥隐性课程育人、实践育人、环境育人的作用，将不同阶段宪法所规定的国家政治生活基本知识、公民参与国家政治生活的权限、国家和社会政治的价值追求等传授给学生，培养了一批批既具备良好政治素质、政治参与热情、了解国情，又有着成熟政治价值观念和政治参与能力的合格的社会主义建设者和接班人，实现了我国社会主义政治制度的代际传递和再生产，维护并巩固了国家政治稳定和健康发展。

3. 扩大和深化了国家主导政治价值观的传播度。改革开放以来，高校一方面通过课内外、校内外、线上线下的政治价值观教育活动，实现了政治价值观的广泛传播；另一方面通过高校教师的理论研究活动，向社会提供了深度解读主导政治价值观的精神文化产品，包括解读国家政治价值观的书籍、文章等。如在 21 世纪初，河北大学在贯彻落实"三个代表"重要思想进课堂、进教材、进头脑工作中，利用宣讲团向全体师生员工进行十六大精神宣传教育，在校内作辅导报告 25 场，先后有 5 000 余名师生聆听了宣讲，并到校外深入机关、企业、军队、农村作各种辅导报告 40 余场，直接听众 2 万余人。同时，河北大学及时组织有关专家编写了《"三个代表"重要思想学生读本》。[1]围绕不同时期党和国家政治价值观教育的要求，高校教师积极开展理论研究，出版了多部著作，从不同视角对相关内容进行了深度解读。如《三个代表思想源流和理论创

---

〔1〕让"三个代表"重要思想进课堂进教材进头脑　河北大学扎实推进"三进"活动 [N]. 人民日报，2003-04-09（11）.

新》（丁俊萍等，2012）、《社会主义核心价值观凝练研究》（韩振，2012）、《社会主义核心价值体系与核心价值观研究新进展》（韩振峰，2019）、《学习习近平生态文明思想问答》（李捷，2019）。

四、高校的社会主义办学方向进一步坚定

我国高校承载着为社会主义现代化建设培养人才的历史使命和社会责任，其根本宗旨是促进人的全面发展，提升人的整体素质。而在人才素质结构中，政治素质是首要的，也是最核心的，这是因为它关乎"为谁服务""为谁培养人"的问题。知识教育是大学人才培养的载体，政治意识与情感培育才是高校的根本任务，也是大学生政治价值观教育的核心使命。

早在1957年毛泽东就明确指出："除了学习专业之外，在思想上要有所进步，在政治上也要有所进步……没有正确的政治观点，就等于没有灵魂。我们的教育方针，应该使受教育者在德育、智育、体育几方面都得到发展，成为有社会主义觉悟的有文化的劳动者。"[1]他特别强调要在青年学生中加强思想政治工作，要使青年懂得社会主义制度的建立给我们开辟了一条到达理想境界的道路，并提出青年学生要学习马克思主义，学习时事政治。紧接着，中共中央、国务院在1958年出台了《关于教育工作的指示》，明确提出："党的教育工作方针，是教育为无产阶级的政治服务"[2]。从此，高校思想政治工作的目标就确定为"培养有社会主义觉悟的、有文化的、身体健康的劳动者"[3]，主要任务是"引导大学生正确处理红与专的关系，使大学生认识到红与专是统一的，不但应该表现在政治思想方面，而且应该表现在学习和实际行动中"[4]。后来，受"左"倾思想干扰，大学生政治价值观教育为无产阶级政治服务转变为为阶级斗争服务，导致"文化大革命"中学生政治价值倾向、情感和行为出现了偏差和错误。

改革开放以后，"以经济建设为中心"成为党和国家的中心工作。在新的历史时期，高等教育被赋予了为社会主义建设服务的神圣使命，而坚持四项基本原则是社会主义现代化建设的根本前提。对此，邓小平多次强调："如果动摇

---

〔1〕 毛泽东.关于正确处理人民内部矛盾的问题（之三）[N].人民日报，1957-06-19（3）.
〔2〕 普通高校思想政治理论课文献选编（1949—2008）[M].北京：中国人民大学出版社，2008：38.
〔3〕 建国以来重要文献选编：第10册 [M].北京：中央文献出版社，1994：318.
〔4〕 冯刚，沈壮海.中华人民共和国学校德育编年史 [M].北京：中国人民大学出版社，2010：162-163.

了这四项基本原则中的任何一项，那就动摇了整个社会主义事业，整个现代化建设事业。"[1]"我们一定要经常教育我们的人民。尤其是我们的青年，要有理想……我们干的是社会主义事业，最终目的是实现共产主义。这一点，我希望宣传方面任何时候都不要忽视。"[2]1985 年，中共中央印发的《关于教育体制改革的决定》进一步明确了新时期教育的宗旨，即"教育必须为社会主义服务，社会主义建设必须依靠教育。"[3]我们所培养的人才"都应该有理想、有道德、有文化、有纪律"[4]。自此，为社会主义服务、培养"四有新人"成为高校大学生政治价值观教育的目标和任务。然而，20 世纪 80 年代中后期，"改造思想政治工作"的口号在客观上否定了党的思想政治工作的优良传统，导致一个时期以来放松和削弱政治价值观教育问题的出现，动摇了政治价值观教育在高校工作中的重要地位，造成了高校坚持四项基本原则的要求被放松、党的领导被淡化、政治价值观教育地位和作用被贬低、教师队伍建设被忽视，最终导致大学生的政治价值认知和行为出现了混乱和错误。针对这一问题，党和国家明确要求高校要强化坚持四项基本原则，开展反对资产阶级自由化教育，保障高校的社会主义办学方向。1990 年，中共中央颁发了《中共中央关于加强高等学校党的建设的通知》，指出高等学校实行党委领导下的校长负责制，强调把德育放在学校工作的首位。这一制度后来在《中国共产党普通高等学校基层组织工作条例》《中华人民共和国高等教育法》中得到进一步明确。1993 年，中共中央、国务院印发的《中国教育改革和发展纲要》强调：学校思想政治和品德教育的根本任务是"用马列主义、毛泽东思想和建设有中国特色的社会主义理论教育学生，把坚定正确的政治方向摆在首位，培养有理想、有道德、有文化、有纪律的社会主义新人"[5]。1995 年第八届全国人大第三次会议通过的《中华人民共和国教育法》，以法律的形式确认了教育的社会主义办学方向，即"教育必须为社会主义现代化建设服务，必须与生产劳动相结合，培养德、智、体等方面

---

〔1〕　邓小平文选：第 3 卷 [M]. 北京：人民出版社，1993：63.
〔2〕　邓小平文选：第 2 卷 [M]. 北京：人民出版社，1994：173.
〔3〕　中共中央关于教育体制改革的决定 [N]. 人民日报，1985-05-29（1）.
〔4〕　中共中央关于教育体制改革的决定 [N]. 人民日报，1985-05-29（1）.
〔5〕　中共中央国务院印发《中国教育改革和发展纲要》[N]. 人民日报，1993-02-27（2）.

全面发展的社会主义事业的建设者和接班人。"〔1〕"培养有理想、有道德、有文化、有纪律的社会主义事业的建设者和接班人"正式成为我国大学生政治价值观教育的目标和任务。从 20 世纪末到 21 世纪初，江泽民和胡锦涛进一步丰富和阐明了"四有新人"这一大学生思想政治工作目标的内涵和内容。围绕培养"四有新人"这一教育任务，党和国家不仅重视高校思想政治理论课改革创新工作，而且强调要充分发挥其他各门专业课、社会实践活动、校园文化的政治价值观教育功能。

站在新时代的历史阶段，习近平多次强调："高校培养什么样的人、如何培养人以及为谁培养人"，是一个"根本问题"。〔2〕"我国有独特的历史、独特的文化、独特的国情，决定了我国必须走自己的高等教育发展道路，扎实办好中国特色社会主义高校……我们的高校是党领导下的高校，是中国特色社会主义高校。"〔3〕"我国社会主义教育就是要培养德智体美劳全面发展的社会主义建设者和接班人。"〔4〕坚持社会主义办学方向是办好中国特色社会主义高校、落实立德树人根本任务的关键。2016 年中共中央、国务院印发的《关于加强和改进新形势下高校思想政治工作的意见》对高校党委领导下的校长负责制再次作出明确规定。按照党和国家的部署、要求，各地各高校通过加强党对高校思想政治工作的领导、课程教学、社会实践等路径积极开展社会主义核心价值观教育，以培育担当民族复兴大任的时代新人，并取得了显著成效，集中体现为：党对高校思想政治工作的领导进一步加强，大学生对社会主义核心价值观、习近平新时代中国特色社会主义思想的认同度不断提升，从根本上巩固了高校的社会主义办学方向。

〔1〕 中华人民共和国教育法　1995 年 3 月 18 日第八届全国人民代表大会第三次会议通过 [N]. 人民日报，1995-03-22（3）.

〔2〕 习近平谈治国理政：第 2 卷 [M]. 北京：外文出版社，2017：376.

〔3〕 习近平在全国高校思想政治工作会议上强调　把思想政治工作贯穿教育教学全过程　开创我国高等教育事业发展新局面 [N]. 人民日报，2016-12-09（1）.

〔4〕 习近平在全国教育大会上强调坚持中国特色社会主义教育发展道路　培养德智体美劳全面发展的社会主义建设者和接班人 [N]. 人民日报，2018-09-11（1）.

五、学生的政治认同度、政治参与能力明显提升

政治认同是指社会成员对于政权的认可、赞同态度、支持行为及基于此对国家的心理归属感。在现代政治中，政党在政权的形成、运行和发展中扮演着关键角色，其主导的政治价值观、构建的国家制度从根本上影响着现代政治和社会的发展。具体到我国，民众的政治认同集中体现在对中国共产党领导为最本质特征的中国特色社会主义的认同。改革开放以来，大学生政治价值观教育的直接成效体现在学生对党和国家主导政治价值观的认同度不断增强、学生的政治参与能力明显提升。其中，对国家主导价值观的认同从根本上影响着国家意识形态安全，关于这部分内容在"我国意识形态安全防线不断巩固"部分已讨论，本部分不再复述。

1. 大学生对党和国家的认同度进一步提升。改革开放初期，由于受"文化大革命"的消极影响，不少大学生逃避政治，对党和国家的认同度很低。经过一段时期的大学生政治价值观教育以后，大学生对党的向心力越来越强。但到20世纪80年代中后期，由于受西方资产阶级自由化思想的影响，大学生对党的认同感急剧降低。从有关部门于1986年6月和1988年6月对首都大学生思想状况的调查数据来看：认为"靠共产党的领导，中国富强没有希望，主张多党制"的大学生，1986年为20.5%，1988年为21.1%。[1] 1989年之后，经过一段时间的坚持四项基本原则、反对资产阶级自由化教育后，大学生对党和国家的信任度逐步上升，不信任者相应下降。从中宣部教育局课题组于1991年初对北京、天津、上海、湖北、陕西、辽宁六省市开展的"百名大学生两年来思想变化及其规律"的调查结果来看，大多数学生的政治价值认识有了显著提高。如有的学生表示："两年来我认识最清楚的一点是中国要改革，要谋求社会进步，必须坚持党的领导。大学生应该关心国家大事，有权表达自己的要求和愿望，但这一切必须在民主与法治的轨道上进行。如果一有不满意见就上街游行，要求共产党下台，只能导致天下大乱，那才是国家的不幸，人民的不幸。"[2]

20世纪90年代之后，大学生对党和国家的信任度不断增强。福建省42所大专院校共有1 251个学马列、学党章小组，19 738人参加学习，有4 656名学生和青年教师在学习中申请入党。据福建师范大学、福建中医学院（现为福建

---

〔1〕　程元. 大学生的误区与社会的误导 [N]. 人民日报，1989-09-06（5）.
〔2〕　中宣部教育局课题组. 走向成熟——当代大学生的理性透视 [M]. 北京：改革出版社，1993：3-4.

中医药大学）、福建农学院（现为福建农林大学）、福建林学院（现为福建农林大学）等四所院校从 1990 年至 1992 年上半年的不完全统计，已有 1 190 名学生加入了中国共产党。[1]进入新世纪以后，大学生对党和国家的认同度进一步增强。2001 年高校学生思想政治状况滚动调查结果表明，大学生积极拥护和支持党和国家的大政方针，对以江泽民同志为核心的党的领导集体高度信任，对坚持中国共产党的领导地位高度认同，44% 的学生认为 2000 年中央加大反腐败力度成效显著，81% 的学生认为揭批"法轮功"的成效最为显著，83% 的学生预计"十五"期间我国的政治局势非常稳定。[2]

党的十六大召开以后，大学生通过专题学习、讲座等形式，积极学习宣传十六大精神对党和国家的认同度进一步增强。2002 年，在一项有关首都高校师生学习党的十六大精神的调研中，北京理工大学的一名研究生表示："我国是人口众多的大国，中国共产党能够带领全国人民在各个方面取得举世瞩目的巨大成就，正说明了党的先进性"，从十六大报告中我们认识到，过去 13 年是我国综合国力大幅跃升、人民生活水平提高最快的时期，是民族凝聚力、国际影响力极大增强的时期。十六大报告里许多新提法、新关键词引起了北京工业大学学生的关注，"全面建设小康社会""重要战略机遇期""两个先锋队""政治文明""发展观""财产观""创新""发展"等令大家耳目一新，他们表示对国家发展前景更加充满信心。[3]从党的十六大以后教育部连续多年组织开展的调研结果来看，大学生的政治认同感明显增强。2003 年高校学生思想政治状况滚动调查结果表明：大学生对党的十六大和"两会"的召开给予高度关注和积极评价，对以胡锦涛同志为总书记的新的中央领导集体充分信任，对在党的领导下保持我国政治稳定和经济持续健康发展充满信心。[4]2004 年高校学生思想政治状况滚动调查表明：大多数学生拥护中国共产党的领导和社会主义制度，对中国共产党有能力把自身建设好的信心继续保持增强的趋势。95% 的学生对我国未来"综合国力增强，国际地位进一步提高"表示"乐观"和"比较乐观"。[5]2005 年高校学生思想政治状况滚动调查表明：大学生对党和国家落

〔1〕 福建高校党建工作成效显著　近两万师生学马列学党章 [N]. 人民日报，1992-08-12（1）.

〔2〕 祖国至上　党在心中——当代大学生思想状况扫描 [N]. 人民日报，2001-06-11（2）.

〔3〕 校园涌动学习潮——首都高校师生学习十六大精神侧记 [N]. 人民日报，2002-12-03（10）.

〔4〕 教育部在八省七十四所高校调查显示大学生思想主流积极健康向上 [N]. 中国教育报，2003-06-03（1）.

〔5〕 教育部 2004 年滚动调查表明当前大学生思想主流积极向上 [N]. 人民日报，2004-06-03（2）.

实科学发展观、实施西部大开发战略、解决"三农"问题、促进就业和完善社会保障体系、反腐倡廉等工作的肯定性评价比例均比去年有所提高，对"解决'三农'问题"的肯定性评价提高幅度最大。从2001年到2005年的调查统计结果看，大多数学生认为"中国共产党是中国特色社会主义事业的领导核心"，其比例一直保持逐年递增态势。[1]2006年高校学生思想政治状况滚动调查结果表明：大学生对以胡锦涛同志为总书记的党中央高度信任，对党和国家一年来取得的成绩充分肯定。[2]2009年高校学生思想政治状况滚动调查结果表明：大学生高度信任以胡锦涛同志为总书记的党中央，对党和国家一年来的工作特别是驾驭复杂多变局势的领导能力给予高度肯定，对我国成功应对国际金融危机充满信心。99.1%的大学生对党和国家成功举办北京奥运会、残奥会表示"非常满意"或"满意"；99.0%和98.4%的大学生对党和国家在抗击四川汶川特大地震和南方低温雨雪冰冻灾害方面的工作表示"非常满意"或"满意"；94.0%和93.7%的大学生对党和国家在扩大内需应对国际金融危机影响和处理拉萨"3·14"打砸抢烧暴力犯罪事件方面的有力领导表示"非常满意"或"满意"。高校学生认为党中央、国务院在上述事件中反应迅速、领导有力、措施到位，充分体现了我党"立党为公、执政为民"的先进本质，也充分体现了中央领导集体高超的领导水平和驾驭复杂局面的能力。高校学生也普遍相信，在党和国家的有力领导下，我国一定能够成功克服国际金融危机的影响，继续保持经济的平稳较快发展。[3]2011年高校学生思想政治状况滚动调查结果表明：广大高校学生充分信赖以胡锦涛同志为总书记的党中央，对党和国家一年来的工作给予高度肯定。89.6%的大学生对"党的执政能力进一步加强"表示"非常乐观"或"比较乐观"。高校学生理想信念坚定，对跟党走社会主义道路充满信心，入党意愿持续高涨，近八成的学生表示有入党意愿。高校学生对"十二五"时期我国社会经济发展表示乐观。98.1%的大学生对"中国特色社会主义事业进一步发展，综合国力增强，国际地位提高"表示"非常乐观"或"比较乐观"；有86.8%的大学生对"本世纪头二十年中国能够实现全面建设小康社会的目

〔1〕　2005年高校学生思想政治状况滚动调查表明　积极健康向上是大学生思想状况的主流[N].人民日报，2005-06-03（4）.

〔2〕　调查表明：大学生主流积极健康向上[N].中国青年报，2006-06-03（1）.

〔3〕　2009年高校学生思想政治状况调查表明　大学生主流思想积极、健康、向上[N].中国青年报，2009-07-07（3）.

标"表示"非常乐观"或"比较乐观"。[1]党的十八大以来,大学生对党和国家的认同度极大提升。2016年大学生思想政治状况滚动调查结果表明:大学生对以习近平为总书记的党中央衷心拥护,对党中央治国理政新理念、新思想、新战略高度认同,对党和国家在应对国际复杂局势和处理国内复杂问题时的表现进行了高度评价。90.5%的大学生赞同"中国共产党是中国特色社会主义事业的领导核心",衷心拥护和支持中国共产党的领导。大学生党员显示出更为坚定的政治立场和更高的信仰追求。同时,大学生对党和国家一年来所取得的辉煌成就给予充分肯定,对9项年度重大决策部署均表示满意。其中,对"推进社会主义法治国家建设""落实中央八项规定""制定'互联网+'行动计划"的满意度居前三位。[2]

由于对党和国家的高度认同,大学生加入党组织的积极性不断增强。在改革开放初期,"高校学生中党员人数普遍偏少"[3],但1990年中央召开全国第一次高校党建工作会议后大学生党员和入党积极分子人数不断增加。1990年全国普通高校在校本、专科学生201万人,其中党员1.6万人,占学生总数的0.8%;1995年全国普通高校本、专科学生280万人,其中党员已近7万人,占学生总数的2.5%。[4]邓小平发表南方谈话和党的十四大召开以后,越来越多的大学生把加入中国共产党作为自己的政治追求。以首都高校大学生为例,1994年已有5 100余名学生党员;在校的16万名大学生中,每8人中就有1人向党组织递交了入党申请书。北京大学学生党员人数占全校学生人数的10%左右;目前申请入党学生已近1 700人,约占非党员学生人数的20%。清华大学本科生中党员比例已达9%。近五年来,有1 400多名本科生递交了入党申请书,有6 000余人参加了业余党校的培训。[5]党的十六大召开以后,越来越多的学生积极申请加入中国共产党,大学生党员的比例从20世纪90年代中期

〔1〕 调查表明:大学生思想主流积极健康向上 [N]. 中国青年报,2011-06-04(2).

〔2〕 二〇一六年大学生思想政治状况滚动调查结果公布 立志成才 报效祖国 [N]. 人民日报,2016-07-18(9).

〔3〕 宋平同高校党建会议代表座谈强调 进一步加强党对高校领导 高校优秀思想政治工作者受表彰 [N]. 人民日报,1991-06-27(1).

〔4〕 全国高校大学生党员近7万 [N]. 人民日报,1995-06-28(5).

〔5〕 首都高校大学生踊跃要求入党 十六万大学生中 每八人就有一人向党组织递交了入党申请书 [N]. 人民日报,1994-06-29(3).

的 4% 左右提高到 2001 年的 8%。以复旦大学和重庆交通学院（现重庆交通大学）为例，本科生党员比例已达到 14.5%。天津市普通高校学生党员人数约占学生总数的 14.9%，研究生党员的比例高达 40.7%。入党积极分子的队伍也在不断扩大。在西北工业大学、中国地质大学、重庆交通学院等高校，申请入党的学生占在校学生总数的比例高达 60% ～ 80%。[1] 2003 年全国普通高校学生党员为 70 余万人，占在校学生的 8%，与 1990 年的 1.16% 相比，增长近 7 个百分点。其中，本专科生党员为 50 多万人，占本专科生总数的 5.9%；研究生党员为 20 余万人，占研究生总数的 31.3%。[2] 2004 年，首都高校研究生中的党员比例达到 30% 左右，本科生中的党员比例为 7% 左右。[3] 西北大学学生党员比例已达 14%，学生申请入党的积极分子人数已达 6 000 多人，有的班达到 90% 以上。党校每年培训入党积极分子 2 000 多人，仅 2004 年前五个月就已培训 1 400 多人，发展学生党员 1 100 多人。[4] 据中共中央组织部的统计显示，2005 年全国共发展党员 247 万名，在学生中发展党员 73.4 万名，占到当年新发展党员总数的 29.7%，比上年增加 13.7 万名，增长了 5 个百分点。2002 年到 2006 年，全国在大学生中发展党员由 16.8 万名增加到 80.8 万名，增长了近5 倍。到 2009 年，全国 1 638 所普通高校全部建立了党组织，学生党员 224.1 万名。高校每年发展大学生党员人数均超过全国发展党员总数的 1/3。[5] 2007—2010 年，高校学生党员年均增长 23.6 万人，年平均增长率约保持在 12.3%，2010 年新发展学生党员已占全国新发展党员的 40% 左右。与 2005 年前相比，学生党员占学生总数的比例在整体上已有较大幅度提高。[6] 2012 年全国高校学生党员为 306 万人，占大学生总数的 13.2%。[7] 党的十八大以来，大学生入党积极性持续高涨。2016 年，我国高校仅在校大学生党员总数就逾 211 万人，

---

〔1〕祖国至上　党在心中——当代大学生思想状况扫描 [N]. 人民日报，2001-06-11（2）.

〔2〕高校学生党员 70 万 [N]. 人民日报，2003-11-12（5）.

〔3〕首都高校 13 年发展学生党员超过 10 万人　本科生党员比例为 7% 研究生党员比例达 30%[N]. 人民日报，2004-01-30（11）.

〔4〕西北大学学生党员达 14%[N]. 人民日报，2004-07-02（11）.

〔5〕信仰，为青春引航（人民观察·纪念建党 90 周年）——走进高校基层党组织 [N]. 人民日报，2011-06-07（1）.

〔6〕教育部最新公布的调查显示，近八成高校学生有入党愿望——高校党建，创新路上青春扬 [N]. 人民日报，2012-06-29（18）.

〔7〕高等教育：由大向强 [N]. 人民日报，2012-10-18（6）.

占全国高校学生总数的 7.7%，学生党支部为 7.96 万个。[1] 根据中央组织部发布的中国共产党党内统计公报显示，截至 2017 年底，我国学生党员 178.8 万名。[2] 到 2019 年底，学生党员有 196 万名。[3] 到 2022 年底，学生党员人数上升到了 290.1 万名。党的二十大召开以后，大学生入党积极性进一步增强，全年新发展学生党员 93.6 万名。[4] 大学生党员人数持续上涨，既说明了大学生对党的先进性的认同度在不断提升，也表明了大学生对政治的追求度在进一步提升。

2. 大学生的政治参与能力进一步增强。20 世纪 80 年代中后期，由于在政治上的不成熟，大学生对我国国情缺乏正确的认识，在西方资产阶级自由化的影响下，当看到社会上的不良现象后，他们积极要求进行政治改革。对西方政治价值观的盲目信从，使大学生们的政治参与缺乏理性。但是，学潮的爆发从另一个侧面反映了当时大学生群体对于参与国家政治活动充满热情，具有较强的政治参与意识。1989 年以后，我国认真总结经验和教训，并进一步改革创新大学生政治价值观教育。此后，大学生的政治参与行为逐渐呈现出理性化特征，集中体现为他们对社会公共事务的参与热情不断提升。2003 年高校学生思想政治状况滚动调查结果表明："在当年抗击非典的斗争中，大学生们与党和国家同心同德、共渡难关，经受住了严峻的考验，表现出高度的政治觉悟、社会责任感和战胜'非典'的必胜信念。"[5] 2008 年汶川地震和奥运志愿活动充分展现了当代大学生的政治参与热情。在四川汶川发生特大地震的消息刚一发出，大学生们便通过多种途径和方式参与到地震救援活动中来，主要包括：去地震第一线参与救援工作，献血、捐赠衣物，利用暑期参与汶川支教活动。大学生志愿者成为 2008 年奥运会、残奥会，第 7 届世界军人运动会、中华人民共和国成立七十周年、中国共产党成立一百周年重大纪念活动、2022 年冬奥会、冬残奥会、第 31 届世界大学生夏季运动会、第 19 届亚运会等重大国家纪念活动和体育赛事活动中一道亮丽的风景线。特别是面对突如其来的新冠肺炎疫情，大学生志

〔1〕 风起扬帆正当时——党的十八大以来加强高校思想政治工作纪实 [N]. 人民日报，2016-12-08（1）.
〔2〕 2017 年中国共产党党内统计公报显示　全国学生党员 178.8 万名 [N]. 中国教育报，2018-07-01（1）.
〔3〕 2019 年中国共产党党内统计公报显示　全国学生党员 196 万名 [N]. 中国教育报，2020-07-01（1）.
〔4〕 中国共产党党员总数 9804.1 万名　学生党员 290.1 万名 [N]. 中国教育报，2023-07-01（1）.
〔5〕 教育部在八省七十四所高校调查显示大学生思想主流积极健康向上 [N]. 中国教育报，2003-06-03（1-2）.

愿者敢担当、勇抗疫，他们化身信息员、宣传员、引导员，起早贪黑、无私奉献，为同学们统计各类信息、运送并分配三餐、分发抗疫物资、收取生活垃圾，为守牢师生健康做出了重要贡献。同时，还有不少大学生志愿投身到国家基层建设工作中。2003—2021 年，共有 41 万余名高校毕业生及在读研究生参与西部服务计划，深入基层开展为期 1 至 3 年的志愿服务。[1]对社会公共事务的关注与参与，体现了大学生政治价值观逐步实现由盲目向理性的转变，这正是 40多年来大学生政治价值观教育不断进行改革和创新所取得成绩之一。

第二节　大学生政治价值观教育的经验

改革开放 40 多年以来，面对中国特色社会主义实践的新形势、新任务、新情况，大学生政治价值观教育适应党的工作重心转移，始终贯彻党的教育方针，坚持马克思主义在意识形态的指导地位，坚持立德树人，不断探索创新，取得了长足发展，积累了丰富经验。

一、坚持马克思主义指导思想

在中国高等教育发展史上，大学生的政治价值取向经历了一个变化的过程。在大学刚起步阶段，受西方学术自由和教育模式影响，以蔡元培为首的教育家倡导学术自由和价值无涉原则，主张大学办学要超越政治之外，不赞成师生直接介入政治运动，而是希望大学通过批判争论的方式间接影响和推动社会发展。[2]但由于我国传统教育思想和当时社会政治经济状况，大学实际上很难真正做到自治、学术自由和政治无为。相反，大量师生参与到进步的政治运动之中，最终促使五四运动的爆发和中国共产党的成立。解放战争时期，高校师生对于国民党政府的独裁和腐败非常不满，有一大批青年大学生毅然加入共产党投身到反对国民党反动统治的活动之中。新中国成立之后，党和国家重新定位高等教育的使命和社会责任，强调高等教育要坚持社会主义办学方向和教育

---

〔1〕　杨昊.大学生志愿服务西部计划累计派遣 41 万余人 [N]. 人民日报，2022-01-08（1）.
〔2〕　许美德.中国大学 1895—1995：一个文化冲突的世纪 [M].许洁英，译.北京：教育科学出版社，2000：70.

方针，要为社会主义政治经济建设服务，努力培养社会主义建设者和接班人。然而，在"文化大革命"时期，这种政治价值取向被"以阶级斗争为纲"取代，大学开始信奉"政治挂帅"的价值取向。改革开放以后，大学的政治价值取向愈发成熟，高校的宗旨与使命愈发清晰明确。大学的价值取向既不是西方的"政治无为""政治无涉"，也不是泛政治化的"政治挂帅"，而是通过马克思主义理论教育和专业教育培养社会主义建设者和接班人。这是因为"对青年学生进行马克思主义理论教育，是由社会主义高等教育的性质和办学宗旨所决定的，是社会主义教育区别于资本主义教育的根本标志之一。社会主义教育的根本任务，是用马克思主义育人，培养有社会主义觉悟的有文化的建设者和接班人"[1]。这也是改革开放 40 多年来大学生政治价值观教育之所以能够取得成功的重要经验之一。

1. 始终坚持用马克思主义经典理论作为指导思想开展大学生政治价值观教育工作。在新中国成立之前，毛泽东就非常强调对青年进行马克思主义教育。他在《关于正确处理人民内部的矛盾的问题》一文中明确指出，青年应该把坚定正确的政治方向放在第一位，"不论是知识分子，还是青年学生，都应该努力学习。除了学习专业之外，在思想上要有所进步，政治上也要有所进步，这就需要学习马克思主义，学习时事政治。没有正确的政治观点，就等于没有灵魂。"[2]新中国成立以后，尤其是改革开放以来，党和国家非常重视对大学生进行马克思主义理论教育。在改革开放初期，邓小平在全国教育工作会议上就提出："毫无疑问，学校应该永远把坚定正确的政治方向放在第一位。"[3]党和国家强调高校的人才培养目标必须坚持又红又专的方向，使受教育者在德智体三方面都得到发展，成为有社会主义觉悟的专门人才。为此，高校非常重视大学生政治价值观教育的正确导向，强调通过政治理论课，使学生完整地、准确地学习和掌握马克思主义和毛泽东思想的基本原理，树立无产阶级的科学的世界观和方法论，并促使学生提高运用马克思主义和毛泽东思想的基本原理研究新问题、新情况，解决新问题的能力。然而，改革开放初期高校实行校长负责制，削弱了党对高校政治价值观教育的领导，导致从中央到地方在政治思想战线上

---

〔1〕 普通高校思想政治理论课文献选编（1949—2008）[M]. 北京：中国人民大学出版社，2008：138.
〔2〕 毛泽东文集：第 7 卷 [M]. 北京：人民出版社，1999：226.
〔3〕 邓小平文选：第 2 卷 [M]. 北京：人民出版社，1994：104.

存在着软弱混乱现象，许多高等学校不同程度地削弱了党的思想政治工作。从20世纪80年代中期开始，随着改革的深入和对外开放的不断扩大，许多西方思想被介绍到中国，对大学生政治价值观产生了很大的负面影响，他们在接受西方思潮过程中，开始怀疑马克思主义，转而信仰西方的政治价值观，如三权分立。加之，在市场经济的影响下，大学生的主体意识逐渐觉醒，不再愿意被动地接受课堂上教师所教授的政治价值观，而自发地去查询、阅读一些书籍，结果导致大学生原有的政治价值观逐渐动摇。针对这一问题，党和国家从20世纪80年代末90年代初开始进一步明确大学办学的指导思想，强调高校的社会主义办学方向，即"高等学校培养出来的大学生、研究生，应当有坚定正确的政治方向，爱祖国、爱社会主义、拥护共产党的领导，努力学习马克思主义；应当热心于改革和开放，有艰苦奋斗的精神，努力为人民服务，为实现具有中国特色的社会主义现代化而献身……还要从他们中间培养出一批具有共产主义觉悟的先进分子。"[1]此后，高校一直坚持对大学生开展马克思主义教育，以帮助他们树立正确的政治价值观。

2. 坚持用发展着的马克思主义理论作为指导思想开展大学生政治价值观教育工作。改革开放以来，党坚持用发展着的马克思主义理论，即用马克思主义中国化的最新成果教育大学生，以确保大学生政治价值观教育的正确导向。1997年，党的十五大报告将邓小平理论确立为党的指导思想。1998年，教育部对"两课"课程设置进行调整，开设了邓小平理论课程，并使之成为大学生的一门必修课。2001年，为贯彻落实江泽民的"七一"重要讲话，教育部要求积极推进"三个代表"重要思想进课堂、进教材、进学生头脑的工作，并组织编写《邓小平理论和"三个代表"重要思想概论》教材。党的十六大把"三个代表"重要思想确立为党的指导思想，随后，"三个代表"重要思想作为重要内容被纳入到大学生必修课之中。党的十七大以后，以人为本、全面可持续发展的科学发展观、社会主义荣辱观与核心价值体系成为大学生政治价值观教育的重要内容。党的十八大以来，习近平新时代中国特色社会主义思想、社会主义核心价值观成为大学生政治价值观教育的主要内容。

---

〔1〕 普通高校思想政治理论课文献选编（1949—2008）[M]. 北京：中国人民大学出版社，2008：122.

二、坚定党的领导，凝聚党政合力

大学生政治价值观教育是一项系统工程，党政部门的领导是其顺利开展的关键。改革开放以来，从中央到地方各级党政领导高度重视对大学生政治价值观教育的领导，通过对领导体制的探索最终确立了高校党委领导下的校长负责制。校党委统一领导、党政分工合作、协调配合的工作机制运行良好，成为改革开放以来大学生政治价值观教育工作取得良好成效的重要方法和经验。

40 多年来，党中央要求党政部门要明确职责，加强对高校政治价值观教育的领导。1980 年，在中宣部召开的思想政治工作座谈会上，大家一致认为："加强思想政治工作，关键在于加强和改善党的领导，坚决克服党不管党的倾向。当前，首先要从制度上加以改革，逐步做到党政分工。（1）各级党委，特别是主要负责人，要把思想政治工作放在首位，以主要精力抓党的路线、方针、政策的学习和贯彻执行。（2）各级党委要充分依靠和发挥行政以及工会、共青团、妇联、教育等方面的力量和特长，和他们共同研究，指导他们做好思想政治工作。（3）思想政治工作必须走群众路线，发动全党做、人人做，要培养一批群众积极分子，作为思想政治工作的骨干。（4）身教重于言教。各级党委成员，特别是党的高级干部和主要负责人，必须以身作则，言行一致。"[1]改革开放之初，党很快恢复了对马克思主义理论教育的领导，各省、市、自治区宣传部门也积极协助中宣部领导高校马克思主义理论课教学。20 世纪 80 年代中期以后，党对高校思想政治工作的领导被削弱，导致高校思想政治工作弱化，最终致使大学生政治价值观出现偏差。在反思高校思想政治工作尤其是政治价值观教育中存在不足的基础上，中央再次强调党对高校思想政治工作的领导职责。从 20 世纪 90 年代初开始，党和国家出台了一系列文件，如《中共中央关于加强高等学校党的建设的通知》《国家教育委员会关于加强和改进高等学校马克思主义理论教育的若干意见》《中国教育改革和发展纲要》《关于新形势下加强和改进高等学校党的建设和思想政治工作的若干意见》《中共中央关于进一步加强和改进学校德育工作的若干意见》《中国普通高等学校德育大纲》等，对坚持党对高校思想政治工作的领导，加强高校党建以进一步推动高等教育事业的改革发展作出了明确要求。在中央的高度重视下，各高校恢复、强化和创新了党对大学生

---

[1] 中宣部召开的思想政治工作座谈会建议 全党都来抓好思想政治工作 [N]. 人民日报,1980-12-07（1）.

政治价值观教育的领导。如福建省各大专院校党委千方百计为学生了解党、靠近党、热爱党创造条件。他们有的定期为学生上党课，有的分批为学生举办各种类型的培训班，有的指派政工干部帮助学生巩固学马列小组，各院校党委还抽出教马列的教师帮助学生进行专题学习和研究。[1]

党的十四大召开以后，党中央明确提出要进一步加强党的领导，搞好高校党政干部"讲学习、讲政治、讲正气"教育，坚持和巩固马克思主义的指导地位，坚持社会主义办学方向，维护意识形态阵地安全。1995 年，江泽民在北京视察工作时，针对干部队伍的状况和存在的问题，提出要对干部进行讲学习、讲政治、讲正气教育。次年 3 月，江泽民在四所交通大学负责人座谈会上提出："办好高等学校，高校的领导是关键。高校的党委书记、校长努力成为社会主义的政治家、教育家。"[2]1999 年 6 月，时任中共中央政治局常委、国务院副总理李岚清在第八次全国高等院校党的建设工作会议上强调，从面向 21 世纪的战略高度，进一步认识加强高校党建和思想政治工作的重要性与紧迫性，坚持用邓小平理论武装广大师生员工，认真搞好"三讲"教育，大力加强高校领导班子建设，推动高等教育的改革发展和全面素质教育的实施。[3]2000 年 4 月，根据中央的决定，全国 1 000 余所普通高等学校在领导班子和领导干部中陆续开展了"三讲"教育。如北京理工大学在加强领导班子建设、加强思想政治工作、创建国内一流、国际知名大学等方面，认真研究制定了一系列的规章制度，采取了许多切实可行的措施。湖南湘潭师范学院在"三讲"教育中，把确定的办学思路和整改措施同迎接学校合格评估紧密结合起来，加大了学校在教学、科研、设备改造、校园建设等方面的力度，振奋了人心。各高校在"三讲"教育中，都较好地发扬了民主，广泛听取了群众意见，帮助领导班子和领导干部找准了突出问题。国防科工委所属的北京航空航天大学、哈尔滨工程大学等 7 所高校，参加"三讲"教育动员大会和填写"征求意见表"的群众都在 300 人左右，召开座谈会的次数都在 10 次以上。由于充分发动群众，7 所高校发放的征

---

〔1〕 福建高校党建工作成效显著 近两万师生学马列学党章 [N]. 人民日报，1992-08-12（1）.

〔2〕 江泽民参加四所交通大学负责人座谈会时指出 教育要适应现代化建设需要 全面提高办学的质量和效益 [N]. 人民日报，1996-03-29（1）.

〔3〕 全国高校党建工作会议召开 李岚清强调进一步加强高校党建工作，推动高等教育改革发展和全面素质教育的实施 [N]. 人民日报，1999-06-20（1）.

求意见表回收率都在 98% 以上，大部分高校整理的意见都在 1 000 条以上。[1]

党的十六大以后，党中央更加重视加强党对高校思想政治工作的领导，并要求凝聚党政合力，增强教育实效。2004 年中共中央、国务院印发了《关于进一步加强和改进大学生思想政治教育的意见》，强调党对高校思想政治工作的领导职责。次年，胡锦涛在全国加强和改进大学生思想政治教育工作会议上强调了党在高校思想政治工作中的领导地位和作用。这一时期，各高校党委积极采取多种形式，切实加强贯彻落实党对大学生思想政治工作的领导，凝聚党政合力。如上海交通大学提出，高校加强党的执政能力建设的重点是加强和改进党委领导下的校长负责制，要做到科学决策、民主决策和依法决策。北京大学通过组织"创建世界一流大学与加强领导班子思想政治建设"等多层次的调研和座谈，拟定、修改、完善了 28 项内部制度和规定。武汉大学把积极做好党委领导下的校长负责制理论与实践课题研究作为加强领导班子思想政治建设的具体举措，拟定了《高等学校党委领导下的校长负责制实施条例（征求意见稿）》。[2]

党的十八大以来，党和国家更加重视高校党建工作，着力凝聚党政合力以提升大学生政治价值观教育成效。2015 年 8 月，中共中央组织部、中共中央宣传部、教育部印发了《关于领导干部上讲台开展思想政治教育的意见》，要求充分认识领导干部上讲台的重要意义、主要任务、建立健全领导干部上讲台的领导体制和工作机制、营造领导干部上讲台的良好氛围。2016 年 12 月，在全国高校思想政治工作会议上，习近平强调："办好我国高等教育，必须坚持党的领导，牢牢掌握党对高校工作的领导权，使高校成为坚持党的领导的坚强阵地。党委要保证高校正确办学方向，掌握高校思想政治工作主导权……各级党委要把高校思想政治工作摆在重要地位，加强领导和指导，形成党委统一领导、各部门各方面齐抓共管的工作格局。"[3] 为加强党的领导、凝聚党政合力，党中央先后印发了《关于坚持和完善普通高等学校党委领导下的校长负责制的实施意见》《关于加强和改进新形势下高校思想政治工作的意见》《关于加强民办学校

---

〔1〕 努力成为社会主义政治家教育家（深入开展"三讲"教育）——高校领导班子和领导干部"三讲"教育综述 [N]. 人民日报，2000-09-06（3）.

〔2〕 采取强有力措施　融入各工作环节　高校党建工作和领导班子思想政治建设扎实推进 [N]. 人民日报，2005-04-28（2）.

〔3〕 习近平在全国高校思想政治工作会议上强调　把思想政治工作贯穿教育教学全过程　开创我国高等教育事业发展新局面 [N]. 人民日报，2016-12-09（1）.

党的建设工作的意见（试行）》《中国共产党普通高等学校基层组织工作条例》等文件，强调："要加强和改善党对高校的领导。要完善高校党的领导体制，坚持和完善普通高校党委领导下的校长负责制，高校党委对本校工作实行全面领导，履行管党治党、办学治校的主体责任，切实发挥领导核心作用。"[1]这些文件和制度为坚持和加强党对高校工作的全面领导打下了坚实基础。按照党中央部署，中央组织部、教育部等部门就加强高校党的政治建设，规范了高校校、院两级党委和行政议事决策制度，明确了地方党委和主管部委党组（党委）抓部属高校党建工作责任。高校坚持和完善党委领导下的校长负责制，普遍修订党委常委会、校长办公会等制度，规范院系党委会和党政联席会决策制度，加强党对学术组织、群团组织的政治领导和工作指导。如北京市率先制定加强高校党的政治建设、完善院系党建体制机制的政策举措。天津大学等高校出台加强领导班子建设，建立党委常委会重要议题磋商、书记和校长定期沟通等制度。[2]同时，高校积极完善党的领导体制机制，教育部直属高校的党员校长基本均兼任校党委副书记，院（系）党组织书记抓基层党建述职评议考核工作全面开展，"两学一做"学习教育常态化、制度化深入推进，教师、学生党支部的基层党建全面深化。例如，清华大学明确要求党委书记切实履行思想政治工作第一责任人职责，加强院系级党组织建设，党员院长、系主任担任党委（党总支）委员，形成了党委统一领导、党政齐抓共管、职能部门组织协调、院系党委具体实施、师生员工共同参与的工作格局。北京理工大学贯彻落实党委领导下的校长负责制，确保学校党委在把方向、管大局、作决策、保落实方面充分发挥作用。[3]为推进高校党的领导的机制建设，2021年中共中央、国务院印发了《关于新时代加强和改进思想政治工作的意见》，提出要"完善领导体制和工作机制，完善党委统一领导、党政齐抓共管、宣传部门组织协调、有关部门和人民团体分工负责、全党全社会共同参与的思想政治工作大格局。"[4]党中央要求地方各级党委将意识形态工作摆上重要议程，要定期召开专题会议研究思政课建设，并建立和完善各级党政领导班子成员联系高校和讲思政课特别是

〔1〕　关于加强和改进新形势下高校思想政治工作的意见 [N]. 人民日报, 2017-02-28（1）.
〔2〕　坚守为党育人为国育才——党的十八大以来高校党的建设和思想政治工作综述 [N]. 人民日报, 2021-06-26（1）.
〔3〕　全国高校思想政治工作会议召开一周年　思政工作在高校牢牢扎根 [N]. 人民日报, 2017-12-08（1）.
〔4〕　关于新时代加强和改进思想政治工作的意见 [N]. 人民日报, 2021-07-13（1）.

"形势与政策"课制度。自此，高校党委书记、校长作为思政课建设的第一责任人，结合自身学科背景和工作经历，带头走进课堂听课讲课，带头推动思政课建设，并通过开学典礼、毕业典礼讲话等鲜明体现党的教育方针，积极传播马克思主义科学理论，弘扬社会主义核心价值观。例如，中国人民大学学校领导带头走进课堂听课讲课，全面了解、重点解决思政课建设存在的问题，确保统筹谋划和科学决策符合实际，并成立马克思主义理论学科建设领导小组、思想政治理论课建设领导小组，将思政课建设纳入学校党建工作考核、政治巡察、办学质量和学科建设评估体系中，凝聚全校之力办好思政课。中国人民大学党委还专门制定了《新时代中国人民大学思想政治理论课改革创新实施方案》和《新时代中国人民大学思想政治理论课教师队伍建设方案》，对全校思政课建设作出全方位规划、制度化安排。[1]南京航空航天大学党委形成了共识：书记、校长要带头为学生讲授党课、思政课。2022 年 6 月，南航党委书记郑永安为天目湖校区师生讲授专题思政公开课。[2]

三、坚持育人为本、德育为先

在坚定党的领导，凝聚党政合力的同时，党和国家坚持将育人为本、德育为先作为高校办学宗旨。改革开放以后，党恢复了实事求是的思想路线，实现了全党工作重点从"以阶级斗争为纲"向"以经济建设为中心"的转移。在新的历史时期，党中央一方面致力于领导全国人民一心一意地搞现代化建设；另一方面要求全党充分发挥思想政治工作优势，提高全民族的思想政治素质。1980 年，中宣部召开的思想政治工作座谈会提出："在新的历史时期，必须继续坚持思想领先的原则，要把思想政治工作放在非常重要的地位。"[3]邓小平也多次强调，思想政治工作只能加强，不能削弱，并要求思想政治工作政策制定者和教育者研究新情况，解决新问题。这一时期高校党委高度重视，切实加强了对学生思想政治工作的领导，充分发挥广大教师的重大作用，围绕德智体全面发展、又红又专的培养目标开展思想政治工作。20 世纪 80 年代中后期，"改造

---

〔1〕 中国人民大学：举全校之力办好思政"金课"[N]. 人民日报，2022-05-29（4）.

〔2〕 全国高校守正创新　打造新时代思政"金课"——让更多学生爱上"真理的味道"[N]. 人民日报，2022-06-05（2）.

〔3〕 中宣部召开的思想政治工作座谈会建议　全党都来抓好思想政治工作 [N]. 人民日报，1980-12-07（1）.

思想政治工作"的口号在客观上起到了否定党的思想政治工作的优良传统,取消思想政治工作的作用,导致一个时期以来思想政治工作被放松和削弱,出现了以下几种错误的认识。一是"从属论"的观点,即认为学校德育是从属于智育、服务于智育的,德育的地位和作用体现在为智育服务、保证智育的落实和完成上,主张"以智育为中心"开展德育。二是"以法代德"的观点,即以法治代替德治和德育的观点。三是"以智代德"的观点,即主张以智育代替德育。四是"抵消论"的观点,即认为"小气候"抵不过"大气候",学校影响抵不过社会影响。[1]这一口号导致思想政治工作的地位和作用被贬低,对大学生政治价值观教育造成了负面影响。

在反思20世纪80年代中后期高校政治价值观教育出现挫折成因的基础上,党和国家重新将育人为本、德育为先作为高校办学的根本宗旨。1990年7月26日,时任中共中央政治局常委李瑞环在《半月谈》思想政治工作创新奖发奖大会上强调:"思想政治工作是我们党的政治优势,也是我们党的传统,建设社会主义离不开思想政治工作。忽视或否定思想政治工作,或者不进行切实有力的思想政治工作,要真正建成社会主义是不可能的。"[2]同年8月,36所高校的主要负责人在国家教育委员会直属高校咨询委员会第一次全体会上达成了共识:维护高等学校的稳定,坚持社会主义办学方向和把德育放在首位,不仅是当务之急,也是一项具有长远意义的战略任务。从20世纪90年代初开始,党和国家将德育为本作为大学生政治价值观教育的根本导向。1997年,时任国家教委党组书记、主任朱开轩在中组部、中宣部和国家教育委员会联合召开的第六次全国高校党的建设工作会议上强调:"高校党建工作必须坚持把培养社会主义事业的建设者和接班人作为学校的根本任务,把思想政治建设放在首位,要切实扭转智育一手硬、德育一手软的问题,坚持又红又专的方向。"[3]

进入21世纪以后,党和国家明确提出"育人为本、德育为先",并将其作为大学生政治价值观教育的指导思想。2004年,中共中央、国务院印发了《关

---

〔1〕 杨德广. 高校德育应具有相对独立地位 [N]. 人民日报, 1989-07-01(5).

〔2〕 李瑞环在《半月谈》发奖大会上指出 思想政治工作是我们的优势 要把传统工作经验与当前情况有机结合 [N]. 人民日报, 1990-07-27(1).

〔3〕 朱开轩在高校党建工作会议上提出 高校要把思想政治建设放在首位 [N]. 人民日报, 1997-06-13(5).

于进一步加强和改进大学生思想政治教育的意见》，明确提出："学校教育要坚持育人为本、德育为先，把人才培养作为根本任务，把思想政治教育摆在首要位置。"[1] 紧接着，胡锦涛于 2005 年在全国加强和改进大学生思想政治教育工作会议上再次强调："高校是培养人才的重要基地，必须把培养中国特色社会主义事业的建设者和接班人作为根本任务……全国高校都要始终不渝地全面贯彻党的教育方针，坚持学校教育、育人为本，德智体美、德育为先，充分发挥大学生思想政治教育主阵地、主课堂、主渠道的作用。"[2] 2010 年，胡锦涛在全国教育工作会议上明确指出："要全面推动教育事业科学发展，立足社会主义初级阶段基本国情，把握教育发展阶段性特征，坚持以人为本，遵循教育规律，面向社会需求，优化结构布局，提高教育现代化水平。"[3] 同年，党中央、国务院印发的《国家中长期教育改革和发展规划纲要（2010—2020 年）》提出了"优先发展、育人为本、改革创新、促进公平、提高质量"的方针。在党和国家的高度重视下，各地各高校积极落实育人为本、德育为先的要求。例如，2015 年上海市科教党委、市教委召开上海市学校德育工作会议。会议要求全市各级各类学校要确立"学生为本""全面发展""实践体验""全员育人""全面渗透"的理念，遵循德育教学和学生成长成才规律。[4]

进入新时代以来，立德树人成为高校的中心工作和根本任务。2014 年、2016 年，习近平先后在第二十三次全国高等学校党的建设工作会议、全国高校思想政治工作会议上强调："办好中国特色社会主义大学，要坚持立德树人。"[5] "要坚持把立德树人作为中心环节，把思想政治工作贯穿教育教学全过程，实现全程育人、全方位育人，努力开创我国高等教育事业发展新局面。"[6] 这一时期，为推进高校贯彻落实立德树人根本任务，党和国家先后出台了《关

〔1〕 大学生思想政治教育重要文献选编（1978—2008）[M]. 北京：中国人民大学出版社，2008：377.

〔2〕 胡锦涛在全国加强和改进大学生思想政治教育工作会议上发表重要讲话强调　进一步加强和改进大学生思想政治教育工作　大力培养造就社会主义事业建设者和接班人 [N]. 人民日报，2005-01-19（1）.

〔3〕 胡锦涛 . 在全国教育工作会议上的讲话 [M]. 北京：人民出版社，2010：8.

〔4〕 翁铁慧 . 立德树人——党的十六大以来上海高校思想政治教育探索与发展 [M]. 上海：上海人民出版社，2009：415.

〔5〕 习近平就高校党建工作作出重要指示强调　坚持立德树人思想引领　加强改进高校党建工作 [N]. 人民日报，2014-12-30（1）.

〔6〕 习近平在全国高校思想政治工作会议上强调　把思想政治工作贯穿教育教学全过程　开创我国高等教育事业发展新局面 [N]. 人民日报，2016-12-09（1）.

于加强和改进新形势下高校思想政治工作的意见》《关于新时代加强和改进思想政治工作的意见》《关于加强高校党的政治建设的若干措施》《高等学校课程思政建设指导纲要》等文件，明确了大学生政治价值观教育的主要目标和基本要求，对大学生政治价值观教育工作作出了全方位规划、制度化安排。根据党中央决策部署，各高校坚决落实全面贯彻党的教育方针，落实立德树人根本任务。如从 2021 年春季开始中国政法大学法学专业开设了新的必修课"习近平法治思想概论"。将宪法、法理、行政法学科的优秀教师整合起来，组建跨学科教研室授课，既有理论学习，也有专题报告、实践锻炼。中央民族大学 20 个学院与当地结对，推出"青年红色筑梦之旅""兴边富民行动""乌兰牧骑文化下乡"等社会实践活动。中国音乐学院通过组织"我和我的祖国"校园快闪、举办国音朗读者活动、录制发布《音乐里的"四史"故事》系列短片等，不断探索艺术人才成长规律，引导学生厚植爱国主义情怀。[1]

四、坚持积极推进第一课堂与第二课堂的良性互动

"第一课堂"是指课堂教学，这是教育的主渠道、主阵地，其核心功能和职责是开展理论讲授。"第二课堂"主要是指课外实践活动，是第一课堂的延伸和拓展，其核心职责是进行实践学习。改革开放以来大学生政治价值观教育之所以能够取得显著成效，其主要原因之一就是将第一课堂与第二课堂相结合。通过理论学习与实践体验的互动帮助学生了解国家主导政治价值观的基础上，引导他们参与社会实践，准确认识我国国情，增强政治认同和价值认同，并锻炼毅力品格，坚定社会主义理想信念。

就"第一课堂"而言，高校主要通过两个路径实现政治价值观教育：一是思想政治理论课。该类课程主要是通过系统性地讲授马克思主义基本理论的内容，实现直接、显性政治价值观教育。二是其他专业课程。该类课程是将政治价值观教育相关内容渗透于具体专业知识和技能培养之中，通过间接、隐性的方式影响学生政治价值观的形成和发展，是对显性政治价值观教育的有益补充。改革开放 40 多年来，我国充分发挥思想政治理论课在系统性宣传马克思主义理论方面的优势，通过教材修订、课程改革、思政课教师队伍建设等方式不断改

---

〔1〕 全国高校坚持把立德树人作为中心环节，把思想政治工作贯穿教育教学全过程　培养担当民族复兴大任的时代新人 [N]. 人民日报，2021-12-10（1）.

革和创新思想政治理论课教学，有效实现了马克思主义基本原理、中国特色社会主义理论体系的灌输，增进了学生对我国主导政治价值观的认同。同时，我国努力挖掘高校其他各类课程的思想政治教育资源，释放各类课程的育人功能，使各类课程践行"立德树人"的教育宗旨。党的十一届三中全会召开以后，《关于加强高等学校思想政治工作的决定》《关于改进和加强高等学校思想政治工作的决定》先后出台，要求"把思想政治教育与业务教学工作结合起来。要按照各个学科的特点，引导学生正确认识在校学习与今后工作之间的关系，解决好为谁服务的问题。"[1]1989年以后，党和国家明确要求高校要强化坚持四项基本原则，反对资产阶级自由化教育，并强调要"把政治教育同各科的教学结合起来，使'教书育人'贯穿于学校教育全过程"[2]。20世纪90年代初期，党和国家先后印发了《关于进一步加强和改进学校德育工作的若干意见》《关于深化教育改革全面推进素质教育的决定》《关于进一步加强和改进大学生思想政治教育的意见》等文件，明确提出："各门课程的建设应体现社会主义的办学方向和全面发展的办学指导思想，教学大纲和教学评估标准要有正确的思想导向。"[3]"要发挥各科教学中的德育功能，结合教学相关内容和各个环节，有机地对学生实施德育。"[4]"深入发掘各类课程的思想政治教育资源，在传授专业知识过程中加强思想政治教育。"[5]按党和国家的要求，各高校积极响应，充分挖掘和发挥各类学科课程的思想政治教育功能，引导学生树立正确的政治价值观。党的十八大以来，党和国家明确提出要"深度挖掘高校各学科门类专业课程……所蕴含的思想政治教育资源……发挥所有课程育人功能"[6]。教育部于2020年印发的《高等学校课程思政建设指导纲要》提出："所有高校、所有教师、所有课程都（要）承担好育人责任，守好一段渠、种好责任田，使各类课程与思政课程同向同行、将显性教育和隐性教育相统一，形成协同效应，构建全员全程全方位育

〔1〕 十二大以来重要文献选编：下 [M]. 北京：人民出版社，1988：1415.

〔2〕 朱开轩向人大代表汇报时说　全国高校政治思想工作取得初步成效 [N]. 人民日报，1990-02-11（3）.

〔3〕 中共中央关于进一步加强和改进学校德育工作的若干意见（1994年8月31日）[N]. 人民日报，1994-09-09（3）.

〔4〕 普通高校思想政治理论课文献选编（1949—2008）[M]. 北京：中国人民大学出版社，2008：167.

〔5〕 中共中央国务院发出《关于进一步加强和改进大学生思想政治教育的意见》[N]. 人民日报，2004-10-15（1）.

〔6〕 中办国办印发《意见》　深化新时代学校思想政治理论课改革 [N]. 人民日报，2019-08-15（1）.

人大格局。"[1] 按照党中央部署，各地各高校因地制宜、因校制宜，积极开展课程思政建设工作。改革开放以来，思想政治理论课和课程思政的显性、隐性思想政治教育的统一使得大学生政治价值观教育无形无色却又无处不在，有效地实现了政治价值观分配，为中国特色社会主义事业培养了合格的建设者和可靠的接班人，有力地保障了高校的社会主义办学方向。

就"第二课堂"而言，高校一方面鼓励学生通过言说和行动参与校内实践活动，引导他们在学校活动中体验自由、民主、公正等价值观，从而增进对主导政治价值观的领悟和认同；另一方面积极组织开展校外社会实践活动，引导学生通过参与社会实践活动，形成正确的政治价值观。20世纪80年代中后期大学生政治价值观教育存在的主要问题之一就是理论学习与社会实践相脱离，因此从20世纪80年代后期开始，党和国家高度重视社会实践的重要作用。1988年，中共中央宣传部、国家教育委员会、共青团中央联合发出通知，要求各地和高校的共青团组织、教育行政部门在暑期社会实践活动中，把思想政治教育贯穿社会实践活动的始终。为进一步加强和改进社会实践活动，中宣部、国家教育委员会、共青团中央于1992年6月印发了《关于广泛深入持久地开展高等学校学生社会实践活动的意见》，明确提出社会实践活动是"在新的历史条件下贯彻教育与生产劳动相结合的方针、加强教育的实践环节的有力措施，是推动青年学生走与实践相结合、与工农群众相结合道路的有效途径。它对于帮助学生了解国情，增进与工农的感情，加强与社会的联系，接受思想、政治、实践能力等方面的实际锻炼，增强改革开放意识，提高坚持党的基本路线的自觉性，培养全面素质，尤其是思想政治素质，具有重要作用。"[2] 进入21世纪以后，党和国家更加重视社会实践活动在大学生政治价值观教育中的重要作用。2005年，中共中央宣传部、中央文明办、教育部、共青团、中央印发的《关于进一步加强和改进大学生社会实践的意见》，再次明确了社会实践对大学生成长成才，强化政治价值认同和践行的意义。党的十八大以来，《关于加强和改进新形势下高校思想政治工作的意见》《关于深化新时代学校思想政治理论课改革创新的若干意见》《新时代学校思想政治理论课改革创新实施方案》等文件相继

---

〔1〕 教育部印发纲要 所有高校全面推进课程思政建设 [N]. 人民日报，2020-06-06（4）.
〔2〕 加强和改进大学生思想政治教育重要文献选编（1978—2014）[M]. 北京：知识产权出版社，2015：122.

出台，强调大学生政治价值观教育同生产劳动和社会实践相结合，要强化实践育人。整体而言，改革开放以来社会实践活动逐渐成为大学生政治价值观教育的重要路径和方式，它主要包括如下两类。

一是社会志愿服务、考察走访活动。社会志愿服务活动能够帮助大学生了解国情、民情，增强他们的社会责任意识，并促使他们通过具体社会实践实现自我价值。改革开放以来，党和国家大力倡导大学生参加社会志愿服务等公益活动，力图通过社会志愿服务"引导大学生运用所学知识和技能服务人民，奉献社会，培养为人民服务的道德观，弘扬社会主义道德风尚。"[1]在党和国家的号召下、高校的组织下，大学生们积极投身西部志愿服务计划、贫困地区支教计划、青春红丝带志愿行动等活动；他们关注城市中农民工子弟学校的命运，并积极加入支教活动当中；他们关注环境保护，呼吁人们爱护环境；他们关注麻风病人，定期组织去广东麻风病人村开展志愿服务活动；他们关注动物保护。例如，北京师范大学从 1995 年开始就坚持双休日组织学生照顾北京松堂医院的垂危老人，还选拔优秀学生到北太平庄担任居委会主任助理，形成互动机制的社区援助，并鼓励学生积极参与"民工学校""打工子弟小学"志愿服务活动。[2]同时，在学校的组织下，大学生利用寒暑假和其他节假日积极开展调研走访活动，通过深入现实社会生活深化对国家主导政治价值观的认识和认同，并提升自身参与社会的能力。如 2018 年清华大学研究生团委组织开展了"中外青年同走改革开放之路"的社会实践活动，来自 10 多个国家的 70 余名中外学子分赴深圳、兰考、上海、嘉兴进行实践调研。在社会实践结束后，同学们表示："通过参观，我们了解了改革开放最初的历史，看到了深圳取得的非凡成就，也更加深刻地了解了我国经济在新时代由高速增长阶段转向高质量发展阶段的问题。""兰考之行让我对'强国一代'的责任和使命有了新认识。""新时代的青年有责任向广大国际青年展示中国智慧。"同年，北京科技大学以"重走改革开放之路，从历史中汲取前进的力量"为主题，组织 150 名同学建立了 8支大学生社会实践团，分赴海南、深圳等地开展改革开放成果、精神、经验等方面的调研。"实践归来，学校将通过微电影、宣讲汇报、实践征文、调研总结

〔1〕 大学生思想政治教育重要文献选编（1978—2014）[M].北京：知识产权出版社，2015：291.
〔2〕 突出学生主体　鼓励开拓创新　北师大探索思想政治工作新路 [N].人民日报，2000-08-01（5）.

等方式，帮助广大学子深刻认识历史前进的逻辑和时代发展的潮流。"[1]

二是组织军政训练。军政训练（也称为"军事训练"）已成为大学生的一门"必修课"。通过军政训练，能够使大学生提高思想政治觉悟，增强国防意识和国家安全观念，培养他们的爱国主义、集体主义、社会主义和革命英雄主义精神，加强组织纪律观念，发扬艰苦奋斗、吃苦耐劳作风。自 20 世纪 80 年代初开始，我国就非常重视大学生军政训练活动的开展。每年在新生开学之时或大学一年级结束后的暑假期间均会开展为期一个月的军政训练。尽管相对于日常学习而言，军政训练显得非常辛苦，但是大学生们在军政训练中受益颇多。1987 年，复旦大学、上海交通大学、华东师范大学、中国纺织大学（现为东华大学）、同济大学等 18 所高校进行了学生军训试点，参加人数为 12 000 名。军营生活与训练使学生的价值观念发生了变化。不少学生在入党申请书中写道，通过军训意识到个人如果离开集体，将会处处碰壁。[2]1992 年，时任中共中央政治局委员、国务委员兼国家教育委员会主任李铁映在大连陆军学院大学生军训结业典礼上强调，对高等院校新生进行军政训练，是党中央、国务院、中央军委作出的具有战略意义的决策，是高等教育改革的重要措施。1990—1992 年，石家庄、信阳、南昌、大连四所陆军学院累计培训了北大、复旦新生 7 000 余人。[3]2007 年 4 月，教育部、总参谋部、总政治部联合印发了《学生军事训练工作规定》，要求各级教育行政部门、军事部门和高等学校、高级中学，采取有力措施，认真贯彻落实，确保学生军事训练工作的健康发展。每年有 1 660 所高等学校、27 000 所高级中学开展学生军训，训练学生达 1 200 万人。[4]紧接着，教育部召开贯彻落实《学生军事训练工作规定》座谈会，明确要求按照《学生军事训练工作规定》，普通高等学校、高中阶段学校具有中国大陆户籍的学生应当依法接受学校统一安排的军事训练；具有香港、澳门、台湾户籍的学

---

〔1〕 改革开放 40 周年之际，高校青年学子广泛开展社会实践活动——追寻历史征程 汲取前进力量 [N]. 人民日报，2018-07-19（18）.

〔2〕 复旦大学 1600 名大学生军训归来收获多 学到军事知识 反思价值观念 唤起社会责任 [N]. 人民日报，1987-08-10（3）.

〔3〕 李铁映在大连陆军学院大学生军训结业典礼上强调 新生军训是高教改革重要措施 [N]. 人民日报，1992-07-08（3）.

〔4〕 教育部、总参谋部、总政治部发出通知 颁发《学生军事训练工作规定》[N]. 人民日报，2007-04-14（5）.

生，本人自愿参加军事训练的，经学校批准后可以参加。[1]时至今日，军政训练已经成为每一位大学新生的必修课。

五、坚持强化教师队伍建设

教师队伍的素质直接关系着大学生政治价值观教育的成效。对此，习近平强调："建设政治素质过硬、业务能力精湛、育人水平高超的高素质教师队伍是大学建设的基础性工作。"[2]改革开放以来，党和国家高度重视教师队伍建设。

1.着力强化教师队伍思想政治素质。在改革开放初期，党和国家就明确要求加强教师队伍思想政治教育工作，提升教师思想政治素质。1987年，中共中央印发了《关于改进和加强高等学校思想政治工作的决定》，指出："办好社会主义的高等学校，培养德才兼备的学生，教师起着决定性的作用……这就要求教师坚持正确的政治方向，忠诚于人民的教育事业，全面关心学生的成长，努力做到教育育人，为人师表。"[3]20世纪80年代末，在高校思想政治工作遭遇挫折之后，我国相继制定并出台了《中共中央关于进一步加强和改进学校德育工作的若干意见》《中国教育改革和发展纲要》《中国普通高等学校德育大纲》《中华人民共和国教师法》《教师资格条例》《〈教师资格条例〉实施办法》《高等学校教师职业道德规范》等文件，从法律、道德和现实层面规定了教师应当履行的育人义务和职业道德，明确了教师的教书育人职责，并鼓励教师言传身教、为人师表，引导学生德智体全面发展。根据党和国家的要求，各地高校结合实际积极实践、勇于探索，着力提升高校教师队伍的思想政治素质。如浙江大学以学习《教师法》《高等教育法》为重点，开设了28个法制专题讲座，教师参加普法考试的合格率达100%。[4]

党的十六大以后，教育部门相继印发了《关于加强高等学校本科教学工作提高教学质量的若干意见》《关于进一步加强和改进大学生思想政治教育的意见》《关于进一步加强和改进师德建设的意见》等文件，就高校加强师德建设

[1]《学生军事训练工作规定》要求 大学生高中生要军训 港澳台籍学生可自愿参加[N].人民日报，2007-04-24（11）.
[2] 习近平.在北京大学师生座谈会上的讲话（2018年5月2日）[N].人民日报，2018-05-03（2）.
[3] 中共中央文献研究室.十二大以来重要文献选编：下[M].北京：中央文献出版社，2011：334-335.
[4] 营造良好的育人环境——高校党建工作综述[N].人民日报，2002-01-29（6）.

提出了要求，即"广大教职员工都负有对大学生进行思想政治教育的重要责任。要制定完善有关规定和政策，明确职责任务和考核办法，形成教书育人、管理育人、服务育人的良好氛围和工作格局"[1]，并要求建立各级各类学校德育工作者培训制度、建立和完善新教师岗前师德教育制度、建立师德考评制度、建立师德问题报告制度和舆论监督的有效机制，将师德作为学校办学质量和水平评估的重要指标。[2]为深入贯彻落实和保障党和国家关于推进高校教师师德师风建设中的要求，各地各高校进一步细化和完善了教师师德建设体制机制。如湖北省教育厅出台了《湖北高校教师"十倡导十禁止"师德行为规范》，对违反"十禁止"行为规范的教师实行"一票否决"，对有严重失德行为、影响恶劣者，依法依规撤销教师资格并予以解聘。[3]山东省坚持以师德铸师魂，在全省高校师德建设大讨论中明确提出"实行教师职业道德一票否决制"。[4]

党的十八大以来，党和国家更加重视高校教师思想政治工作，并出台了多项政策和措施。2012 年，国务院印发了新中国第一个全面部署教师队伍建设工作的纲领性文件——《关于加强教师队伍建设的意见》，要求全面提高教师思想政治素质、构建师德建设长效机制，实行师德表现一票否决制。同年，教育部、中国教科文卫体工会全国委员会制定印发了《高等学校教师职业道德规范》，为高校师德建设提供了一面宝贵的"镜子"。2014 年 9 月，习近平同北京师范大学师生座谈时突出强调了师德的重要性，从有理想信念、有道德情操、有仁爱之心等方面提出了明确要求。为深入学习贯彻习近平总书记同北京师范大学师生座谈时的重要讲话精神，教育部提出要加强教师思想政治教育，强化政治理论学习，开展形势政策教育，不断提高教师的思想政治素质和道德修养，努力在是非、善恶、曲直、义利、得失等方面为学生作出榜样。[5]同年 10 月，教育部印发了《关于建立健全高校师德建设长效机制的意见》，提出了七条高

〔1〕加强和改进大学生思想政治教育重要文献选编（1978—2008）[M].北京：中国人民大学出版社，2008：382.

〔2〕加强和改进大学生思想政治教育重要文献选编（1978—2008）[M].北京：中国人民大学出版社，2008：410.

〔3〕湖北出台高校师德规范　遇上灾难　老师不能先跑　对违反者实行"一票否决"[N].人民日报，2010-09-17（12）.

〔4〕万紫千红总是春——高校青年教师队伍建设综述 [N].人民日报，2012-01-10（6）.

〔5〕努力造就一支党和人民满意的教师队伍——深入学习贯彻习近平总书记同北京师范大学师生座谈时的重要讲话精神 [N].人民日报，2014-09-19（12）.

校教师师德禁行行为，主要包括：损害国家利益，损害学生和学校合法权益的行为；在教育教学活动中有违背党的路线方针政策的言行；在科研工作中弄虚作假、抄袭剽窃、篡改侵吞他人学术成果、违规使用科研经费以及滥用学术资源和学术影响；影响正常教育教学工作的兼职兼薪行为；在招生、考试、学生推优、保研等工作中徇私舞弊；索要或收受学生及家长的礼品、礼金、有价证券、支付凭证等财物；对学生实施性骚扰或与学生发生不正当关系；其他违反高校教师职业道德的行为。[1]这一时期，党和国家相继印发了《全面深化新时代教师队伍建设改革的意见》《新时代高校教师职业行为十项准则》《关于高校教师师德失范行为处理的指导意见》《关于加强新时代高校教师队伍建设改革的指导意见》等文件，将"提升思想政治素质，全面加强师德师风建设"列为首要任务，将社会主义核心价值观贯穿师德师风建设全过程，并明确了教师职业行为规范和职业行为底线及师德师风违规行为的受理处理和责任追究机制。教育部门还开展了教师"时代楷模"以及全国教书育人楷模、最美教师、模范教师、优秀教师的评选表彰活动，并就严肃师德违规问题惩处通报。按照党和国家的要求，各高校积极开展机制体制建设，将师德师风等要求纳入干部选拔任用、聘期考核、职称晋升、教学质量评价等多个评价体系之中。如北京师范大学将师德评价结果与岗位晋升和年度考核挂钩，师德评价不合格的教师，年度考核计为不合格，不得申请年度岗位晋升；开展"四有"好老师专项课题研究，建立每月半天的教师政治理论学习常态制度，惩防并举强化教师教书育人的使命意识。首都师范大学调整教师考核评聘制度，目的是树立以德立身、以德立学、以德施教的鲜明导向，其涉及教师入职、考核评价和职称晋级的方方面面，还包括逐步建立教师的退出机制等，旨在培育一批师德高尚、业务精湛的一流教师。四川大学、北京外国语大学、北京科技大学，坚持教书和育人相统一，坚持言传和身教相统一，坚持潜心问道和关注社会相统一，坚持学术自由和学术规范相统一，引导广大教师以德立身、以德立学、以德施教。[2]江西财经大学全面梳理师德师风制度，陆续制定、完善奖励制度措施，编制惩戒规章制度，同时将师德师风纳入干部选拔任用、职称评聘、教学质量评价等体系，形成

---

〔1〕高校师德有了"红七条" 禁止抄袭剽窃、索要礼品等 [N]. 人民日报，2014-10-10（12）.
〔2〕全国高校思想政治工作会议召开一周年 思政工作在高校牢牢扎根 [N]. 人民日报，2017-12-08（1）.

"奖励惩戒"完整制度闭环。学校将师德师风考核作为首要评价标准贯穿于教师职业发展全过程，并采取"一票否决"制。[1]北京大学发布了《教师思想政治和师德师风评估工作指南》等文件，在学校成立教师思政和师德师风评估专项工作组，由校领导担任组长，通过建立引进人才党委审查机制、制定党委谈话内容清单等方式，调动院系党委在引进和评估过程中对师德师风把关的积极性。压实基层院系党委师德师风评估工作责任，严格坚持师德师风第一标准。[2]

2. 努力提升教师队伍的专业能力素质。在改革开放初期，从事大学生政治价值观教育工作的很多专职教师并未经过思想政治教育的专业培训，较少有人系统地学习过马克思主义、毛泽东思想，部分理工科出身的教师在哲学、社会科学方面的知识积累有限。对此，一些高校的党委领导明确指出："高校政工干部数量少、不稳定，水平低的干不了，有学历、有水平的又不愿意干。"[3]针对这一问题，时任中央政治局委员、中央书记处书记、国务院副总理李鹏在《关于高等教育改革与发展的若干问题》中提出："要加强高校的思想政治工作，必须建立和健全高校政工队伍。政工干部的配备，应是专职与兼职相结合，注意从品学兼优的教师和学生中选拔，这不仅有利于密切联系群众，而且有利于思想工作和业务工作相结合。"[4]在党和国家的高度重视下，自20世纪80年代中期开始我国大力加强专职思想政治工作人员的培训。1984年，教育部在部分高等院校设置思想政治教育专业，开办了本科班、第二学士学位班，还开办了研究生班，招收攻读学位的研究生。从20世纪90年代初尤其是党的十四大以后，党和国家更加重视高素质思想政治工作骨干教师的培养工作，并从实际出发，有计划、有步骤地安排高校思想政治工作骨干教师参加各种形式的岗前培训和在职培训，以提高他们的组织管理水平和工作技能，并鼓励思政课教师和辅导员在职攻读硕士、博士学位或进修相关课程。这一时期，为提升高校教师队伍素质，党和国家相继出台了《关于新形势下加强和改进高等学校党的建设和思想政治工作的若干意见》《关于高等学校思想政治教育专业办学的意见》《关于

---

〔1〕 江西财经大学 厚植"敬业乐群"之德 培树"臻于至善"之风 [N]. 人民日报，2020-12-10（15）.
〔2〕 叶静漪. 高校人才工作中师德师风考核的问题分析与改进路径 [J]. 中国高等教育，2022（2）：7.
〔3〕 河北二十七所大专院校的党委领导提出 高校思想教育工作非改革不可 [N]. 人民日报，1985-03-06（3）.
〔4〕 李鹏. 关于高等教育改革与发展的若干问题（摘要）[N]. 人民日报，1986-07-13（5）.

进一步加强和改进学校德育工作的若干意见》《关于高校马克思主义理论课和思想品德课教学改革的若干意见》《中国普通高等学校德育大纲》《关于开展高校"两课"教师在职攻读硕士学位工作的通知》《关于加强高等学校专职思想政治工作者正规培训的通知》等文件，强调要提升高校思想政治工作队伍的业务能力和水平，建设一支具有马克思主义理论素养、政治上与党中央保持高度一致、有一定科研能力和思想政治教育经验的"两课"教师队伍。与此同时，党和国家还提出要加强政工干部脱产和在职培训，有计划地输送政工干部到各级党校或教育行政学院培训、进修，鼓励在职攻读第二学位、硕士或博士学位，培养一批又红又专的政工干部骨干。根据党和国家部署，各地各高校积极开展师资培训工作。如中共湖北高校工委在深入开展调研的基础上，针对调查中了解的师生深层思想问题，组织部分高校从事马克思主义理论研究的专家进行专题研究，联合攻关，撰写了一批有说服力的理论文章和教材；对从事政治理论教学研究的青年教师加强了学马列原著、参加社会实践等基本功训练，形成了由115名博士、硕士为骨干的中青年理论队伍；在加强班主任、辅导员队伍建设的同时，加强了专业课教师队伍的思想建设，普遍实行了教书育人责任制，涌现了一批教书育人的先进典型。[1]2000年，受教育部、国务院学位委员会委托，中国人民大学举办了高校马克思主义理论课和思想品德课教师在职攻读硕士学位课程进修班，来自河南、山西、新疆三省区155名高校"两课"教师将通过学习获得硕士学位。[2]天津市建立了"两课"教师培训基地，为推进"三个代表"思想进课堂，充分发挥培训基地作用对全市"两课"教师进行培训，各高校也分别举办了学习研讨、组织了集体备课等。[3]

党的十六大以后，党和国家先后印发了《关于组织高校思想政治理论课骨干教师研修的意见》《关于做好2008年"高校思想政治理论课教师在职攻读马克思主义理论博士学位"专项计划招生工作的通知》等文件，强调提高思想政治理论课教师教学能力、科研能力是提升思想政治理论课教育教学质量的重要

---

〔1〕 中共湖北省委高校工委深入调查研究　探索高校思想政治工作新思路　思想政治工作明显加强　高校面貌发生可喜变化 [N]. 人民日报，1992-01-25（1）.

〔2〕 人大举办高校"两课"教师进修班 [N]. 人民日报，2000-07-14（5）.

〔3〕 抓"两课"教师培训　有针对解疑释惑　天津精心安排"三个代表"思想进课堂 [N]. 人民日报，2001-08-24（6）.

举措。自 2008 年起，我国开始实施高校思想政治理论课教师在职攻读马克思主义理论博士学位专项计划，并于 2009 年启动了高校思想政治理论课骨干教师国内外参观考察活动。如北京市委教育工委依托清华大学建立了"北京高校思想政治理论课骨干教师基地"，在各高校选拔中青年骨干教师作为高级访问学者到基地进行为期一年的研修。安徽省开展高校思想政治理论课教育教学"手拉手"工作，要求实行本科高校和高职院校、公办本科高校和民办高校结对共建，共同开展教研、科研活动，实现资源共享等。在 2008 年到 2010 年两年间，共结成 65 个对子，缩小了校际差距，实现了互补互促、共同发展。[1]不仅如此，我国还不断加强辅导员队伍业务能力建设。2007 年，教育部在全国设立了 21 个高校辅导员培训和研修基地，健全了岗前培训、专题培训、高级研修等多层次、多领域的辅导员培训培养体系。教育部还组织了 17 期高校学生事务管理高级研修班，选派近 700 名高校学生工作骨干赴英国、美国等进行研修培训。各地各高校广泛开展辅导员培养培训，逐步形成了分层次、多渠道的培训体系，培训覆盖高校辅导员逾 10 万人。在教育部建立高校辅导员培训和研修基地的基础上，部分省份成立了辅导员培训和研修基地，如上海陆续建立了 15 个市级辅导员培训基地，湖北省连续 3 年财政出钱对辅导员进行免费培训。在科研方面，各地各高校普遍设立辅导员工作研究专项经费，用于支持辅导员开展工作研究。教育部专门成立了辅导员工作研究会，创办发行正式刊物《高校辅导员》。[2]在北京大学，形成了以岗前培训、业务培训、骨干培训为核心的辅导员、班主任培训体系；在同济大学，连续 10 年选派 21 批共 85 名辅导员赴甘肃定西基地锻炼。辅导员家访也是近年来各地各高校辅导员培养培训的一项新举措、新模式。在辽宁，2008 年起在全省高校开展"千名辅导员万家行"活动；在山东，120 余所高校的 2.4 万名辅导员累计走访家庭经济困难学生 3.1 万人。[3]这一时期，我国选拔了近 4 000 名辅导员在职攻读思想政治教育专业硕士学位，48 名辅导员在职攻读博士学位。部分省市和高校实行了辅导员"岗位单列、序列单列、评议单列"。如上海市已经有 123 位辅导员获得高级专业技术职务，141 位辅导员定为副处以上职级；华中科技大学将辅导员正式纳入教师系列评定职称，

〔1〕 开创思想政治教育新境界——加强和改进高校思想政治理论课及马克思主义理论学科建设综述 [N]. 人民日报，2010-05-24（5）.
〔2〕 打造职业化的辅导员队伍 [N]，人民日报，2010-04-09（18）.
〔3〕 铸师魂　塑灵魂——高校理论队伍和辅导员队伍建设综述 [N]. 人民日报，2012-09-10（21）.

并按 3% 设教授岗，25% 设副教授岗。5 年内，全国分别选拔 5 000 名、500 名优秀辅导员攻读思想政治教育专业硕士、博士学位。[1] 在着力提升思政工作队伍业务素质的同时，我国还启动了高校哲学社会科学骨干教师培育工作。2004年中共中央印发的《关于进一步繁荣发展哲学社会科学的意见》，明确提出了要不断壮大研究队伍。2005 年中组部等五部门印发了《关于组织高校哲学社会科学教学科研骨干研修的意见》，决定用 3 年时间组织高校哲学社会科学教学科研骨干研修马克思主义理论和党的方针政策，加强和改进大学生政治素质教育、落实党管人才方针和人才强国战略的重要举措。之后，国家多个部门积极合作组织高校哲学社会科学教学科研骨干研修工作。在 2005—2008 年三年间，中央有关部门举办了 22 期研修班，培训学员 2 300 多人；各地在中央有关部门办班的示范推动下，共举办研修班 200 余期，培训学员 2 万多人。[2] 为推进马克思主义理论研究和建设工程教材推广使用，中宣部、教育部专门成立的培训工作领导小组共举办了 30 期高校思想政治理论课骨干教师研修班，培训 3 000余人。2010 年和 2011 年暑期共举办《马克思主义哲学》等已出版重点教材四期示范培训班，培训任课骨干教师 2 000 余人。各地教育部门也开展了工程重点教材相关专业教师培训工作，培训教师上万人。2007—2011 年，共举办了 30期高校思政课骨干教师研修班，培训 3 000 余人。[3]

党的十八大以来，党和国家相继出台了《关于加强和改进新形势下高校思想政治工作的意见》《普通高等学校思想政治理论课教师队伍培养规划（2013—2017 年）》《普通高等学校辅导员队伍建设规定》《关于开展高校思想政治理论课教师队伍建设专项工作的通知》《高校思想政治工作质量提升工程实施纲要》《普通高等学校辅导员队伍建设规定》《普通高等学校思想政治理论课教师队伍培养规划（2019—2023 年）》《关于深化新时代学校思想政治理论课改革创新的若干意见》《新时代高等学校思想政治理论课教师队伍建设规定》等文件，明确提出要通过学科建设、培训、研修等方式增强高校思想政治工作队伍的思想理论教育和价值引领能力、网络思想政治教育能力、日常事务管理能力等。这一时期，中宣部、教育部启动了新一轮高校思想政治理论课骨干研修计划。教育部举办了高校

---

〔1〕 打造职业化的辅导员队伍 [N]，人民日报，2010-04-09（18）.
〔2〕 中宣部教育部召开地方哲学社会科学教学科研骨干研修工作会议 [N]. 人民日报，2007-04-24（4）.
〔3〕 袁贵仁. 切实抓好工程教材的推广使用 [N]. 人民日报，2012-06-06（16）.

思想政治理论课贯彻落实十八大精神教师培训班、全国高校思想政治工作骨干示范培训班，建立了全国高校思想政治理论课教师社会实践研修基地、全国高校思想政治理论课教师研修基地，开通了全国高校思政课教师网络集体备课平台。按照党和国家部署，各地各高校积极强化思政课教师培训工作。如北京市开展了高校思想政治理论课教师岗前培训。湖南省制定实施了全省高校思政课学科带头人和青年骨干教师队伍培养计划，以开放式课堂的方式每年春秋两季定期组织高校教师参加形势与政策课骨干教师培训班。浙江省出台了《关于推进浙江省高校一流辅导员队伍建设的实施意见》，落实辅导员"双线"晋升和职称评聘"三单"要求，搭建教育部、省、高校三级培训网络，建立 9 个省级高校思政研修培训基地，连续 32 年开展新辅导员岗前培训，完成 4 期为期 1 年的名师辅导员引领计划培训，分层分类持续开展专项研修。[1] 截至 2021 年底，专职思政课教师年轻化成为队伍发展新态势，49 岁以下教师占 77.7%，具有高级职称的占 35%。41 个全国高校思政课教师研修（学）基地、32 个"手拉手"集体备课中心，开展常态化培训研修，每年培训教师近 6 000 人。[2] 与此同时，我国通过培训、研修等方式不断提升高校专业课教师的思想政治教育能力。2010—2014 年五年间，中组部等中央六部门和各地精心组织、扎实工作，共举办哲学社会科学骨干研修班 635 期，培训学员 8 万多人。[3] 近年来，各地各高校按照党和国家对提升高校教师课程思政意识和能力的要求，积极建立完善全方位、多层次教师培训与发展体系。如福建省将课程思政意识、德育意识和能力培养纳入教师培训体系。[4] 江苏省在 2016—2020 年四年间累计培训教师超过了 5 000 人次。2020 年增加了两期课程思政能力提升专题培训班，统一纳入省级教师培训计划并予以经费支持。上海市构建市、校两级有机联动培训体系，实施课程思政"金课"名师打造计划。开展本科教学激励计划，从 2014 年起每年投入近 5 亿元专项经费，激励全体教授为本科生主讲专业基础课程。[5] 2020 年教育部印发的《高等学校课程思政建设指导纲

---

〔1〕　浙江省以"三个强化"推进高校辅导员队伍建设 [EB/OL].http：//www.moe.gov.cn/jyb_xwfb/s6192/s222/moe_1742/202304/t20230423_1056837.html.

〔2〕　思政课教师培养培训体系加快构建 [N]. 人民日报，2022-03-18（4）.

〔3〕　哲学社会科学教学科研骨干研修工作会议召开 [N]. 人民日报，2014-10-30（6）.

〔4〕　各地各高校拓展新时代大学生思政教育的有效途径　种好责任田　上好思政课 [N].人民日报，2021-12-20（12）.

〔5〕　高校课程思政建设工作调研推进会发言摘登 [N]. 中国教育报，2020-12-21（10）.

要》，对强化高校专业课教师的思想政治教育意识和能力提出了明确要求。为推进高校课程思政建设工作，教育部于 2021 年成立了高等学校课程思政教学指导委员会，并通过组织推荐、专家遴选、会议评议和网络公示等方式，设立课程思政示范课程 699 门、课程思政教学名师和团队 699 个、课程思政教学研究示范中心 30 个。[1]

3. 规范教师队伍结构，明细队伍分工。在改革开放初期尤其是党的十二大以后，党和国家就强调了高校专兼职政工队伍、业务课教师、马列主义理论课教师是开展思想政治工作的主要力量。1980 年教育部、共青团中央印发了《关于加强高等学校学生思想政治工作的意见》，指出："加强学生的思想政治工作，必须建立一支坚强的、有战斗力的政治工作队伍。不仅专职、兼职的政工干部要做思想政治工作，业务课教师也要做思想政治工作，特别要注意发挥马列主义理论课教师和各科骨干教师的作用。"[2]针对当时马列主义课教师队伍数量不足、骨干教师年龄偏高、青黄不接的问题。1980 年、1984 年，教育部、中共中央宣传部先后印发了《改进和加强高等学校马列主义课试行办法》《关于加强和改进高等院校马列主义理论教育的若干规定》，提出要积极补充马列主义教师队伍。根据马克思主义理论课特点，力争在三年至五年内使师生比达到：文科 1∶80、理工农医 1∶100，并采取多种措施解决马列主义课教师来源问题。如从高校哲学、政治经济学、中共党史、科学社会主义四个理论专业选拔优秀毕业生补充教师队伍。[3]与此同时，针对政工队伍存在骨干老化、后继乏人，很不适应高校思想政治工作需要的问题。1978 年、1984 年先后党和国家相继印发了《全国重点高等学校暂行工作条例（试行草案）》《关于加强高等学校思想政治工作队伍建设的意见》，提出从专职的党政干部、政治理论课教师和其他青年教师中挑选有一定政治工作经验的人担任政治辅导员或班主任。配备精干的专职人员作为思想政治工作队伍骨干，同时应动员和组织一些教师、高年级大学生、研究生兼职做思想政治工作。[4]经过一段时间的队伍建设，我国自 20 世

---

〔1〕 努力使中国特色哲学社会科学真正屹立于世界学术之林——党的十八大以来高校哲学社会科学发展成就综述 [N]. 人民日报，2022-07-07（4）.

〔2〕 加强和改进大学生思想政治教育重要文献选编：1978—2014[M]. 北京：知识产权出版社，2015：6.

〔3〕 加强和改进大学生思想政治教育重要文献选编：1978—2014[M]. 北京：知识产权出版社，2015：30.

〔4〕 加强和改进大学生思想政治教育重要文献选编：1978—2014[M]. 北京：知识产权出版社，2015：36.

纪 80 年代中期开始逐渐确立了专兼职相结合的工作机制，明确了专职政工人员、"两课"教师、兼职业务课教师和党政干部的工作职责和任务，规定了辅导员、班主任的工作内容。到 20 世纪 80 年代后期，党和国家更加重视高校思想政治理论课教师的培训和教师队伍建设，逐渐树立了全员育人的教育理念，大学生政治价值观教育队伍越来越壮大且分工明确，包括"学生专职政工人员、'两课'教师和众多的兼做德育工作的业务课教师和党政干部。"[1] 其中，学生专职政工人员和"两课"教师是德育专职教师。党的十四大以后，党和国家先后印发了《关于新形势下加强和改进高等学校党的建设和思想政治工作的若干意见》《中共中央关于进一步加强和改进学校德育工作的若干意见》《中国普通高等学校德育大纲》等文件，明确提出了要建设一支专兼结合、功能互补、政治坚定、业务精湛的德育队伍。这支队伍包括学生专业政工人员、"两课"教师和众多兼做思想政治工作的业务课教师、党政干部，其中，学生专职政工人员和"两课"教师都是思想政治工作专职人员。学生专职政工人员与学生比例大体掌握在 1 ： 150 至 1 ： 120，配齐马克思主义理论课和思想品德课教师队伍。

党的十六大以后，《关于进一步加强高等学校学生思想政治工作队伍建设的若干意见》《关于进一步加强和改进大学生思想政治教育的意见》《关于进一步加强和改进高等学校思想政治理论课的意见》《关于加强高等学校辅导员班主任队伍建设的意见》《普通高等学校辅导员队伍建设规定》《2006—2010 年普通高等学校辅导员培训计划》等文件相继出台，从思想认识、体制机制、明确政策和培养人才等方面加强思想政治理论课教师和辅导员的队伍建设，提出要建立一支专兼结合的队伍，规定本专科思想政治理论课专任教师总体上按不低于师生 1 ： 350 至 1 ： 400 的比例，学生思想政治工作人员 1 ： 150 至 1 ： 120 的比例配备思想政治工作队伍。按照党和国家的要求，各地各高校加强了思想政治理论课专任教师、辅导员队伍建设。截至 2010 年，全国普通高校共有专职辅导员约 10 万人，专职辅导员与学生的比例为 1 ： 200。此外，各高校还聘任了兼职辅导员 3.3 万多人，班主任 22 万多人。[2]

党的十八大以来，高校思政课教师、辅导员队伍、哲学社会科学教师数量

---

〔1〕　普通高校思想政治理论课文献选编（1949—2008）[M]. 北京：中国人民大学出版社，2008：168.
〔2〕　打造职业化的辅导员队伍 [N]. 人民日报，2010-04-09（18）.

大幅提升，结构不断优化。这一时期，党和国家相继印发了《关于加强和改进新形势下高校思想政治工作的意见》《普通高等学校辅导员队伍建设规定》《关于开展高校思想政治理论课教师队伍建设专项工作的通知》《普通高等学校思想政治理论课教师队伍培养规划（2019—2023 年）》《关于深化新时代学校思想政治理论课改革创新的若干意见》《新时代高等学校思想政治理论课教师队伍建设规定》等文件，明确提出了高校应当按总体上师生比不低于 1 ∶ 200 的比例设置专职辅导员岗位，按照专兼结合、以专为主的原则，足额配备到位；严格按照师生比不低于 1 ∶ 350 的比例核定专职思政课教师岗位；积极实施"高校思政课教师队伍后备人才培养专项支持计划"；设立马克思主义理论本科专业，"统筹推进马克思主义理论学科本硕博一体化人才培养，构建完善马克思主义理论学科本硕博学科体系和课程体系"[1]；将马克思主义理论学科列入"国家关键领域紧缺高层次人才培养专项招生计划"，累计增加近 9 000 个博士、硕士研究生招生指标。按照党和国家的要求，各地各高校努力强化思政课教师队伍和辅导员队伍建设，积极落实辅导员队伍的编制配备和待遇保障。如北京市印发了《北京高校思想政治理论课教师队伍建设专项工作实施方案》《北京高校思想政治理论课专职教师配备五年行动计划（2018—2022）》；河北省印发了《河北省关于加强高等学校思想政治理论课教师队伍建设的实施意见》；广东省印发的《广东省学校思想政治理论课建设行动计划（2019—2021 年）》提出，专职思政课教师师生比达到 1 ∶ 350。南开大学通过"双聘""特聘"等方式，从经济学院、法学院、金融发展研究院等邀请资深专家担任马克思主义理论学科博士生导师，在全校形成开放、流动、增长的马克思主义理论学科师资队伍。[2]江西省协调落实全省公办高校专职辅导员编制，实现全省高校辅导员足额配齐。电子科技大学按照专职辅导员总数 20% 的比例设立"资深辅导员"岗位。[3]截至2021 年年底，高校思政课专兼职教师超过 12.7 万人，较 2012 年增加 7.4 万人，比 2018 年增加 5 万多人，队伍配备总体达到师生比 1 ∶ 350 的要求。专职思政

---

〔1〕 中办国办印发《意见》 深化新时代学校思想政治理论课改革创新 [N]. 人民日报，2019-08-15（1）.

〔2〕 锻造新时代铸魂育人的关键力量——全国各地各校思政课教师队伍建设综述 [N]. 中国教育报，2020-03-16（1）.

〔3〕 坚守为党育人为国育才——党的十八大以来高校党的建设和思想政治工作综述 [N]. 人民日报，2021-06-26（1）.

课教师队伍年轻化成为发展新态势，49 岁以下教师占 77.7%，具有高级职称的占 35%。全国高校专兼职辅导员达 24.08 万人，比 2019 年增加约 5.2 万人，师生比实现从 1 ∶ 205 到 1 ∶ 171 的配置，31 个省（区、市）辅导员配备实现了整体达标。[1] 截至 2021 年，高校哲学社会科学教学和研究人员达到 89.7 万人，比 2012 年的 48.2 万人增长约 86%；44 岁及以下青年学者达 59.3 万人，占比约为 66%。[2]

六、坚持不懈创造良好的育人环境

约翰·多恩（John Donne）认为："人生活在这世界不可能是一座孤岛。"环境对于人的价值观的形成和发展有着重要的影响作用。改革开放以来，党和国家努力营造良好社会环境和校园文化，以帮助大学生树立正确的政治价值观。

1. 营造良好的社会环境。社会整体氛围和其中涌现的多种政治思潮无疑会对大学生政治价值观产生潜移默化的影响。因此，改革开放以来，党和国家高度重视社会环境建设，多次要求全党全社会要关心学生成长，各地党政部门和领导要积极参与到大学生政治价值观教育工作当中，将学校教育小课堂和社会大课堂结合起来。党的十一届三中全会召开以后，通过拨乱反正、平反冤假错案、开展真理标准问题讨论等活动，广大民众破除了"两个凡是"的束缚，反思了十年内乱造成的思想混乱。同时，针对当时社会仍存在的一些不良风气，中共中央宣传部、共青团中央、全国妇联、中国文联、卫生部等九个单位联合发起"五讲四美三热爱"活动。"五讲"包括讲文明、讲礼貌、讲卫生、讲秩序、讲道德；"四美"包括心灵美、语言美、行为美、环境美；"三热爱"包括热爱祖国、热爱社会主义、热爱中国共产党。这些活动旨在"改善人与人之间的关系，维护社会安定团结，恢复和发扬我国良好的社会风气，激励人们同心同德克服困难，搞好社会主义四化建设，促进青少年一代的健康成长"[3]。随着这些活动的推进，社会环境焕然一新，使得大学生清楚地认识到自己所肩负的责

---

〔1〕 全国高校思政课专兼职教师超 12.7 万人　专职思政课教师队伍年轻化成发展新态势 [N]. 中国青年报，2022-03-18（2）.

〔2〕 努力使中国特色哲学社会科学真正屹立于世界学术之林——党的十八大以来高校哲学社会科学发展成就综述 [N]. 人民日报，2022-07-07（4）.

〔3〕 加强和改进大学生思想政治教育重要文献选编（1978—2008）[M]. 北京：中国人民大学出版社 2008：17.

任，更加积极地投入到四化建设当中。

党的十二大以后，党中央以整党、法制建设、文化建设为切入点，积极营造良好的社会环境。党的十二大报告提出了五年内争取实现党风根本好转的任务。为推进整党工作，党的十二届二中全会通过了《中共中央关于整党的决定》，提出以统一思想、整顿作风、加强纪律、纯洁组织为主要任务，力图通过整党进一步实现全党思想上、政治上的高度一致，纠正一切违反四项基本原则、违反十一届三中全会以来党的路线的"左"的和右的错误倾向；发扬全心全意为人民服务的革命精神，纠正各种利用职权谋取私利的行为，反对对党、对人民不负责任的官僚主义；坚持民主集中制的组织原则，反对无组织无纪律的家长制、派性、无政府主义、自由主义，改变党组织的软弱涣散状况；按照党章规定，把坚持反对党、危害党的分子清理出来，开除出党。[1]按照党中央的部署，各地各部门认真贯彻落实整党要求，党风党纪进一步加强。广大党员和干部深刻体会和认识到十一届三中全会以来党的路线、方针、政策完全正确，党内民主集中制得到加强，领导干部逐渐革命化、年轻化、知识化、专业化，以权谋私的不正之风基本刹住。[2]同时，针对很多地方社会治安仍未恢复的问题，1983 年第六届全国人大常委会第二次会议通过了《关于严惩严重危害社会治安的犯罪分子的决定》和《关于迅速审判严重危害社会治安的犯罪分子的程序的决定》，力图通过严厉打击刑事犯罪，巩固和加强人民民主专政，加强社会主义法制建设，促进社会风气和党风的根本好转。按照这两个决定的要求，全国公安机关、检察机关、司法机关严厉打击危害社会治安的犯罪活动。1983 年 8 月—1985 年底，全国各级人民法院和专门法院共审结刑事案件 1 102 000 多起，依法判处人犯 1 395 000 多名。重点打击的对象是流氓犯罪集团、杀人、强奸、抢劫等七个方面严重危害社会治安的犯罪分子，占判处人犯总数的51%。对严重刑事犯罪活动的打击是准的、狠的。一度被严重危害社会治安的犯罪分子闹得乌烟瘴气、人心不安的状况大大改变了，流氓犯罪集团受到了摧毁性的打击，

〔1〕 中共中央关于整党的决定　中共十二届二中全会通过（一九八三年十月十一日）[N]. 人民日报, 1983-10-13（1）.
〔2〕 在今年整党中实现党风明显好转　一九八四年三月十日王鹤寿同志在中央纪律检查委员会工作会议上的报告 [N]. 人民日报, 1984-04-22（1）.

社会治安明显好转。[1]随着改革开放事业的进一步深化,20 世纪 80 年代中后期西方资产阶级思潮不断涌入我国,对大学生政治价值观造成了不良影响。针对这一问题,中共中央号召全社会要关心青少年,积极承担培养教育下一代的任务,使广大青少年能够在良好的社会环境中健康成长。按照党中央的要求,共青团、工会、妇联和学生会积极开展群众性的、健康有益的文体活动,丰富大学生的业余、课余生活;国家宣传、文化、出版部门均努力为大学生提供更多更好的精神产品,满足他们的求知欲望。这一时期,社会环境和风气为之一变,大学生在这种环境的熏陶下逐渐认识到西方思潮的危害性,并坚定了正确的政治价值观。党的十三届四中全会和十五大以来,党和国家不断加大工作力度,持续深入开展反腐倡廉工作,党风廉政建设和反腐败斗争取得了明显成效,进一步促进了社会环境的优化。精神文明建设"五个一工程"从 1991 年起开始实施,推出电影、电视剧(片)、戏剧、歌曲、广播剧共计 876 部,优秀图书 295种,发挥了积极的导向示范作用。长篇小说、电影、少儿作品"三大件"的创作出版取得长足进展。长篇小说年出版达 500 多部,电影年产量近 100 部。文艺演出、电影电视、音像、文化娱乐、文化旅游等文化市场体系初步建立。各地广泛开展的社区文化、企业文化、军营文化、校园文化、广场文化等,将专业与业余相结合、提高与普及相结合、高雅与通俗相结合。在大力促进繁荣的同时,注重加强管理,坚持不懈地开展"扫黄打非"行动。连续 9 年在全国范围内开展了有声势、有力度的"扫黄打非"集中行动,取得明显成效。[2]

　　党的十四大以后,我国通过扶贫攻坚、精神文明建设等方式,创建了和谐、稳定、丰富的社会环境。就扶贫攻坚而言,《国家八七扶贫攻坚计划(1994—2000 年)》《中国农村扶贫开发纲要(2001—2010 年)》先后出台,以江泽民同志为核心的中央领导集体,提出了从 1994 年到 2000 年,力争用 7 年左右的时间,基本解决当时全国农村 8 000 万贫困人口的温饱问题。按照当时的扶贫标准,2000 年底,中国农村贫困人口减少到 3 209 万人,贫困发生率降低到3.5%。[3]就精神文明建设而言,20 世纪 90 年代中期尤其是十四届六中全会以

---

〔1〕 最高人民法院工作报告 [N]. 人民日报, 1986-04-20(2).

〔2〕 吉炳轩 . 高举旗帜　保持一致　围绕中心　服务大局　为改革开放和现代化建设提供强大精神动力、思想保证和智力支持 [N]. 人民日报, 2002-11-02(2).

〔3〕 人类减贫的中国实践 [N]. 人民日报, 2021-04-07(10).

后，从中央到地方，我国开展了多种多样的优化社会风气的活动。在全国范围内开展了以"讲文明、树新风"为主要内容的创建活动。各地各部门深入开展了"创建文明城市、文明村镇、文明行业"活动。围绕特定的重大事件和重要议题开展学习教育活动，如"迎回归、爱祖国""我看改革20年""庆祝建国50周年，唱响祖国颂、社会主义颂、改革开放颂""回顾百年沧桑、展望美好未来""致富思源、富而思进"等。各部委开展了"科技文化卫生三下乡""百城万店无假货""万村书库""文化扶贫"、村村通广播电视电话工程等活动。一些城市设立了"110"报警服务电话、"12345"（有事找政府）市长公开电话、"星期日接待日"。许多农村开展"科技致富""农业实用技术"培训，建立党员联系户、联系点制度。一些地方和单位针对特殊对象开展特殊服务活动。如成立帮助下岗职工再就业的"下岗职工自管会""职工再就业服务中心""巾帼家政服务站"，建立"外来民工学校""外来人口学校""流动人口公寓"老年学校等。[1]通过扶贫攻坚和一系列精神文明建设工作，社会风气呈现出越来越健康、积极、向上的发展态势，进一步增强了广大人民群众和大学生对党和国家的信任、对国家主导政治价值观的认同。

党的十六大以后，我国通过扶贫、社会舆论氛围优化等方式营造了稳定、自由、民主的社会环境。就扶贫工作而言，以胡锦涛同志为总书记的党中央提出了坚持科学发展观，构建社会主义和谐社会，全面建成小康社会，推进社会主义新农村建设的任务。党和国家先后实施了西部大开发、振兴东北地区等老工业基地、中部地区崛起等国家区域发展战略；取消了农业税，建立了新型农村合作医疗等一系列农村社会保障制度，农民负担重的状况得到根本性改变。2011年，中共中央、国务院印发了《中国农村扶贫开发纲要（2011—2020年）》，提出我国扶贫开发的主要任务转入巩固温饱成果、加快脱贫致富、改善生态环境、提高发展能力、缩小发展差距的新阶段。按照当时的扶贫标准，到2010年底，中国农村贫困人口减少到2 688万人，贫困发生率降为2.8%；2011年，中国将扶贫标准提高到2 300元，在新的扶贫标准下，中国贫困人口为1.22亿。[2]就社会舆论氛围优化而言，2004年中共中央、国务院印发了《关于

---

〔1〕 中共中央宣传部政策法规研究室．思想政治工作新方式的探索与实践[N]．人民日报，2000-08-15（9）．
〔2〕 人类减贫的中国实践[N]．人民日报，2021-04-07（10）．

进一步加强和改进大学生思想政治教育的意见》，明确提出要努力为大学生思想政治教育营造良好的社会舆论氛围，为大学生提供丰富的精神食粮。[1] 按照文件要求，我国开展了一系列教育活动，如党员先进性教育活动、社会主义荣辱观教育活动、社会主义核心价值体系教育活动等，努力营造良好的育人环境。为进一步优化社会舆论氛围，党的第十七届中央委员会第六次全体会议审议通过了《中共中央关于深化文化体制改革　推动社会主义文化大发展大繁荣若干重大问题的决定》，提出："必须全面贯彻为人民服务、为社会主义服务的方向和百花齐放、百家争鸣的方针，立足发展先进文化、建设和谐文化，激发文化创作生产活力，提高文化产品质量，发挥文化引领风尚、教育人民、服务社会、推动发展的作用"[2]，并要求从坚持正确创作方向、繁荣发展哲学社会科学、加强和改进新闻舆论工作、推出更多优秀文艺作品、发展健康向上的网络文化、完善文化产品评价体系和激励机制、构建公共文化服务体系、发展现代传播体系、建设优秀传统文化传承体系等方面推进文化建设。这一时期，按照党和国家的部署和要求，全社会被动员了起来，社会舆论氛围得到进一步的改善和提升，人与人之间的关系更加和谐，社会风气积极向上。在这种社会环境的感染下，大学生对我国主导政治价值观及党和国家的认同度进一步增强。

党的十八大以来，我国以党的建设为抓手，通过脱贫攻坚、法治建设、道德建设、文化建设、网络文明建设营造和谐、文明、民主的社会环境。就党的建设而言，党和国家先后出台了《十八届中央政治局关于改进工作作风、密切联系群众的八项规定》《中国共产党廉洁自律准则》《中国共产党纪律处分条例》《关于新形势下党内政治生活的若干准则》《中国共产党党内监督条例》《中共中央政治局贯彻落实中央八项规定的实施细则》《中共中央关于加强党的政治建设的意见》等文件，对党建工作提出了明确要求。全党上下认真贯彻落实中央八项规定精神，全国纪检机关持续有力纠治了"四风"，一体化推进不敢腐、不能腐、不想腐，推动反腐败斗争取得了压倒性胜利并全面巩固，促进了党风政风好转，继而带动了民风社风转变。就脱贫攻坚而言，以习近平同志为核心的党中央提出实现中华民族伟大复兴的中国梦，推进决胜全面建成小康社会，将

---

〔1〕普通高校思想政治理论课文献选编（1949—2008）[M].北京：中国人民大学出版社2008：208.

〔2〕中共中央关于深化文化体制改革　推动社会主义文化大发展大繁荣若干重大问题的决定[N].人民日报，2011-10-26（1）.

其纳入"五位一体"总体布局和"四个全面"战略布局，大力开展脱贫攻坚和法治建设工作，以营造和谐、有序、稳定、安全的社会环境。经过 8 年持续奋斗，到 2020 年底，中国如期完成新时代脱贫攻坚目标任务，现行标准下 9 899万农村贫困人口全部脱贫，832 个贫困县全部摘帽，12.8 万个贫困村全部出列，区域性整体贫困得到解决，完成消除绝对贫困的艰巨任务。[1]就法治建设而言，党的十八大以来，党和国家积极推进全面依法治国。十八届四中全会通过了《中共中央关于全面推进依法治国若干重大问题的决定》，开启了中国法治新时代。《中华人民共和国民法典》《法治中国建设规划（2020—2025 年）》《法治政府建设实施纲要（2021—2025 年）》《法治社会建设实施纲要（2020—2025 年）》等文件先后出台。党中央秉持"依法治国和以德治国相结合"原则，一方面健全有效防范和及时纠正冤假错案的工作机制，重铸法治底线，另一方面把核心价值观融入法治建设，用善法良策的刚性约束有力支撑核心价值观建设，强化人们的道德判断力和道德责任感。如 2016 年 1 月 3 日，北京朝阳区人民法院通过媒体公布 269 名"老赖"名单，限制他们进行高消费，某歌手赫然在列。中华人民共和国最高人民法院和最高人民检察院出台打击网络谣言的司法解释，一批网络"大谣"认罪服法。截至 2022 年 9 月底，我国现行有效法律 293 件、行政法规 598 件、地方性法规 13 000 余件。2021 年，八类主要刑事犯罪、毒品犯罪、抢劫、抢夺案件、盗窃案件的立案数和一次死亡三人以上的较大交通事故数较 2012 年分别下降了 64.4%、56.8%、96.1%、62.6% 和 59.3%。10 年来，刑事案件、安全事故等"五项指数"大幅下降，人民群众的安全感明显提升。2021 年，根据国家统计局的调查显示，人民群众的安全感达到了 98.6%，较2012 年提升了 11 个百分点。[2]就道德建设而言，党和国家加强组织领导，奋力推进"以德治国"，创建和谐、积极、向善、向美的社会风气。2014 年，中央文明委印发了《关于推进诚信建设制度化的意见》，通过曝光、限制高消费等一系列举措打击各种"老赖"行为，有效遏制了不诚信现象蔓延。2015 年 4月，中央宣传部、中央文明办印发了《培育和践行社会主义核心价值观行动方案》，分解出 30 多项重点任务。按其部署，核心价值观融入经济社会发展，融

---

〔1〕 人类减贫的中国实践 [N]. 人民日报，2021-04-07（10）.
〔2〕 更高水平的法治中国阔步走来——有关部门负责人介绍法治中国建设有关情况 [N]. 光明日报，2022-10-20（6）.

入人们生产生活，融入家庭家风家教。2019 年，中共中央、国务院印发了《新时代公民道德建设实施纲要》，分解出 4 项重点任务，提出深化道德教育引导、推动道德实践养成、抓好网络空间道德建设等实施措施。为推进道德建设，党和国家从以下三个方面着手。一是抓好重点人群，稳固核心价值观的根与魂。领导干部是践行社会主义核心价值观的先行者、好样本。八项规定、群众路线教育实践活动、"三严三实"专题教育、"打虎拍蝇"等一系列举措显著净化了政治生态，党员领导干部带头走正路、干正事、扬正气，有效激发了全社会崇德向善的正能量。二是通过重大仪式、纪念活动开展，传播核心价值观。党和国家利用各种时机和场合传播核心价值观，引导人们树立和坚持正确的历史观、民族观、国家观、文化观。中国人民抗日战争暨世界反法西斯战争胜利 70 周年纪念大会阅兵、南京大屠杀死难者国家公祭仪式、庆祝中国共产党成立 100 周年大会等，生动传播了爱国主义精神，增强做中国人的骨气和底气。三是注重全面覆盖，放大凡人善举、平凡英雄的光与热。全国道德模范评选、时代楷模发布、感动中国人物表彰、"身边好人""寻找最美"等活动纷纷开展。舍己救人的"最美教师"张丽莉、捐资助学、扶贫济困的将军夫人龚全珍、用教育改变山村女孩子命运的张桂梅等无数道德楷模照亮了整个社会的价值星空。学雷锋、志愿服务在大江南北蔚然成风，与文明城市、文明村镇、文明单位、文明家庭、文明校园等创建活动同频共振。善行河北、安徽好人、感动浙江等从一个身边好人的凡人善举，到一群道德模范的身先士卒。通过道德模范的熏陶，使人们从心底迸发出对善的敬重、对美的向往，成为这个时代最引人瞩目的精神力量。就文化建设而言，党和国家从实现"两个一百年"奋斗目标的高度，提出了建设社会主义文化强国的战略任务。党的十八届三中全会将深化文化体制改革作为全面深化改革的一个重要方面作出部署，提出了建立健全现代公共文化服务体系的理念。为推进文化建设，党和国家先后印发了《关于鼓励和引导民间资本进入文化领域的实施意见》《关于政府向社会力量购买服务的指导意见》《关于加快构建现代公共文化服务体系的意见》等，并推动文化立法，完善公共文化服务机构的法人治理结构，颁布了《公共文化服务保障法》《公共图书馆法》等文件。党三次修订了《中华人民共和国文物保护法》，颁布了《博物馆条例》，注重文物服务于人民的社会功能，全面提升博物馆的公益性与服务功能。2013 年底，中央财政出资设立国家艺术基金，截至 2016 年，累计安排资金 20 亿元。国家艺术基金资助项目在推动主旋律艺术创作、弘扬社会主义核心价值观方面成效显著，精品力作层出不穷。2014—2016 年，共立项资助项目 2 087 项，资助资金总额 18.83 亿元。其中，以"中国梦"为主题的项目 298 项，以"社会主义核心价值观"为题材的项目 265 项，以"中华优秀传统文化"为内容的项目 878 项，反映"四个全面""一带一路""美丽中国"等方面内容的项目 402 项。国家艺术基金多个资助项目参加中国艺术节、上海国际艺术节等活动，多次获得"五个一工程"奖、文华奖、群星奖等荣誉，培养各类高端专业艺术人才 4 200 余名。[1] 2017 年 1 月，中办、国办印发了《关于实施中华优秀传统文化传承发展工程的意见》，将传承和弘扬中华优秀传统文化作为一项历史性、战略性工程来抓。党和国家积极开展传统文化资源大规模梳理，统筹实施中华文化资源普查工程、国家古籍保护工程、重点文物保护工程，推进中华文化广播电视传播、中华文化新媒体传播、非物质文化遗产传承发展、中华老字号保护发展、中华经典诵读、中国传统节日振兴、戏曲传承振兴等重点项目，产生了广泛的文化影响。《最美中国戏》《中国诗词大会》《中国地名大会》《记住乡愁》等节目，激发了广大人民群众的参与热情，助推广大人民群众增强文化自觉和文化自信。同时，党和国家积极建构主流文化认同，主流影视剧呈现蓬勃生机，制作出了《觉醒年代》《长津湖》等一系列优秀影视作品。这一时期，低俗媚俗文艺作品得到遏制；大批作家、艺术家深入生活、扎根人民；文艺作品急功近利、粗制滥造的现象开始得到改善；扭转了文艺评论风气，对各种不良艺术作品、现象、思潮敢于表明态度，在大是大非问题上敢于表明立场，"让人民满意"越来越成为文艺作品的评价标准。我国初步建成了包括国家、省、地市、县、乡、村和城市社区在内的六级公共文化服务网络，主要包括以下三大类。一是群众走进来享受的公共文化服务，如博物馆、图书馆、美术馆、科技馆、文化宫等，保证群众的读书权、鉴赏权等基本权益；二是群众坐在家里享受的公共文化服务，主要是通过农村广播电视村村通、户户通工程，让农村群众在家里免费听广播、看电视；三是活跃群众文化生活的公共文化服务，主要是各级的文化馆和乡镇（街道）文化站、村（社区）文

---

〔1〕 国家艺术基金累计投入 20 亿元　支持创作生产、交流推广、人才培养 [N]. 人民日报，2017-06-07（12）.

化室。[1]截至 2020 年底，全国共有公共图书馆 3 212 个，博物馆 5 788 家，文化馆 3 321 个，乡镇综合文化站 32 825 个，村级综合性文化服务中心 575 384 个。全年出版各类报纸 277 亿份，各类期刊 20 亿册，图书 101 亿册（张），人均图书拥有量达 7.24 册（张）。全国广播节目综合人口覆盖率为 99.4%，电视节目综合人口覆盖率为 99.6%。全年生产电视剧 202 部 7 476 集，电视动画片 116 688 分钟，故事影片 531 部，科教、纪录、动画和特种影片 119 部。实施广播电视户户通工程、农村电影放映工程、农家书屋工程等文化惠民工程，促进基本公共文化服务标准化、均等化，保障人民群众基本文化权益。公共数字文化工程累计建设可供全国共享的数字资源约 1 274TB，数字图书馆推广工程已覆盖全国 39 家省级图书馆、376 家市级图书馆，服务辐射 2 760 个县级图书馆。建设完善公共体育场、全民健身中心、体育公园、健身步道、足球场、多功能健身场地等多种类型的全民健身场地设施，倡导全民健身。2020 年，全国共有体育场地 371.3 万个，体育场地面积 31 亿平方米，人均体育场地面积 2.2 平方米，行政村"农民体育健身工程"基本实现全覆盖，经常参加体育锻炼人数比例达 37.2%。[2]与此同时，党中央还要求地方各部门都要把支持和接受学生参加社会实践、业务实习、军事训练等作为一项社会义务，鼓励党政机关、企事业单位等就近与高校对接，挂牌建立实践教学基地。如华东师范大学与中共一大纪念馆等合作共建现场教学点，让学生做志愿者、讲解员，建设党史育人、实践育人平台。山东大学在刘公岛等建立 22 个思政教育社会实践基地。[3]就网络文明建设而言，党和国家从加强顶层设计和总体布局入手，不断强化网络法治建设。党的十九届五中全会作出了"加强网络文明建设，发展积极健康的网络文化"的重要部署，搭建了"十四五"时期网络文明建设的制度框架；2021 年，中共中央办公厅、国务院办公厅印发《关于加强网络文明建设的意见》，进一步明确了加强网络文明建设的总体要求、工作目标、主要任务、保障措施。按照网络文明建设的部署与要求，党和国家陆续出台了《网络安全法》《数据安全法》《个人信息保护法》《网络信息内容生态治理规定》《互联网用户公众账号

---

〔1〕 我国文化改革发展成就辉煌 [N]. 人民日报，2015-10-10（7）.

〔2〕 全面建成小康社会：中国人权事业发展的光辉篇章 [N]. 人民日报，2021-08-13（10）.

〔3〕 各地各高校拓展新时代大学生思政教育的有效途径——种好责任田上好思政课 [N]. 人民日报，2021-12-20（12）.

信息服务管理规定》《关于加强网络直播规范管理工作的指导意见》《互联网群组信息服务管理规定》等政策法规，极大促进了网络舆论生态良性运转。

2. 强化校园环境建设。校园环境作为"隐性课程"直接影响着大学生政治价值观的形成，因此党和国家历来重视校园环境的健康发展。党的十一届三中全会尤其是党的十二大以后，党中央提出要建设民主团结、生动活泼的校风和学风。1983 年、1986 年，党和国家先后印发了《关于贯彻〈关于加强爱国主义宣传教育的意见〉的通知》《关于加强高等学校思想政治工作的决定》，明确提出："学校的环境布置要精心设计，使学生处处受到爱国主义精神的感染"[1]，并要求对学生必须严格管理，同时又要有民主的、生动活泼的政治风气和浓厚的学术风气，逐步形成实事求是、勤奋学习、民主团结、不断进取的学风和校风。[2] 这一时期，高校在教室、图书馆、实验室悬挂著名爱国历史人物、历代杰出科学家、文学艺术家的画像以及有教育意义的名言录，并将树立良好的校风和学风作为校园文化建设的出发点。如华东化工学院（现为华东理工大学）成立了校园文化建设委员会，上海交大校长宣布将筹建大学生活动中心。上海交大团委、学生会组织了"当代交大人"系列活动，引导大家通过交大英才群像的回顾和向同龄英雄模范致敬的活动，彰显出"交大人"的本质和应有的时代风貌。复旦大学开展了"复旦人"的讨论，提出了新时期应具有的品质、学风以及校风。各种社团活动和丰富多样的第二课堂，成了校园文化的重要发展场所。上海市高校有各类学生社团 300 多个，其中 7 个是市学联领导的社团，81 个属于甲级社团。众多的社团开展了丰富多彩的活动，还加强了横向联系。中国纺织大学（现为东华大学）举办的"谁的服装最美"活动，以及随后成立的大学生时装表演队，别开生面，引人注目。市学联组织的"研究生新观念讲演团"到各校巡回讲演，很受听众欢迎。社团还自己办刊物，宣传新思想、新观念。上海交大的《新上院》、复旦的《复旦人》、华东师大的《夏雨岛》，以及同济大学的《同济大学生》等刊物，影响已超出校园，引起社会的重视。[3]

---

〔1〕 加强和改进大学生思想政治教育重要文献选编：1978—2014[M]. 北京：知识产权出版社，2015：22.

〔2〕 加强和改进大学生思想政治教育重要文献选编：1978—2014[M]. 北京：知识产权出版社，2015：49-50.

〔3〕 校园文化在上海高校兴起 [N]. 人民日报，1986-11-10（3）.

尽管自 20 世纪 80 年代中期开始高校校园文化活动丰富多样且活跃，但是却存在超现实的理想主义和政治认同的失落的问题。

针对这一问题，从 20 世纪 80 年代末 90 年代初开始，高校积极开展社会主义理想信念教育活动。高校利用学生社团尤其是马克思主义学习小组和党章学习小组组织学生认真学习马列主义基础理论。如福建师范大学历史系有 100 多位学生参加了马列主义著作学习小组。他们通过学习《共产党宣言》《家庭、私有制和国家的起源》等一系列马列著作，认识到只有社会主义才能救中国的真谛。福州大学的机械、企管、土建、无线电等系就有 20 多个学马列主义著作小组。据厦门大学、福建师范大学、福州大学、福建农学院（现为福建农林大学）、厦门水产学院（现为集美大学水产学院）的不完全统计，有 3 000 多名学生通过马列主义著作和党章学习，积极地争取加入中国共产党。[1] 经过一段时间的校园文化建设，高校校风学风明显好转。以上海高校为例，1991 年初，上海市教卫办、市高教局、团市委对校风情况进行了调查。他们发现，多数学生学习态度端正，每天要在学习上花 8 ～ 10 个小时。上海医科大学平时夜自修率达 80% 以上。华东师范大学开学之日的学生报到率达 98.7%；复旦大学图书馆阅览室出现了抢占座位的现象；华东化工学院（现为华东理工大学）学生提出两个要求：增开一个晚上 12 点熄灯的自修教室；中午提前 5 分钟吹起床号。许多学生不满足于课堂上的学习和只学一个专业，选学选修课和学双学位的学生越来越多。同时，班集体的建设有新进展。上海交大党委提出建设"政治进步、道德高尚、学习勤奋、生活文明"班风的号召，得到全校学生热烈响应。华东化工学院基础部开展评选先进集体和个人的活动，一周内，已有 145 个班级、团支部和团小组提出申请。448 个寝室中有 317 个申报文明、先进寝室；3 027 名学生中，申报的已有 1 619 人。[2]

党的十四大以后，党和国家提出要营造丰富多彩、积极向上、文明有序的高校校园环境。1993 年、1994 年、1995 年，《中国教育改革和发展纲要》《关于进一步加强和改进学校德育工作的若干意见》《中国普通高等学校德育大纲（试行）》先后出台，明确提出："要严格执行校规、校纪，教育学生遵守行为规

---

[1]　学马列、学雷锋、唱革命歌曲蔚成风气　福建省大学校园出现新气象 [N]. 人民日报，1990-03-08（3）.
[2]　上海高校学风明显好转 [N]. 人民日报，1991-03-24（3）.

范，建设健康的、生动的校园文化，树立良好的校风、学风，使学校成为建设社会主义精神文明的重要阵地"[1]；要重视校园文化建设，要大力开展学生喜闻乐见的丰富多彩、积极向上的学术、科技、体育、艺术和娱乐活动，建设以社会主义文化和优秀的民族文化为主体、健康生动的校园文化。要努力净化校园环境，抵制消极、腐朽思想的渗透和影响，抵制低俗文化趣味和非理性文化倾向，引导校园文化气氛向健康高雅方向发展。建设"文明、整洁、优美、有序"的校园环境。[2]为推进高校学风建设，党和国家先后出台了《教育部科学技术委员会章程》《教育部科学技术委员会学部章程》《教育部科学技术委员会学风建设委员会章程》，旨在倡导良好的学术风气，加强学术道德建设；贯彻落实国家和教育部学风建设相关文件精神，拟定高等学校进一步加强学风建设、规范学术行为的基本准则等文件；密切结合高等学校学风建设的实际情况，总结和推广学风建设的典型经验，指导和推进高等学校学风建设；完成教育部科技委交办的其他与学风建设有关的工作。[3]按照党和国家部署，各地各高校积极开展校园文化建设工作。如1988年清华大学等18所高等工业院校代表会聚西安交通大学，交流加强校风建设工作，并通过了《关于加强校风建设的倡议书》，提倡继续推进政治课改革，扩展人文、社会科学知识的教育，建立大学生行为道德规范；所有教师都应严谨治学、认真执教、关心并引导学生全面成长；加强学校领导与学生之间的联系和对话，疏通民主渠道，吸收学生参加管理，培养学生的主人翁思想，激发学生自我教育、自我管理的积极性。广大同学也要尊敬师长、主动学习、努力提高自己的道德文化修养；建立、健全各项规章制度，严格执行校纪校规，严肃课堂纪律，杜绝考试作弊现象，树立严谨的校风和学风；努力创造一个有利于培养和提高学生全面素质的校园文化环境，维护校园的公共秩序，加强学术气氛，积极组织学生开展丰富多彩的课外科技、文化、艺术、体育等活动，把高等学府建设成安定、高雅、文明、健康的学习园地。[4]2001年清华大学在九十周年校庆之际，以"两弹一星"元勋为原型创作

---

〔1〕中共中央国务院印发《中国教育改革和发展纲要》[N]. 人民日报，1993-02-27（2）.

〔2〕加强和改进大学生思想政治教育重要文献选编：1978—2014[M]. 北京：知识产权出版社，2015：146，158.

〔3〕教育部公布两委员会新章程 高校学风建设"有章可依"[N]. 人民日报，2010-03-19（12）.

〔4〕清华等十八所高等工业院校代表会聚西安 倡议全国高校加强校风学风建设 [N]. 人民日报，1988-10-16（3）.

了话剧《紫荆花开》，在多次公演过程中，深深打动了观众。武汉大学重视发挥思想政治工作环境氛围的感染、熏陶作用，在实践中以校园自然环境建设为基础，以树立良好的校风学风为重点，先后成立了大学生艺术团、教授合唱团等，每年举办"珞珈之春""珞珈金秋"文化艺术节；每年为学生开设艺术、文化类选修课58门；定期举办文化艺术培训班，每年参加人数达3 000余人；开展系列学术报告，弘扬了民族文化和民族精神；举办了科技文化节和学习竞赛，营造良好的校风、学风等。[1]

党的十六大以后，党和国家强调校园环境的育人功能，并积极推进校园文化建设。2004年，中共中央、国务院印发了《关于进一步加强和改进大学生思想政治教育的意见》，明确提出："校园文化具有重要的育人功能，要建设体现社会主义特点、时代特征和学校特色的校园文化，形成优良的校风、教风和学风"[2]，并要求相关部门和高校通过多种路径和方法积极开展校园文化建设，主动占领网络思想政治教育新阵地。为贯彻落实《关于进一步加强和改进大学生思想政治教育的意见》，教育部、共青团中央印发了《关于加强和改进高等学校校园文化建设的意见》《关于进一步加强高等学校校园网络管理工作的意见》，提出高等学校校园文化是社会主义先进文化的重要组成部分，高等学校应成为发展中国特色社会主义先进文化的重要阵地、示范区和辐射源，要求"各有关部门及高校要深入开展校风和学风建设，要在充分挖掘学校历史传统宝贵资源的基础上，结合学校发展战略和规划，根据学校办学思想和理念，大力营造崇尚科学、严谨求实、善于创造、具有时代特征和学校特色的良好校园风气；大力加强人文素质和科学精神教育，积极实施'大学生全面素质教育工程'，把人文素质和科学精神教育融入高校人才培养的全过程，落实到教育教学的各环节；精心组织校园文化活动，开展内容丰富、形式新颖、吸引力强的思想教育、学术科技、文娱体育等校园文化活动，把德育、智育、体育、美育渗透到校园文化活动之中，使大学生在活动中受益；积极开拓校园文化建设的新载体，充分发挥网络等新型媒体及大学生社团等在校园文化建设中的重要作用……各高校重视校园人文环境建设、校内文化设施建设、校园景观建设和

---

〔1〕 夯实基础 拓宽内容 注重建设武汉大学思想政治工作重在创新 [N].人民日报,2000-08-07（5）.
〔2〕 普通高校思想政治理论课文献选编（1949—2008）[M].北京：中国人民大学出版社，2008：205

治安综合治理工作。相关部门要加强对校园文化建设的领导和管理，坚决抵制各种有害文化和腐朽生活方式对大学生的侵蚀和影响……（高校）要主动占领网络新阵地，牢牢把握网络思想政治教育主动权；综合运用技术、行政和法律手段，切实加强领导，建立健全高校校园网络管理长效工作机制。积极组织实施'绿色校园网络'计划，努力把高校校园网络建设成为系统安全、制度完备、管理规范、内容丰富、信息健康的'绿色网络'。"[1] 按照党和国家的要求和部署，高校通过多种途径丰富校园文化生活，优化校园网络管理服务。如贵州大学通过凝练"明德至善、博学笃行"的校训，建设中国文化书院、校史馆，编写《贵州大学校史》，党风、教风、学风建设，学生社团组织建设，成立"国家大学生文化素质教育基地""人文素质教育创新实验区"和全国科普教育基地等方式，创建优美和谐的校园环境，营造高品位、高层次的文化氛围。同时，学校还加强校园网络文化建设，开辟了"青春、启迪""学生工作在线""研究生思政网""网络党校"等多个专题网站，用社会主义核心价值体系引领网络文化。"网络党校"开通后，党员通过互联网参加组织生活、开展党员民主评议等活动，创全国高校学生党建工作之先。[2] 重庆邮电大学建立了网络宣讲阵地——"红岩网校"。按照"坚持导向、贴近学生、贴近生活、寓教于乐"的方针，科学设置栏目和议题，不仅开设了党建理论、先进性建设、网上党校等30多个特色栏目，还开设了马克思主义基本原理、毛泽东思想、邓小平理论和"三个代表"重要思想概论等多门网上精品课程。同时，开设专题栏目，对学生们关注的重大理论和实际问题进行析事明理、解疑释惑。[3] 为充分发挥校园文化的育人功能，引导大学生积极参与校园文化建设，2005年、2006年，共青团中央、教育部等部门共同连续举办了首届、第二届全国大学生校园文化节。

党的十八大以来，党和国家提出要广泛开展大学文化建设，培育良好的校风学风。党和国家相继印发了《关于坚持和完善普通高等学校党委领导下的校长负责制的实施意见》《关于加强和改进新形势下党校工作的意见》《高校思想

---

〔1〕 教育部、共青团中央通知要求　加强和改进高校校园文化建设、校园网络管理和大学生社团工作 [N]. 人民日报，2005-03-03（2）.

〔2〕 郑元宁. 以科学发展观引领大学校园文化建设 [N]. 光明日报，2009-07-01（10）.

〔3〕 重庆市委宣传部. 精心打造"红岩网校"——重庆邮电大学开展网上理论宣讲的事迹 [N]. 人民日报，2008-10-29（7）.

政治工作质量提升工程实施纲要》《关于加快构建高校思想政治工作体系的意见》等文件，强调要"加强大学文化建设，发挥文化育人作用，培育良好校风学风教风"[1]；"要坚持严以治校、严以治教、严以治学，坚持艰苦奋斗、勤俭办学，严格落实中央八项规定精神，建立健全各项管理制度，加强校风学风建设"[2]；要"优化校风学风，繁荣校园文化，培育大学精神，建设优美环境，滋养师生心灵、涵育师生品行、引领社会风尚"[3]；要持续开展文明校园创建活动。按照党和国家的要求，各部门各地各高校积极开展校园文化建设工作，校风学风、校园环境得到进一步优化。2012 年，中国科协、教育部实施了"科学大师名校宣传工程"，北京大学、清华大学、上海交通大学、浙江大学、中国科学技术大学、中国地质大学（武汉）排演了以王选、邓稼先、钱学森、郭永怀、竺可桢、李四光等科学家为主题的话剧或歌剧。如清华大学组织师生在原话剧《紫荆花开》的基础上创作的话剧《马兰花开》，在多次公演中"两弹一星"元勋邓稼先的感人事迹深深打动了在场师生。[4] 与此同时，党和国家还高度重视网络校园文化建设。2015 年、2017 年、2020 年，党和国家先后印发了《关于进一步加强和改进新形势下高校宣传思想工作的意见》《高校思想政治工作质量提升工程实施纲要》《关于加快构建高校思想政治工作体系的意见》，强调："要创新网络思想政治教育，开展高校校园网络文化建设专项试点工作，大力推进校报校刊数字化建设……立足校园网站建设开办一批贴近师生学习生活的网络名站名栏，建设一支由学生和青年教师骨干组成的网络宣传员队伍，打造示范性思想理论教育资源网站、学生主题教育网站和网络互动社区，推进辅导员博客、思想政治理论课教师博客、校务微博、校园微信公众号等网络新媒体建设……加强校园网络安全管理，加强高校校园网站联盟建设，加强高校网络信息管理系统建设"[5]，要创新推动网络育人，建设高校思想政治工作网，推动"易班"和中国大学生在线全国共建，重点建设一批高校思政类公众号，发挥新

〔1〕　中办印发《关于坚持和完善普通高等学校党委领导下的校长负责制的实施意见》[N]. 人民日报，2014-10-16（1）.

〔2〕　中共中央关于加强和改进新形势下党校工作的意见 [N]. 人民日报，2015-12-14（1）.

〔3〕　中共教育部党组关于印发《高校思想政治工作质量提升工程实施纲要》的通知 [EB/OL]. http：//www.moe.gov.cn/srcsite/A12/s7060/201712/t20171206_320698.html.

〔4〕　对话清华大学党委书记胡和平——用校园原创艺术演绎科学大师 [N]. 人民日报，2013-11-07（17）.

〔5〕　中办国办印发《意见》加强和改进新形势下高校宣传思想工作 [N]. 人民日报，2015-01-20（1）.

媒体平台对高校思政工作的促进作用。[1]按照党和国家的要求，教育部积极响应中央网信办一同开始推进"易班"工作部署，并会同中央网信办开展了两届"全国大学生网络文化节"和"全国高校网络宣传思想教育优秀作品推选展示活动"。各地多措并举积极推进高校网络文化建设。如四川省教育厅和省网信办一起制定了实施方案，成立了"易班"建设与发展中心，指导"易班"建设，当年组织首批 31 所高校加入"易班"。[2]河南在全省组建培养了 1.8 万多名高校青年网络宣传员队伍，通过网络舆情处置和引导，将传统思想政治教育中的大道理转化成网言网语。河南省高工委还依托中原工学院投资 500 多万元建立了高校舆情信息平台。每周向高工委、教育厅提供全省高校校园网及贴吧舆情分析报告以净化高校网络环境。同时，河南省每个高校都建立完善了网站、微信、微博等平台，以学子喜闻乐见的形式，引导师生发声，传播时代正能量。河南大学从官方微博到"铁塔青梅"校园资讯客户端，再到微信公共平台，成为河南大学校园文化和思想政治工作的主阵地。华北水利水电大学的官方微博"华水荠渡"，意为"华水同舟，微博共济"，倡导平等、沟通、互助、团结、向上的价值取向。[3]2021 年，教育部重点遴选了 12 个类型、200 个高校思政类公众号作为重点建设新媒体平台，拥有粉丝 6 119 万。在抗击疫情期间，高校积极采用"微党课""云班会"开展思想政治工作。如湖南师范大学以"抗疫云连线，同心战疫情"网络直播微课堂形式开展交流学习，4 期直播累计观看量达 250 万人次，评论留言达 1 万余条，网上学习心得体会 8 000 余篇。[4]

---

〔1〕 高校思政工作如何着眼新征程谋划新篇章、聚焦新要求落实新任务？打通高校育人最后一公里 [N]. 人民日报，2021-12-21（18）；教育部等八部门关于加快构建高校思想政治工作体系的意见 [EB/OL]. http://wap.moe.gov.cn/srcsite/A12/moe_1407/s253/202005/t20200511_452697.html.

〔2〕 思政工作全覆盖 [N]. 人民日报，2017-10-13（13）.

〔3〕 网络正能量浸润河南高校——大道理"变身"网言网语 [N]. 人民日报，2016-12-15（18）.

〔4〕 全国高校广大青年师生积极践行习近平总书记给北京大学援鄂医疗队全体"90 后"党员重要回信精神——"我们都是收信人" [N]. 人民日报，2020-05-04（1）.

第三节　大学生政治价值观教育存在的不足

改革开放以来大学生政治价值观教育在取得显著成效、积累丰富经验的同时，也存在一些不足。总结和分析这些不足对于推进新时代大学生政治价值观教育的科学发展大有裨益。

一、教育合力有待进一步凝聚和加强

大学生政治价值观教育是一项系统工程，涉及多个部门、多类人员、多个场景，这就要求整合多种要素，凝聚和增强教育合力。改革开放以来，我国充分发挥党政部门、思想政治理论课教学、课程思政建设等多方面积极作用以提升大学生政治价值观教育成效，但从现实层面来看，教育合力仍有待进一步凝聚和强化，这方面的不足具体表现在以下三个方面。

1.全员育人合力较为薄弱。大学生政治价值观教育不仅是高校宣传部门、思想政治理论课教师的任务，也是各级党委和政府、高校各个部门、其他所有教师的任务，因此高校在开展政治价值观教育方面有必要构建全员育人格局，动员各个部门，形成强大的育人合力。改革开放以来，各高校党委积极落实政治价值观教育的主体责任，思想政治理论课教师、辅导员、专业课教师努力投身到大学生政治价值观教育工作之中。然而，群团组织、管理服务部门等尚未充分参与到大学生政治价值观教育之中。与此同时，各个组织和主体的权责、分工、协作仍处于初步探索之中，致使全员育人合力受到一定削弱。

2.全方位育人合力有待进一步强化。改革开放以来，我国充分发挥课程育人、文化育人、组织育人、实践育人在大学生政治价值观教育中的积极作用，但仍在存在不足，集中体现在以下三个方面。（1）线上、线下育人合力不足。自20世纪90年代中期开始，互联网就成为大学生学习和生活不可或缺的一部分，网络上海量的信息无时无刻不在影响着学生的政治立场和价值取向，塑造着学生的政治认知思维方式。尽管自20世纪90年代中后期开始党和国家就高度重视网络政治价值观教育的功能及其开发利用，但线上、线下两个政治价值观教育阵地尚未相互呼应、协同运作，造成二者育人合力不足。（2）课程教学之间及其与学工管理育人合力不足。改革开放以来，我国充分发挥思想政治理论课教学、专业课教学、学工部门在大学生政治价值观教育中的积极作用。然而，这三者之间存在不协调、彼此割裂甚至冲突的问题，导致课上理论教学与学生日常管理之间的育人合力不足。（3）校内校外育人合力不足。改革开放以来，党和国家高度重视校外组织在大学生政治价值观教育中的作用，并要求各级政府和相关部门积极参与到高校教育工作之中，然而大学政治价值观教育活动仍然主要集中在校内，校外教育场景拓展较为薄弱，且校内外组织之间尚未形成较强的协作育人合力。

3. 全过程育人合力有待进一步增强。改革开放以来，党和国家要求高校落实立德树人根本任务，将政治价值观教育贯穿大学生成长成才的全过程。然而，高校在学生入学到毕业离校期间的政治价值观教育时常出现阶段性断裂。在学生学习的不同阶段、不同课程、不同组织和部门犹如"铁路警察各管一段"，仅仅完成了自身所承担的政治价值观教育任务，彼此之间尚未形成有效衔接。换言之，高校在针对大学生不同学段精心设计、科学安排政治价值观教育活动和进度方面较为薄弱，造成全过程育人合力不足。

二、教育内容重知识传授轻价值理性培育

"教育作为培养人的活动，它的超越的核心就是要培养出能改造现存世界的人，也即是具有实践意识和实践能力，能超越现实世界、现实社会的人。赋予人以人所独具的实践本质，这是教育的基本功能。"[1] 就政治价值观教育而言，其核心使命不是政治价值知识灌输，而是政治价值理性培育，以帮助学生具备相应的政治判断、选择、实践能力，成为推动现实政治良性发展的人。

政治价值理性的培育对于大学生而言具有重要意义，集中体现在以下两个方面。一是帮助大学生将已经获得的政治价值知识运用于某些政治现象的分析当中，指导其政治行为。二是帮助大学生巩固、创新个体政治价值观，实现政治价值观教育从"价值再造走向价值创造"，这是大学生政治价值观教育的重要宗旨。我们知道，"实现大学生价值认同教育由'可实现性'向'现实性'转化，就要实现由自发向自觉过渡……价值认同教育强调'从价值再造走向价值创造'，则是实现这种转化的关键。只有当代大学生价值认同教育重视个体选

---

[1] 鲁洁. 论教育之适应与超越 [J]. 教育研究，1996（2）：3.

择、重构和创造价值的时候，才能真正实现自觉运用由'认识'走向'认同'的教育规律；只有当大学生具备了自己发现价值、自己创造价值的能力后，才能提高大学生对主导价值的认同度，才能超越学校中接受的理论指导与社会体验的经验价值之间的矛盾，从而实现价值认同。"[1]

　　然而，长期以来我国非常重视对大学生进行政治价值知识的传授，"在一定程度上片面强调'主知'的教育，'知道'即宣告教育的完成；而使知、情、意、行相脱节，未能实现由'知道'到'体道'、'悟道'的过渡"[2]。虽然政治价值观教育离不开知识传授，但真正的政治价值观教育是用知识来充盈于人、启迪人心、服务于人的政治活动，绝非把人变成贯彻政治价值知识的工具。真正的政治价值观教育必须超越于此，上升到培养人的政治价值理性的高度。换言之，大学生对于政治体系所主导的政治价值观的认同，不仅仅停留在认知层面，而且也体现在情感、态度和行为意向方面，并自觉地把这种政治理论作为自觉的政治信念、信仰。然而，政治信念、信仰的形成仅仅依靠政治价值知识教育是远远不够的。为此，政治价值观教育还应努力培养大学生的政治价值理性，即培养大学生的政治判断、评价、选择和政治参与能力。改革开放以来，我国高校在大学生政治价值观教育过程中逐渐重视培养大学生的政治价值理性，但到目前为止，这仍然是教育中一个薄弱环节。在如何认识、判断、评价社会政治现象的问题上，教师往往只是讲授一些已有的观点和结论，而较少引导大学生对该类政治现象、政治生活问题进行思考和讨论。在传授有关理论思想时，教师较少为大学生运用这些政治观点、理论去认识、判断、评价问题的能力创造条件，并未在进行政治价值知识教育的同时，对大学生进行政治能力的培养和训练。或者更准确地说，在这方面关注不够多，措施不到位，没有充分发挥政治价值观教育在大学生全面发展中的导向、动力和保证功能。

　　正是由于政治价值理性教育方面的不足，易使大学生在甄别和评价政治事件、政治现象和政治生活时，出现政治标准模糊甚至错误的问题，继而导致其政治行为出现盲目性或非理性的倾向。因此，强化政治价值理性教育，是当前和未来大学生政治价值观教育工作的重要任务。

---

〔1〕 练庆伟，李辉 . 当代大学生价值认同教育的困境及路径选择 [J]. 江苏高教，2008（6）：109.
〔2〕 练庆伟，李辉 . 当代大学生价值认同教育的困境及路径选择 [J]. 江苏高教，2008（6）：108.

三、教育方法缺乏多样性和科学性

选择与运用合理的教育途径和方法对于提高大学生政治价值观教育的有效性具有重要意义。改革开放以来，大学生政治价值观中存在的问题与教育途径方法缺乏多样性有着很大的关联。

1. 教育途径较为单一，未充分发挥非正式教育组织，如家庭、社会组织和社区的政治价值观教育作用。毋庸置疑，学校在大学生政治价值观教育方面具有举足轻重的作用，但大学生政治价值观的形成是多种因素相互作用的结果，并非只与学校教育有关。对此，奥骓·奥斯勒和侯·斯塔克指出："学校公民教育并不是在真空中开展。学习者带着他们的日常生活经验学习，家庭和社会生活的经验对他们也有强烈的影响。"[1]西方国家很重视发挥非正式组织的教育作用。如德国在积极推进学校政治价值观教育的同时，非常注重开发和运用校外政治教育资源来影响学生的政治价值观。德国在各个联邦设立了专门的"政治教育中心"，定期举行会议和讲座，并向民众发放有关政治教育方面的资料，还鼓励社会组织、政党、社区积极参与学校政治价值观教育工作。[2]反观我国，我们不得不承认大学生政治价值观教育的途径相对单一，学校是该项教育的主要承担者。目前在我国大学生政治价值观教育过程中家庭、社会和学校之间的相互协作较为缺乏，主要表现为：学校教育缺乏与家庭和社会的互动；家庭与学校缺乏必要的联系，家庭成员没有形成正确的子女成才观；社会因素对大学生的影响越来越大，但与学校、家庭缺乏有效统一。

从一定意义上讲，除学校外，家庭、社区、社会组织、大众传媒等教育途径对大学生政治价值观的影响程度往往要大于学校教育。如果不能有效地开发和非正式教育组织的政治价值观教育资源，并将其与高校教育资源进行整合，那么，大学生政治价值观教育效果往往会大打折扣。非正式组织的教育资源往往通过隐性的方式将其主导的政治价值观传播给大学生，使其在潜移默化中接受教育，因此在未来大学生政治价值观教育中，我们应充分利用非正式组织的教育作用。

[1] 奥骓·奥斯勒，侯·斯塔克.民主公民的教育：1995—2005 年公民教育的研究、政策与实践述评[J].檀传宝，译.中国德育，2006（12）：34.
[2] Eurydice European Unit，Citizenship Education at school in Europe[EB/OL]. www.eurydice.org，2005.

2.教育方法较为单一。改革开放以来，党和国家以及有关教育部门提倡采用多样性、启发性的方法开展教育教学活动，但大学生政治价值观教育实践仍以正面引导法、榜样示范法、疏导教育法等方法为主。虽然这些方法对于培养大学生政治价值观具有重要作用，但不能否认的是这些教育方法属于"传统"的教育方法。这些教育方法存在以下两方面不足。一是不能有效地培养大学生的政治价值理性。正面引导法、榜样示范法、疏导教育法更加侧重于政治价值知识的灌输和强化，而非政治价值理性的培养。二是不能较好地尊重大学生的主体性。随着改革开放事业的推进和社会主义市场经济的发展，大学生的主体意识和能动性得到了充分的发挥和展现，而正面引导法、榜样示范法、疏导教育法等具有鲜明灌输性特征，往往容易引发学生的反感和抵触情绪。

改革开放以来，大学生政治价值观教育从正反两个方面告诫我们，在开展教育实践活动时应力戒简单化、单一化和强制性，要讲究多样性和科学性。一是要切实了解学生政治价值观形成原因的多样性和复杂性。准确认识和把握学生政治价值观现状是开展教育活动的前提，也是提高教育实效性的重要保障。因此在教师应认真、仔细分析学生的政治价值观状况并了解其形成的原因，以此为出发点，因人施教，引导学生解决思想上的困惑，使他们形成正确的政治价值观。二是要准确把握人的政治价值观形成的规律。在大学生政治价值观教育过程中，教师只有了解和把握了人的政治价值观形成发展的规律，继而采取合理、有效的教育方式、方法，才能激发学生的学习积极性和主动性，增强教育效果。三是要正确处理教师与学生之间的关系，采用民主的、科学的教育方法。学生虽然在政治价值观教育过程中处于被教育的地位，但是他们仍然是有思想、有创造性和能动性的人。因此，教师应该充分尊重学生所具有的主体性、能动性，平等待人而不是自居"高位"，这样才能有效地与学生进行沟通，进而获得良好的教育效果。凡属于思想性的问题，都应采取民主的、讨论式的方法，而不是强制或压制的方法。

四、教育环境存在部分消极因素

改革开放以来，党和国家高度重视并采取多种措施创造良好的教育环境和社会环境，以引导大学生形成正确的政治立场和态度。经过40多年的建设和发展，教育环境和社会环境不断优化，但与此同时也仍存在诸多消极因素。拜金主义、享乐主义、极端个人主义和历史虚无主义等错误思潮不时出现，网络舆论乱象丛生，严重影响人们思想和社会舆论环境。综合来看，大学生政治价值教育环境中的消极因素主要体现在以下三个方面。

1. 各种思潮交融、交锋叠加出现。在经济全球化快速发展的时代，我国正处于经济社会转型的关键时期，各种社会思潮此起彼伏、竞相发声、相互激荡。主流意识与多样化社会意识并存，传统思想观念与现代思想观念相互交织，本土文化与外来文化相互碰撞，使得意识形态领域的斗争更加尖锐复杂、波谲云诡。西方发达国家通过多种途径向我国推销其意识形态，力图从意识形态领域入手瓦解我国社会主义社会。一些披着合法外衣的西方社会思潮时常混淆视听、真假难辨。而生活方式较为简单的大学生往往缺乏较强的政治敏锐性、政治鉴别力，极易被这些错误思潮影响，继而出现政治立场和政治信念不坚定、政治认同错误等问题。同时，受多种复杂因素的影响，我国社会价值取向日益呈现多元化特征，拜金主义、享乐主义、消费主义、极端个人主义、历史虚无主义等不良社会风气愈演愈烈，对大学生价值取向造成了严重负面影响，使得他们可能出现贪图享乐、奢侈浪费、意志消磨、社会主义理想信念淡化的问题。

2. 网络舆论乱象丛生。互联网的迅猛发展，动摇了政府和主流媒体在信息发布上的垄断地位，国内与国外、政府与非政府、组织与个人都可以通过网络散播信息。尤其是随着以人工智能、大数据等为代表的新技术的快速发展，推荐算法、价格算法、排名算法等不同形式的算法在各类 App 中得到了广泛使用，在提供更便捷互联网服务的同时，也通过设置诱导用户沉迷、过度消费的算法模型；利用算法屏蔽信息、过度推荐、控制热搜，影响网络舆论、干预信息呈现；将违法和不良信息关键词记入用户兴趣点推送信息，给网络生态带来了潜在危害。网络热点此起彼伏，网络舆论环境复杂多变。网络上充斥着虚假、诈骗、攻击、谩骂、恐怖、色情、暴力等信息。有组织和个人利用网络鼓吹推翻国家政权，宣扬民族分裂思想，教唆暴力恐怖活动，进行欺诈活动，散布色情材料，进行人身攻击，兜售非法物品，这些虚假、有害的信息对大学生的政治认同、政治态度、政治立场造成了严重负面影响。

3. 大学校园文化存在功利化和娱乐化问题。大学校园是学生生活、学习的具体场所，其中的文化氛围深深地影响着大学生政治价值观的萌生与确立。为此，改革开放以来党和国家高度重视高校校园文化建设工作，要求高校优化校风教风学风，着力提高校园文化建设的理论品质，开展形式多样、健康向上、格调高雅的校园文化活动。按照党和国家的部署，高校注重以文化人、以文育人，广泛开展文明校园创建活动，并取得了显著成效。但与此同时，高校校园文化仍存在以下两方面的不足。一是功利化。就业问题关乎专业的"生死存亡"，也关系着学生及其家庭的未来。无论对于学校还是学生而言，就业问题绝对是需要密切关注的"头等大事"。加之，在经济全球化、国家经济发展和产业结构调等多方面因素的综合影响下，就业机会与学生期待之间的矛盾越来越凸显，进一步加剧了学生的就业焦虑。这不可避免地导致大学校园里的一切与就业相关的活动，如考研辅导、出国留学辅导、考公务员培训等备受学生欢迎。同时，高校为提升就业率也有意识地组织一些辅导、培训活动。这在一定程度上削弱了学校组织开展的文化艺术活动、马克思主义理论学习沙龙、主题理论学习活动的影响力，继而导致学生在价值认识、政治立场、政治态度、政治鉴别力等方面存在不足。二是娱乐化。部分高校为了丰富学生的课余生活，组织了一些如 K 歌大赛、模特大赛、音乐节等娱乐活动。这些丰富多彩的娱乐活动是大学校园生动活泼、开放进步的一个标志。但需要注意的是，娱乐是文化的一项功能而非全部，文化还有教化和审美培育的功能。从表面来看，这些偏重于娱乐性的校园文化活动打破了一本正经、高高在上的主流权威，给人一种美好感受，但在这种娱乐化的校园氛围中，一切高尚和深刻的东西都被消解、被戏谑，这使学生忽视了对民族国家、社会制度等重大问题的深入思考和探究，也使大学校园在智识上和审美上趋于浅薄与平庸。对此，美国学者尼尔·波兹曼在《娱乐至死》一书中这样写道："如果一个民族分心于繁杂琐事，如果文化生活被重新定义为娱乐的周而复始，如果严肃的公众对话变成了幼稚的婴儿语言，总之，人民蜕化为被动的受众，而一切公共事务形同杂耍，那么这个民族就会发现自己危在旦夕，文化灭亡的命运就在劫难逃。"[1]娱乐化的大学校园文化在一定程度上对学生政治价值观的形成和发展造成了消极影响。

---

[1] 尼尔·波兹曼. 娱乐至死 [M]. 章艳，译. 桂林：广西师范大学出版社，2004：202.

五、教育评估体系不够完善

改革开放以来，一些高校在借鉴高校学生工作评价体系、高校德育评估体系、高校党建和思想政治工作体系、本科教学水平评估体系，以及国外其他国家教育评估体系的基础上，对高校政治价值观教育评估体系进行了积极而有益的探索并取得了一定成效，主要表现在："评估主体由模糊到明确、由单一化到多元化；评估标准由无到有、由抽象到具体；评估方法由简单到复杂、由定性分析发展到定性定量分析相结合；评估内容逐渐丰富，由简单评估思想政治教育效果拓展到评估思想政治教育全过程……但当前教育评估理论与实践相脱节，评估主体、评估范围、评估标准、评估方法等方面陷入剪不断、理还乱的困境。"[1]然而，从整体来看，大学生政治价值观教育评估体系主要存在以下两个问题。

1. 评估过程忽视大学生个体成才的需要。目前，大学生政治价值观教育评估侧重于对高校是否完成政治价值观教育目标和任务的评估，相对忽视对大学生个体发展方面的评估。如前文所述，政治价值观教育的主要目的是将占统治地位的政治集团所倡导的政治价值观传授给社会成员，以促使其形成与主导政治价值观相一致的政治价值观，但我们不能因此而忽视政治价值观教育的另一目的是培养人，促进大学生的全面发展。大学生政治价值观教育评估的内容不仅包括政治价值观教育是否有效地完成社会和国家所赋予的任务，而且包括政治价值观教育是否满足以及在多大程度上满足了大学生个体成才方面的需要。

2. 重视教育效果评估，轻视教育过程评估。教育过程的合理性程度直接影响着教育的成效，因此教育过程评估与教育效果评估具有同等重要的地位。"教育过程评估主要包括以下几个方面：一是对院（系）思想政治教育工作规划、计划的评估。二是对教育活动的评估。三是对实施细节的评估。"[2]通过教育过程评估，能够及时调整教育中存在的不足，这对于提高教育的实效性具有重要意义。然而，我国大学生政治价值观教育评估的对象主要是教育效果。如从1991年开始，教育部只对大学生思想政治状况进行了滚动调查，而相对轻视对教育过程中所开展的各项教育活动，以及教育活动具体细节的评估。值得注意

〔1〕 贾雪峰.高校思想政治教育评估困境及其改良路径——兼论思想政治教育有效性及其评估方法 [J].思想政治教育研究，2009（5）：92-93.

〔2〕 孙豫峰.高校思想政治教育评估体系的创新维度 [J].思想政治教育研究，2009（1）：63.

的是，大学生政治价值观教育过程评估除缺乏对教育具体活动的评估外，还缺乏对教育环境的评估。由于大学生政治价值观教育过程总是在一定的教育环境中进行的，教育环境对于大学生政治价值观的形成与发展具有潜移默化的作用，因此对于教育环境的评估显得尤为重要。然而，在实际的大学生政治价值观教育评估中，评估者往往轻视甚至忽视对教育环境，如校园环境、社区环境和社会环境的评估。

第四节　大学生政治价值观教育存在问题的产生原因

改革开放以来，我国大学生政治价值观教育与时俱进、不断创新，但也存在一些问题。究其原因，主要包括：教育理念仍未跨越侧重"社会本位"的藩篱、受我国传统教育思想中消极因素的影响、受政治文化发展不足的制约。

一、教育理念仍未跨越侧重"社会本位"的藩篱

改革开放以来我国大学生政治价值观教育之所以存在不足，与教育理念尚未跨越侧重"社会本位"的藩篱有着密切的关系。虽然"素质教育"和"以人为本"科学发展观的提出为大学生政治价值观教育理念的创新提供了重要条件，但侧重"以社会为本"的教育理念仍占主导地位，"以人为本"的理念在大学生政治价值观教育实践中并没有完全得到落实。质言之，大学生政治价值观教育更多是为了满足社会对塑造个体政治价值观的需求，相对忽视了学生个体的成长成才需要，甚至社会需要的满足以牺牲个体思想政治教育需要为代价。这种侧重"社会本位"的教育理念具有以下四个方面的危害。

1.忽视甚至否定大学生个体内在需要和内在主体性。侧重社会本位的教育理念，以满足社会对大学生政治价值观的塑造为核心任务和目的，这直接影响到教育途径、教育任务、教育方式方法的选择和设置。在大学生政治价值观教育过程中，教育者视大学生为政治知识接受者、"容器"，而非活生生的、具有主体性的"人"；重视政治知识教育，相对轻视政治理性和政治参与能力的培养；教育途径主要学校教育尤其是将课堂教育作为政治价值观教育的主渠道、主阵地，轻视或忽视社区、家庭教育在大学生政治价值观教育中的作用；在教

育方式方法方面，侧重于以往的以"灌输"为主要特征的教育方法。

2. 将个人需要与社会需要"对立"起来。长期以来，大学生政治价值观教育是将社会、国家的需要置于个体需要之上，忽视甚至压制个体的发展需要。事实上，社会需要与个体需要之间是对立统一的关系。社会需要是社会有机体发挥其职能和对生活在特定社会中个体素养塑造的需要，体现着社会发展的整体要求和根本目标，具有全局性、根本性和长远性特征。个体需要更多地体现着社会成员对政治价值观教育活动的期望和要求，属于局部性、短期性需要。这就导致基于共同体利益出发而生成的社会需要不可避免地会同基于自身利益出发而生成的个体需要之间存在矛盾、对抗，甚至冲突。然而，个体与社会之间又有着密切的关系，"人在积极实现自己本质的过程中创造、生产人的社会联系、社会本质，而社会本质不是一种同单个人相对立的抽象的一般的力量，而是每一个单个人的本质，是他自己的活动，他自己的生活，他自己的享受，他自己的财富。"[1]社会、个体需要之间既相互对立，又相互统一。社会需要不能离开个体需要而独立存在，它是由具体的个体需要组成的，没有个体需要，就不可能产生社会需要。"只有他们才发现了'共同利益'在历史上任何时候都是由作为'私人'的个人造成的。他们知道，这种对立只是表面的，因为这种对立的一面即所谓的'普遍的'一面总是不断地由另一面即私人利益的一面产生的，它决不是作为一种具有独立历史的独立力量而与私人利益相对抗，所以这种对立在实践中总是产生了消灭，消灭了又产生。"[2]因此，大学生政治价值观教育中的这种侧重"社会本位"的教育理念是片面的，甚至是本末倒置的。

3. 注重的是"传承"与"复制"，而非创新与超越，这与教育本身的宗旨和根本任务相违背。"教育的根本任务在于通过这种传与授，使它所培养的人，能够把已有的一切文化科学知识作为一种工具与手段，去改造和发展现存的世界、现存的社会（其中也包括已有的文化科学知识）以及现存的自我。为此，教育的着眼点不在于使人'接受''适应'已有的，而在于为'改造''超越'的目的而善于利用已有的一切。"[3]大学生政治价值观教育不仅仅是要将既有的国家主导政治价值观以及其他非主导型的政治价值观介绍、传授给大学生，并

---

〔1〕 马克思恩格斯全集：第 42 卷 [M]. 北京：人民出版社，1979：24-25.
〔2〕 马克思恩格斯全集：第 3 卷 [M]. 北京：人民出版社，1960：275-276.
〔3〕 鲁洁. 论教育之适应与超越 [J]. 教育研究，1996（2）：3.

帮助他们形成正确的，与国家、世界发展相适应的政治价值观。而更为重要的是要对学生进行政治理性方面的教育，帮助他们获得较高的政治评价、政治判断、政治选择以及政治参与方面的能力，从而推动国家政治的有序、合理发展，并促进人的全面发展。在这种侧重"社会本位"的教育理念的引导下，大学生政治价值观教育很难完成"改造"和"超越"的任务。

4.忽视了非智力因素对于大学生政治价值观的影响。非智力因素包括心理素质、情感、态度等，对大学生政治价值观的形成和发展具有重要价值。在大学生政治价值观教育中，应将非智力因素置于与智力因素同等重要的地位。然而，侧重"社会本位"的政治价值观教育理念，很难顾及对大学生非智力因素，如政治情感、政治兴趣、政治心理等方面的培养，而更多的是通过强化大学生的记忆力、感知力和思维力，将我国主导的政治价值观通过由上而下的方式"灌输"给大学生。

综上所述，侧重"社会本位"的大学生政治价值观教育理念，割裂了个体成长与社会发展之间的联系。改革开放以来，正是在这种教育理念的引导下，大学生政治价值观教育在政治价值理性教育方面较为薄弱，在途径和方法的选择上缺乏多样性，教育评估体系还不够完善。

二、我国传统教育思想中消极因素的影响

1985年，时任国务院副总理万里在全国教育工作会议上指出："多年来，我们的学校教育……在教学方法上不善于实行启发式，在不同程度上还用灌输式或填鸭式……受教育者的主动性很不够，这种教学方法主要是受陈腐的传统教育思想的束缚。"[1]"传统是一种巨大的阻力，是历史的惰性力，但是它是消极的，所以一定要被摧毁。"[2]随着社会的发展，传统教育思想的弊端逐渐显露出来，对我国大学生政治价值观教育的消极影响越来越明显，主要体现在以下三个方面。

1.重视教师在教育过程中的主导地位和作用，相对轻视大学生的主体性。长期以来，党和国家在多个文件、多次会议中明确强调，要尊重学生的主体地

---

〔1〕 万里.在全国教育工作会议上的讲话[N].人民日报，1985-5-17（1）.
〔2〕 马克思恩格斯选集：第3卷[M].北京：人民出版社，2012：772.

位，以学生为中心开展政治价值观教育活动。然而，受传统教育思想中强调教师绝对主导地位思想的影响，大学生政治价值观教育实践往往展现为"以教师为中心"的教育模式，这将导致学生主体性被轻视、忽视甚至无视。随着改革开放的深入，大学生的主体意识不断加强，但受我国传统教育模式的影响，大学生的主体性很难得到应有的尊重。

2. 注重政治知识传授，相对轻视政治理性和政治参与能力的培育。我国传统教育思想非常重视知识教育，教师的主要职责在于"传道、授业、解惑"，即将既有的系统知识传授给受教育者。对此，万里指出："我国陈腐的教育思想和教学方法，可以说是一种封闭型的教育思想和方法。教育内容是固定的、僵化的，教育的任务就是灌输这些内容……考试按固定的内容和格式照答就行，把学生引导到高分数上去。这种教育思想和教学方法培养出来的人才……必然缺乏创造性和进取精神。"[1] 在传统教育思想的影响下，改革开放以来大学生政治价值观教育非常重视政治价值知识传授，而对学生政治能力的培养相对薄弱。随着我国经济、社会的全面发展，大众传媒尤其是互联网在大学生学习、生活中扮演着越来越重要的角色，这就要求大学生有能力，并有效地辨别和评价网络中所传递的良莠不齐的各种政治信息，以及有能力参与有关政治议题的讨论。然而，传统教育思想中对于政治理性教育的轻视甚至是忽视，对于改革开放以来大学生政治价值观教育产生了极为严重的消极影响。

3. 教育方式方法具有较强的"灌输性"特征。由于传统教育思想强调教育者的主导性地位和知识教育的重要性，因此在具体的教育活动中，往往是由教师讲授具体的政治价值知识，学生则按照教师的讲解进行复习、记忆。这种教育方式往往演变为"空洞的说教""填鸭式"的教学，难以激发学生参与课堂的兴趣和积极性。改革开放以来大学生政治价值观教育仍受这种教育思想的消极影响，在教育方式方法上是以强制性说教为主。

三、政治文化发展存在不足之处

政治价值观教育作为改造人的思想的实践活动，其整个教育过程无疑深受文化传统尤其是政治文化传统的影响。正如马克思在《路易·波拿巴的雾月

---

〔1〕 万里. 在全国教育工作会议上的讲话 [N]. 人民日报，1985-5-17（1）.

十八》中所指出的："在不同的占有形式上，在生活生存条件上，耸立着由各种不同的、表现独特的情感、幻想、思想方式和人生观构成的整个上层建筑。整个阶级在它的物质条件和相应的社会关系的基础上创造和构成这一切。通过传统和教育承受了这些情感和观点的个人，会以为这些情感和观点就是他的行为的真实动机和出发点。"[1]在阶级社会中，人们处于一定的政治文化之中，接受着普遍的教化。政治文化深深地影响着人们的政治心理、政治价值观和政治行为，影响着统治阶级的政治理论、意识形态和国家政治生活，并渗透于政治体系和政治过程的各个方面。改革开放以来，随着社会转型和全球化进程的不断深化，我国主导政治文化受到了前所未有的冲击，引发了大学生政治价值观的迷茫与冲突，极大地制约了大学生政治价值观教育实效性的提升。概括而言，我国政治文化发展的不足之处主要表现在以下两个方面。

1. 尚未处理好主导政治文化与政治亚文化之间的关系。"当代中国政治文化动态发展模式的典型特征是主导政治文化对多元政治文化的整合与创新，表现为传统政治文化的现代化变迁、中西方政治文化冲突中的交融、主导政治文化对于政治亚文化交锋中的引领。"[2]对于主导政治文化与政治亚文化之间的关系，我国在这方面处理得还欠妥当，主要表现在以下两个方面。（1）尚未有效借鉴并吸收政治亚文化中的合理部分，并充实到主导政治文化之中。为促进我国政治文化的不断创新，我们有必要借鉴和吸收政治亚文化中的合理部分。但就目前来看，对于政治亚文化，我国更多的是采取使其与主导政治文化并行不悖的态度，或者是否定政治亚文化的态度，未能有效地吸收政治亚文化中的合理部分。（2）尚未有效地同反社会主义政治文化进行斗争，从而维护主导政治文化的地位。长期以来，反社会主义的政治文化或多或少地影响着大学生的政治价值观，而我国还未能有效地同其展开斗争，以化解反社会主义政治亚文化的消极影响。

2. 尚未有效建设和宣传我国的主导政治文化。主导政治文化建设一方面需要正确处理它与其他政治亚文化之间的关系，另一方面需要不断深化我国主导政治文化建设。我国主导政治文化建设未能有效吸收和借鉴其他政治亚文化中

〔1〕　马克思恩格斯选集：第1卷[M].北京：人民出版社，2012：695.
〔2〕　陈义平.论发展中国特色社会主义政治文化[J].政治学研究，2004（8）：64.

的合理部分，并将其融于我国主导政治文化之中，而且在深化我国主导政治文化的理论研究方面也存在不足。与此同时，大学生已成为"数字原住民"，网络政治文化对于他们政治价值观形成的影响越来越大。但就我国网络政治文化发展来看，还存在两个方面的不足。（1）网络制度文化建设和行为规范建设不够健全。网络政策法规对于保障网络政治文化的健康发展，影响和规范大学生的政治价值观和政治行为具有重要价值。然而，我国现今针对网络政治现象和政治活动的政策、法律和规范还有待于进一步完善。（2）通过网络沟通进行政治文化创新和宣传方面较为薄弱。网络为大学生提供了平等交流的机会和平台，因此通过网络沟通能够有效地引导大学生认同我国主导政治文化。然而，我国主导政治文化的宣传网站大多被娱乐性所淹没，加之主导政治文化的网络宣传方法较为陈旧，缺乏创新性，难以吸引大学生的关注。

第四章　大学生政治价值观教育的未来进路

全球化、信息化的迅猛发展不仅为我国发展带来了机遇，而且也蕴含着巨大的挑战。全球化带了政治权力重构、政治民主困境和政治认同危机；信息化改变了政治组织形态和政治活动模式，深刻影响政治交流、政治组织、政治互动、政治民主、政治安全、政治认同的方式和效果。那么，如何在全球化、信息化迅猛发展的时代有效开展大学生政治价值观教育工作，成为高校面临的一项难题。历史是一面的镜子，它不仅能够照亮现在，也能够照亮未来。对改革开放 40 多年以来大学生政治价值观教育发展历程、经验、不足及其成因的探讨，为当前和未来该项教育的改革创新提供了重要启示。

第一节　强化社会主义政治文化建设

在现实生活中，意识形态教化无处不在。国家通过教育、营造社会政治文化氛围等方式，影响社会成员的政治立场、政治信念和政治参与方式。而个体几乎无法选择所面对的教育和政治文化环境，以及环境中既有的政治价值观念，这是因为"周围的感性世界决不是某种开天辟地以来就直接存在的、始终如一的东西，而是工业和社会状况的产物，是历史的产物，是世世代代活动的结果，其中每一代都立足于前一代所达到的基础上，继续发展前一代的工业和交往，并随着需要的改变而改变它的社会制度。"[1]统治阶级的政治思想均以政治价值观、意识形态等形式渗透到社会政治文化之中，并从各个方面对个体政治价值观的形成和发展产生潜移默化的影响。然而，政治文化绝不是自然形成的，也需要国家积极建构。

一、加强党内政治文化建设

党内政治文化建设深刻影响着我国社会主义政治文化建设成效。新时代实

---

[1]　马克思恩格斯选集：第 1 卷 [M]. 北京：人民出版社，2012：155.

现中华民族伟大复兴、全面建成社会主义现代化国家的任务，对党的建设尤其是党内政治文化建设提出了更高要求。党内政治文化体现为党的指导思想、奋斗目标、路线纲领、制度规范、思维方式、价值观念、精神状态、作风习惯等，主要作用于政治生活和政治治理，以其内含的价值标准来规范党员干部的行为，帮助党员干部明确什么该做、什么不该做，从根本上影响着党组织、党员的政治理想、政治信念和政治情感等。在现实生活中，党内政治文化渗透于党内政治生活、政治生态和党的建设的方方面面，直接反映党的基本性质、政治倾向和进步水准，从根本上决定着社会政治生活的发展。然而，党内政治文化的形成并非是一蹴而就的，而要经历一个漫长探索、发展过程，且一旦形成并确定就会对政治生活产生潜移默化的影响。为此，党一直以来高度重视党内政治文化的建设工作。

中国共产党成立伊始，就将马克思主义作为根本指导思想，并在实践中形成了丰富的党内政治文化。新中国成立以后，党加强思想建设、组织建设和作风建设，大力发扬实事求是、群众路线等优良传统，健全党的民主集中制，发展党内民主生活，加强对党组织和党员的监督。改革开放以后，党更加重视政治文化建设，强调坚持党性，讲真话、言行一致，发扬党内民主，正确对待不同意见。党的十八大以来，以习近平同志为核心的党中央强调加强党内政治文化建设，积极开展了党的群众路线教育实践活动、"三严三实"专题教育、"两学一做"学习教育、"不忘初心、牢记使命"主题教育、学习贯彻习近平新时代中国特色社会主义思想主题教育引导党员干部端正政治思想、强化政治认同，大力倡导和弘扬忠诚老实、光明坦荡、公道正派、实事求是、艰苦奋斗、清正廉洁等价值观，促进了党内政治生活、政治生态的进步，保持了党的先进性和革命性。但一些党员尤其是党员干部理想信念不坚定、脱离群众，存在不同程度的个人主义、分散主义、自由主义、宗派主义、山头主义、拜金主义、形式主义、官僚主义、享乐主义和奢靡之风等，严重损害了党的形象，对党内政治生活和政治生态造成了危害。因此，在新时代，要从多方面着手加强党内政治文化建设。

1. 强化思想教育。思想教育是继承和创新党内政治文化，实现以文化人的重要路径，因此党要不断强化思想教育工作，引导广大党员尤其是党员干部树立正确的世界观、人生观、价值观，强化政治意识，在潜移默化中端正政治取向、坚定政治站位、强化政治认同、保持政治定力，以提高政治执行力。在教育内容上，要继续开展马克思主义立场、观点、方法的教育活动，用马克思主义中国化的理论成果特别是习近平新时代中国特色社会主义思想武装和教育全党；要继续大力倡导和弘扬忠诚老实、光明坦荡、公道正派、实事求是、艰苦奋斗、清正廉洁等价值观；要积极弘扬中华优秀传统、革命文化和社会主义先进文化，深入挖掘并阐发优秀传统文化中精忠报国、重义轻利、严予律己、修身养性、廉洁自守等价值观的时代价值，充分发挥优良革命传统和红色文化的优势，大力培育和践行社会主义核心价值观；要坚决贯彻实事求是、理论联系实际、密切联系群众、批评和自我批评、民主集中制等党内政治生活基本规范教育；要深入开展党章党规、法纪教育，规范党员尤其党员干部的行为，继而使他们知敬畏、存戒惧、守底线，明大德、守公德、严私德；要加强廉洁自律教育和警示教育，用好反面教材，坚决抵制和反对腐朽政治文化，从思想上正本清源、固本培元，引导广大党员和党员干部补足精神之"钙"，筑牢理想信念，保持共产党人的政治本色。在教育方式上，要不断创新党内政治文化教育的载体、形式、方法和手段，以提升党内政治文化的影响力、渗透力。以组织生活作为党内政治文化建设的重要载体，在坚持党的组织生活的各项制度的基础上，通过创新组织生活方式提升党员的党性修养和品格修养；以批评和自我批评为重要手段，引导党员认真整改，强化党性；以新媒体技术为重要手段，积极开展优秀党员宣传教育活动，开发和传播优秀政治文化教育作品；以注重家庭、家教、家风建设为延伸，要求党员干部管理好亲属和身边工作人员；充分发挥各类爱国主义教育基地和党性教育基地的作用，积极开展党性教育活动，增强党员和党员干部的政治定力、纪律定力等。

2. 加强制度建设。通过制度建设建立健全党内政治规范和组织规范，形成约束体系，继而推进党内政治文化的发展。在制度建设工作中，要以党章为根本，继续坚持"三会一课"制度、民主生活会制度、组织生活会制度、谈心谈话制度、民主评议党员制度等制度体系，并根据新形势、新任务和党内情况的发展变化，总结党在建设上的正反两方面经验，通过调查研究、广泛征求意见、反复讨论形成制度成果。在具体制度建设环节，要不断以制度的针对性和指导性为原则，使制度务实管用，且彼此之间实现有效配套衔接，从而充分发挥制度的整体性规范和约束功能。在制度建设具体内容方面，要建立健全科学合理的选人用人制度、奖惩制度、监察制度等，继而形成明确的导向，使党员尤其党员干部明晰提倡什么、鼓励什么、抵制什么、反对什么。

二、正确处理主导政治文化与政治亚文化之间的关系

全球化浪潮的袭来和改革开放以来我国经济、政治、文化等方面的变革与发展，为我国政治文化发展带来机遇的同时，也带来了严峻挑战。面对机遇与挑战，我国社会主义政治文化建设要在坚持一元政治文化主导、多元政治文化并存的基础上，借鉴和吸收政治亚文化中的合理部分，并与反社会主义的政治亚文化进行坚决斗争。

1. 坚持一元主导、多元并存的政治文化取向。一元主导与多元并存的关系是既强调具有导向意义的社会主义政治文化的主导性地位和作用，也允许多元政治文化的共存。随着全球化和我国改革开放事业的不断深入发展，政治文化多元并存已经成为现实和未来政治文化发展的趋势。一元政治文化为主导，能够使我国政治文化发展具有明确的方向性和价值倾向，从而保障政治文化的性质；多元政治文化并存，能够不断激发我国政治文化发展的活力。这种一元主导、多元政治文化并存的关系在我国具有坚实的现实基础，与我国以公有制为主体、多种所有制经济共同发展的基本经济制度和以按劳分配为主、多种分配方式并存的分配制度相适应、相一致。一元政治文化与多元政治文化之间的关系，不是统治与被统治、排斥与被排斥的关系，而是一元导向与多元取向共存的关系，是在一元主导基础上相互影响、相互融合的关系。基于此，我们应本着相互尊重、相互平等、求同存异的态度来处理政治主导文化与政治亚文化之间关系。

2. 借鉴和吸收政治亚文化中的合理部分，并充实到主导政治文化之中。政治亚文化在某种程度上也反映了不同阶层、不同群体的不同利益诉求和政治主张，也有合理元素的存在。在政治文化整合过程中，应该将那些代表不同社会阶层和群体的合理性政治利益诉求和表达，通过筛选、加工、提炼吸收到国家主导政治文化之中，从而提升主导政治文化的社会代表性、政治亲和力和影响力，使主导政治文化获得更广泛的认同。在现实层面上，伴随着全球化的推进和我国现代化建设的深化，多种政治亚文化不断得到发展和认可。面对此种现实情况，我们要坚持积极的、理性的态度，坚持独立自主的原则，在弘扬主导

政治文化的基础上，尊重其他政治亚文化，根据中国实际，按照当前和未来我国政治生活的需要，准确分析和判断政治亚文化中的合理部分，寻找其与主导政治文化之间"共同利益交汇点"，积极吸收和借鉴政治亚文化中有益于我国主导政治文化发展的成分，并努力将这些合理部分融入我国主导政治文化之中。

3.同反社会主义的政治文化进行斗争。资本主义国家在开拓中国市场的同时，通过非政府组织不断向我国输入并大肆传播其政治文化，这必然在一定程度上会对我国主导政治文化的统领地位产生负面影响，进而削弱和动摇大学生对我国社会主义政治价值观的认同。因此，强化政治文化建设的一项重要任务就是同反社会主义的政治文化进行斗争。这就要求我们提高警惕，建立有效防范机制，防范和化解反社会主义政治文化对大学生政治价值观的影响。其中，法律法规是最为重要的防范机制。我国要通过立法的手段，制定与反社会主义政治文化相关的规章制度，并明确、细化传播反社会主义政治文化的相关惩罚手段和措施，帮助大学生认识反社会主义政治文化和政治言论的危害性。与此同时，高校应制定相关的校规校纪，引导大学生明确我国主导政治价值观的同时，严格要求自己，不信奉和传播反社会主义的政治文化。

三、深化中国特色社会主义理论建构

中国特色社会主义理论集中反映了我国的主导政治价值观和党的根本宗旨，理所当然地成为大学生政治价值观教育的主要内容。强化中国特色社会主义理论研究，是有效开展中国特色社会主义理论教育的前提，这是因为"无论思想政治教育形式适当与不适当，如果没有科学正确、切合实际的思想政治教育内容，就不会产生正面、向上的思想政治教育效果；离开思想政治教育内容，'漂亮、美观'的思想政治教育形式也只能是一种摆设，不可能发挥任何积极的作用"[1]。那么，应如何深化中国特色社会主义理论研究呢？

1.与时俱进，增强中国特色社会主义理论的科学性。中国特色社会主义理论体系作为一种意识形态，归根结底是建立在一定的社会经济结构之上，其内容均是从相应时代的物质生活条件中引申出来的。"人们按照自己的物质生

---

〔1〕　王树荫.论思想政治教育形式、内容与效果的辩证关系 [J]. 马克思主义研究，2008（7）：91.

产力建立相应的社会关系，正是这些人又按照自己的社会关系创造了相应的原理、观念和范畴。"[1]因此，评判中国特色社会主义理论体系是否科学的关键在于它能否反映现实、是否具有真正的影响力，及其反映现实的程度、对现实的解释力。只有准确反映现实政治和社会生活，中国特色社会主义理论才具有说服力和吸引力。当代中国特色社会主义理论的核心——马克思主义本身就是揭示人类社会发展普遍规律的科学，是广大无产阶级和劳动群众认识世界、改造世界的行动指南，是中国特色社会主义理论体系的旗帜和灵魂。同时，中国特色社会主义理论是发展的、开放的理论体系，并在实践中不断丰富和深化，这是其保持旺盛生命力的源泉。对此，马克思、恩格斯在《共产党宣言》中指出："人们的观念、观点和概念，一句话，人们的意识，随着人们的生活条件、人们的社会关系、人们的社会存在的改变而改变，这难道需要经过深思才能了解吗？思想的历史除了证明精神生产随着物质生产的改造而改造，还证明了什么呢？"[2]随着社会生产实践的不断发展，必然要求不断发展中国特色社会主义理论体系。早在1959年12月—1960年2月，毛泽东在《读苏联〈政治经济学教科书〉的谈话（节选）》中讲道："马克思这些老祖宗的书，必须读，他们的基本原理必须遵守，这是第一。但是，任何国家的共产党，任何国家的思想界，都要创造新的理论，写出新的著作，产生自己的理论家，来为当前的政治服务，单靠老祖宗是不行的。"[3]因此，深化中国特色社会主义理论研究首先就要破除思想僵化。

我们应与时俱进，根据社会历史发展实际、现实生产力发展水平和经济基础适时拓展、丰富中国特色社会主义理论内容，对中国特色社会主义理论体系进行创新。理论创新的主体力量主要包括中国共产党和知识分子群体。中国共产党是开展中国特色社会主义理论创新的领导主体。中国共产党代表最广大人民的根本利益。作为执政党，它能够有效整合社会各阶层的利益，塑造政治文化，创新中国特色社会主义理论。从事社会科学领域研究的知识分子群体可以通过论证中国特色社会主义的合理性、科学性，使其理论化、体系化，使其为广大大学生所认同，并成为他们的政治价值追求。知识分子群体还可以通过观

---

〔1〕 马克思恩格斯选集：第1卷 [M].北京：人民出版社，2012：222.

〔2〕 马克思恩格斯选集：第1卷 [M].北京：人民出版社，2012：419-420.

〔3〕 毛泽东文集：第8卷 [M].北京：人民出版社，1999：109.

察和思考并向社会推介其政治文化思想，补充完善中国特色社会主义理论，使其不断创新发展，进而帮助大学生树立正确的政治价值观。

2. 坚持理论研究的民族性，明确中国特色社会主义理论的价值取向。关于理论研究的民族性，毛泽东曾在《新民主主义论》中强调："新民主主义文化是民族的，强调的是文化的民族内容和形式。这种文化是反对帝国主义奴化思想，主张中华民族的尊严和独立。它是中华民族的，带有我们民族的特色，是以民族的形式表现出来的。它决不能和任何别的民族的帝国主义反动文化相结合，但并不排斥外国的进步文化，而是吸收外国的进步文化作为自己文化食粮的原料。"[1]弘扬中国特色社会主义理论研究的民族性，是坚持中国特色社会主义理论研究正确价值取向的保障。在当今全球化时代背景下，如何保持政治文化发展的民族性显得尤为重要，而弘扬主导政治文化的民族主体性，就要做到在借鉴和吸收其他国家政治文化的合理成分和继承我国传统政治文化的精髓的同时，发扬自主精神，独立自主、自力更生地进行政治文化创新和发展。具体到中国特色社会主义理论研究中，应从以下几个方面入手。（1）在理论研究中以马克思主义为指导，坚持社会主义价值取向。马克思主义是科学的世界观和方法论，是我们认识现代化建设发展新阶段的指南。只有坚持以马克思主义为指导，才能保证中国特色社会主义理论研究的社会主义价值取向。（2）与中国实际相结合。中国特色社会主义理论研究要弘扬民族性，必须与中国实际相结合。毛泽东指出："中国共产主义者对于马克思主义在中国的应用也是这样，必须将马克思主义的普遍真理和中国革命的具体实践完全地恰当地统一起来，就是说，和民族的特点相结合，经过一定的民族形式，才有用处，决不能主观地公式地应用它。公式的马克思主义者，只是对于马克思主义和中国革命开玩笑，在中国革命队伍中是没有他们的位置的。"[2]只有同中国实际相结合，这样的中国特色社会主义理论研究才有意义，也才能得到大学生的普遍认同，才能真正激发他们踊跃参与政治活动，为国家政治生活的良性发展献言献策，并积极投身到社会主义现代化建设事业之中。（3）理论语言表达上要具有"中国作风""中国气派"。中国特

---

[1]　毛泽东选集：第 2 卷 [M]. 北京：人民出版社，1991：706.
[2]　毛泽东选集：第 2 卷 [M]. 北京：人民出版社，1991：707.

色社会主义理论研究同时也要具备民族形式，这个民族形式就是毛泽东所说的，"按照中国的特点去应用它，成为全党亟待了解并亟须解决的问题。洋八股必须废止，空洞抽象的调头必须少唱，教条主义必须休息，而代之以新鲜活泼的、为中国老百姓所喜闻乐见的中国作风和中国气派。"[1]因此，在中国特色社会主义理论表达上，要使其具有"中国作风""中国气派"，以使其易于为广大大学生所接受、所认可。

3. 坚持理论建构的开放性，吸收借鉴人类一切优秀成果。道格拉斯·C.诺斯认为："成功的意识形态必须是灵活的，以便能赢得新团体的忠诚，或随着外部条件变化也得到老团体的忠诚。"[2]面对不断变化发展的时代潮流，中国特色社会主义理论体系建构要在传统与现代、中国与世界的关系张力中展开，构建符合、适应时代主体需求的意识形态理论体系，力求使中国特色社会主义理论体系更具全面性和先进性。中国特色社会主义理论体系的建构要以开放包容的态度面对多种不同意识形态并存的客观事实；要在坚持马克思主义意识形态主导地位的前提下，批评地借鉴、吸收人类一切优秀文化的有益成果，使中国特色社会主义理论体系既有对传统优秀文化的继承发扬，也有对西方文明成果的借鉴，以实现古为今用、洋为中用。在学习、借鉴和吸收一切文明成果的过程中，既要看到不同意识形态之间的差异和矛盾、重视它们之间的斗争，也不能忽略不同意识形态之间的相通相融之处。在漫长的人类社会发展进程中，不同的意识形态之间不可避免地会出现碰撞与交流，在借鉴传统的、西方经验做法、科学意识形态的过程中，我们不能犯本本主义或拿来主义的错误，原原本本地照搬照抄，应本着"去其糟粕，取其精华"的原则通过去伪存真地辨别、学习、借鉴和吸收，使中国特色社会主义理论体系更具科学性、合理性，进而获得更广泛的认同。

---

〔1〕 毛泽东选集：第2卷[M].北京：人民出版社，1991：534.
〔2〕 道格拉斯·C.诺斯.经济史上的结构和变革[M].厉以平，译.北京：商务印书馆，2007：61.

第二节 变革教育理念：
实现社会本位与个体本位之间的互构

个人与社会的关系是一个永恒的话题，究竟是社会塑造了个人，还是个人主动创建着社会的生活，一直是人们关注和论争的焦点。反映在教育领域中，主要展现为两种不同的教育理念，即以社会为中心的教育理念和以个人为中心的教育理念。然而，社会本位的教育理念与个人本位的教育理念之间并非绝对对立，而是在根本上相互统一的，这是因为"社会本身，即处于社会关系中的人本身"[1]，社会与个体在本质上是统一的。这就要求教育政策、制度、内容、方法等的形成和制定既要从社会整体发展出发，也应着眼于个体发展和需求。就政治价值观教育而言，由于政治价值观本身的特殊性和政治价值观教育所具有的特殊地位与作用，本书认为大学生政治价值观教育应侧重"社会本位"，在具体教育过程中坚持以人为本，尊重学生主体性。

一、为国家建设和社会发展服务

将为国家建设和社会发展服务作为大学生政治价值观教育的导向，是由当前国情和未来社会发展趋势所决定的。

1. 大学生政治价值观教育为国家建设和社会发展服务，是我国当前和未来发展的迫切需要。国际竞争、国家建设和社会发展越来越取决于科学技术的现代化，取决于能够掌握、应用和发展现代科学技术的高级专门人才。于我国而言，高科技人才不仅要掌握专业知识和技能，还要具备较高政治素养和坚定的社会主义理想信念。对此，邓小平曾强调："把我国建设成为现代化的社会主义强国，并且在上层建筑领域最终战胜资产阶级的影响，就必须培养具有高度科学文化水平的劳动者，必须造就宏大的又红又专的工人阶级知识分子队伍。"[2]作为一项非常重要的素质，政治素质对人才科学文化素质的形成及运用具有重要制约作用。在国家建设和社会发展中，加强和改进大学生政治价值观教育显得尤为重要。正如胡锦涛于 2005 年在全国加强和改进大学生思想政治教育

---

〔1〕 马克思恩格斯全集：第 46 卷下 [M]. 北京：人民出版社，1980：226.
〔2〕 邓小平文选：第 2 卷 [M]. 北京：人民出版社，1994：104.

工作会议上所提出的："切实加强和改进大学生思想政治教育工作，培养造就千千万万具有高尚思想品质和良好道德修养、掌握现代化建设所需要的丰富知识和扎实本领的优秀人才，使大学生们能够与时代同步伐、与祖国共命运、与人民齐奋斗，确保实现全面建设小康社会、进而实现现代化的宏伟目标，确保实现中华民族的伟大复兴，具有重大而深远的战略意义。"[1]进入新时代以后，习近平在全国高校思想政治工作会议上明确指出："我国高等教育发展方向要同我国发展的现实目标和未来方向紧密联系在一起，为人民服务，为中国共产党治国理政服务，为巩固和发展中国特色社会主义制度服务，为改革开放和社会主义现代化建设服务。"[2]因此，在大学生政治价值观教育中，我们要将培养具有较高政治素质、坚定政治信念的人才作为根本职责，以更好地为社会主义现代化建设服务。

2.大学生政治价值观教育目标的确立应以国家建设和社会发展为出发点。"高校德育目标就是要培养高级专门人才适应社会主义现代建设所需要的思想道德素质。它体现在具有坚定建设有中国特色社会主义道路的政治信念和实现社会主义现代化的共同理想，具有以集体主义为准则、以为人民服务为核心的道德准则和价值取向。"[3]因此，高校在设置大学生政治价值观教育目标时不仅要着眼于帮助大学生个体逐步提高政治素养，树立坚定的政治信念，还应着眼于国家建设和社会发展的需要。不仅如此，高校还要根据国家建设和社会发展中不同层次、不同方面的需要，立足本校办学特色制定出具体的大学生政治价值观教育目标。

3.大学生政治价值观教育方法的选用应适应国家建设和社会发展的需要。在教育方法上，大学生政治价值观教育要坚持与现代化建设实践特别是现代化生产劳动相结合。高校思想政治理论课及其他政治价值观教育活动要与现代化建设实践特别是现代生产劳动结合起来，汲取营养，更新内容，增强实效。与此同时，高校还要积极引导大学生深入国家建设和社会发展特别是生产实践的第一线，自觉走与实践、与工农相结合的成长道路。高校可采取多种方式，如

〔1〕 十六大以来重要文献选编：中 [M].北京：中央文献出版社，2006：633.
〔2〕 习近平在全国高校思想政治工作会议上强调 把思想政治工作贯穿教育教学全过程 开创我国高等教育事业发展新局面 [N].人民日报，2016-12-09（1）.
〔3〕 骆郁廷.面向现代化：大学德育改革的根本方向 [J].学校党建与思想教育，2000（8）：33.

社会调查、参观考察、科技攻关、技术培训、技术咨询、管理咨询、挂职锻炼、生产实习、毕业设计、产学研结合等实现学生与实践、与工农的结合。过去，高校在组织大学生参加社会实践时，强调"体验"多，强调"参与"少；强调"受教育"多，强调"作贡献"少。未来在引导学生与实践、与工农相结合时，可以将重点放在参与实践作贡献上，使学生在"参与"实践中更深刻地"体验"，在"作贡献"的过程中更有效地"受教育"。

二、以人为本，彰显"人"的地位

尽管大学生政治价值观教育在整体上应侧重"社会本位"，但在具体教育过程中，要做到以人为本，尊重学生主体性。这是因为政治价值观教育是建构在"人"的基础上的实践活动，它不能脱离人而存在。无论是政治体系对政治思想、政治理念和价值导向的传播与灌输，还是学生对于政治价值知识的学习、政治价值理性的形成均离不开学生作为主体的能动性的发挥。因此，只有充分发挥学生的主体性，激励他们主动接受社会和国家的要求，才能使他们逐渐形成符合社会要求的政治立场、政治态度和政治行为。

1.尊重大学生自身特点、天赋和潜能。帮助学生树立正确的政治价值观和信仰，需要建立在对学生充分理解的基础上，而不是依照教师的教育设计强加给学生。这意味着不是用成人世界的方式去改造、塑造学生，而是要充分尊重学生自身的特点、天赋、潜能和内心世界。唯有如此，才能合理、积极地引导和影响学生的政治价值观。（1）教育者要尊重学生的特点。卢梭认为："儿童是有他特有的看法、想法和感情的；如果想用我们的看法、想法和感情去代替他们的看法、想法和感情，那简直是最愚蠢的事情。"[1]目前，无论媒体还是教师都在讨论大学生政治冷漠现象，部分人认为当代大学生没有坚定的政治信念，对社会主义缺乏正确认识。但他们却忽视了一点：大学生虽然在生理上已基本发育成熟，但他们的心理尚未成熟，是从自然人向社会人过渡的"发展中的人"，因此必须以尊重学生的特点为基本前提，把他们当作"发展中的人"来看待，而不能以成人的标准或理想化的标准衡量他们、批评他们。教育者必须尊重大学生自身特点，研究他们独特的精神生活，从而有的放矢地开展教育活动。

---

〔1〕 卢梭.爱弥儿：上 [M].李平沤，译.北京：商务印书馆，2001：91.

而脱离、偏离，甚至违背学生特点的教育活动不可避免地将遭到学生的排斥、反感甚至抵制。从整体而言，当前大学生主要有以下两个方面的特点。①兴趣关注呈现出微观化、碎片化的趋势。深受市场经济和大众文化蓬勃发展的影响当代大学生自我意识普遍较强，越来越多学生将兴趣关注的重点放在切身利益、琐碎感触之上，而较为缺乏对国家、民族宏观层面的政治生活、政治秩序与政治价值导向的关注、关心。②政治价值观呈现复杂化、多样化特征。受全球化时代多种理论思潮、社会心理的影响，当前大学生的政治价值取向呈现出多样化、复杂化特征。（2）教育者要尊重学生的天赋和潜能。在大学生政治价值观教育的过程中，教师要充分尊重学生的天赋和潜能，而非过多地干预或者强加给他们一些东西，这是因为"人与生俱来就有探索创造的冲动，有与人联系、交流的欲望，有对秩序、格局的敏感，这是人性的潜能"[1]。换言之，人天生具有适应社会既定秩序的潜能，而"尊重"意味着将大学生看作主体，相信其自我判断和决策的能力，这是大学生个体提升自己政治价值理性反思能力、评判能力、政治实践能力的关键。这里需要注意的是，这里所说的"尊重"并非是指要"毫无作为"，而是指应在尊重大学生天赋和潜能的前提下，将其引向积极的、健康的发展方向，引导大学生学会判断、反思、沟通等。因此，教育者在一方面要尊重学生的天赋和潜能，另一方面要引导其朝着良性方向发展。

2.了解、整合和引导大学生政治价值观教育需要。相对于个体，国家因其所具有的成熟性和权威性，政治价值观教育需要往往以压倒性优势占据主体地位，导致大学生的政治价值观教育需要容易被轻视、忽视。事实上，尽管大学生处于成长过程中，但并不意味着他们政治价值观教育需要就一定是不合理的、不正确的。恰恰相反，学生的内在需要在很大程度上决定了政治价值观教育的成效与成败，这是因为"人类的行动都发生于他们的需要、他们的热情、他们的兴趣、他们的个性和才能。"[2]需要是个体政治价值认同的内在动力，国家主导的政治价值观能否被社会成员个体所接受和认同，从根本上取决于其是否能够满足个体的需要。对此，马克思认为：需要"是人类心理结构中最根本的东西，是人类个体和整体人类发展的原动力"[3]，"任何人如果不同时为了自觉

〔1〕 朱小蔓，朱永新.中国教育：情感缺失[J].读书，2012（1）：4.

〔2〕 黑格尔.历史哲学[M].王造时，译.上海：上海书店出版社，2001：21.

〔3〕 马克思恩格斯全集：第2卷[M].北京：人民出版社，1957：153.

的某种需要和为了这种需要的器官而做事，他就什么也不能做"〔1〕。政治价值观
教育要被大学生所接受和认同，就必须与学生的现实需要相契合，并在教育实
践中尊重他们的需要，把学生"当作一个生命个体，一个发展中的人，尊重学
生成长中个人的愿望、意志和需要，引导他们形成积极主动的人生态度"〔2〕。不
仅如此，由于"教师对于学生的意义总是以学生的教育意向性为基础，也就是
学生向教师所敞开的心理结构为基础。教师对学生的影响如果契合了学生的心
理需要，那么教师的影响就会在学生的心理结构中呈现扩展的态势……如果教
师的影响完全忽视了学生的接受，教师只顾着展现自身的教学魅力，或者程序
化地完成自己的教学工作，那么教师的影响就难以进入学生当下的心理结构之
中"〔3〕，因此了解学生的政治价值观教育意向和需要是开展教育活动的前提和基
础。在尊重学生需要的基础上，教师还应整合、引导大学生的政治价值观教育
需要。个体由于所生存的自然环境和社会环境不同，其生活方式以及利益诉求
也存在差异，因此大学生的政治价值观教育需要也具有鲜明的差异性、多样性
特征。在教育过程中，教师必须进行引导，使学生的教育需要具有社会性、客
观性和适应性。

3. 促进大学生政治价值观实现从"适应性"完成向"超越性"发展的转
变。"社会通过传递过程而生存，正和生物的生存一样。这种传递依靠年长者
把工作、思考和情感的习惯传达给年轻人。没有理想、希望、期待、标准和意
见的传达……社会生活就不能幸存。"〔4〕基于共同体生存的需要，社会和国家需
要通过政治价值观教育将既定政治思想、价值观、理念、规范传递给社会成
员。从社会成员个体角度来看，人是天生的社会性动物，离开社会，个体无法
生存，因此对于任何一个新生社会成员而言，其第一要务就是掌握既存社会的
相关秩序和规则，实现从自然人向社会人、政治人的转变以适应社会生活。大
学生政治价值观教育的首要任务就是帮助学生获得相应的政治知识、政治价值
观念、政治参与技能，以适应既定政治生活和社会秩序。同时，由于人是一种
永远处在未完成中的存在，具有超越本性。"人的自为本性使人永远处在奔向

〔1〕 马克思恩格斯全集：第 3 卷 [M]. 北京：人民出版社，1965：286.
〔2〕 黄书光. 价值观念变革中的中国德育改革 [M]. 南京：江苏教育出版社，2008：315.
〔3〕 刘铁芳. 比技术更重要的是观念 [M]. 北京：北京师范大学出版社，2017：65.
〔4〕 约翰·杜威. 民主主义与教育 [M]. 王承绪，译. 北京：人民教育出版社，2001：8.

'人'的生成发展过程之中。人是不会满足于既成的存在和既有的生活的，总是追求更新的存在，奔向更高的生活，从有限进入永恒。这就是人的不断超越自我的'形而上学'本性"[1]，"人无时无刻不为超越自身存在的'局限'而被驱使，从而形成来自人的存在的特有的'超越本性'……超越性是人的价值存在的本质，人的生命就是对已有存在状态的不断否定和对新的存在状态的不断创造"[2]。人永远要在创造中不断生成和发展。而人的创造、创新本性展现在政治价值观教育活动中体现为大学生需要获取一定的分析批判、解决问题、实践、组织等方面的能力，继而通过创造性参与国家政治生活和公共生活，推动整个国家和社会向着更加美好、良善的方向发展。加之，人天生具有自我实现的需要，"人对于自我发挥和自我完成的欲望，也就是一种使人的潜力得以实现的倾向。这种倾向可以说成是一个人越来越成为独特的那个人，成为他所能够成为的一切"[3]。在自我实现需要的驱使下，大学生能够实现从"小我"到"大我"的超越，即"挣脱了功利取向的羁绊，超越了缺失性认识的偏狭，进入到存在认知的境界，领悟到了'存在价值'"。[4]在超越本性和自我实现需要的驱动下，大学生想要通过政治价值观教育不断发掘其潜能，超越自我，期望运用自身的政治价值观、政治信仰，通过创造性地参与国家公共生活推动国家政治、文化的发展。因此，政治价值观教育作为一种有目的的教育活动，不能仅仅为了社会和国家需要，而是更应着眼于帮助大学生实现从"适应性"完成向"超越性"发展的转变，促进他们主体性政治人格的生成和完善。质言之，政治价值观教育要培养的不仅仅是一个有政治价值观的人，而更为重要的是要培养一个具有先进政治价值观的人。唯有如此，才能实现个体政治价值观，国家政治体系和政治文化的可持续发展。

4. 贴近大学生实际生活。大学生政治价值观的形成需要经过由外而内、由内而外、不断内化、不断外化的循环往复的过程，并非简单地将外在的政治价值观知识教授给学生。教育与生活密不可分，只有将政治价值观教育置于现实生活情景之中，才能让学生感到政治价值观与自身息息相关，他们才愿意去反

---

〔1〕高清海.中国传统哲学的思维特质及其价值 [J].中国社会科学，2002（1）：53.

〔2〕王葎.价值观教育的合法性 [M].北京：北京师范大学出版社，2009：93.

〔3〕马斯洛.动机与人格 [M].许金声，译.北京：中国人民大学出版社，2007：29.

〔4〕彭运石.走向生命的巅峰：马斯洛的人本心理学 [M].武汉：湖北教育出版社，1999：167.

省自己的政治立场、政治态度和政治行为。因此，大学生政治价值观教育不能囿于理论说教之中，而应走进社会，通过组织大学生开展社会实践，帮助他们提升政治认知并树立正确的政治价值观。正如陶行知所言："教育要通过生活才能发生力量而成为真正的教育。"[1]

总体而言，在教育理念方面，大学生政治价值观教育应将社会本位与个人本位统一起来。教育者一方面应尊重学生的主体性，努力满足他们对政治价值观教育的需要，帮助其实现由自然人向政治人的转变，进而实现"超越性"发展；另一方面应兼顾国家和社会的要求。这就要求大学生政治价值观教育应从以下三个方面入手。一是教育目的互构。长期以来，政治价值观教育目的的设置或确定均侧重于体现社会和国家需要，而大学生个体的需要和主体性没有得到相应的尊重，而"一个教育目的必须根据受教育者的特定个人的特有活动和需要。"[2]这就要求在政治价值观教育目的确定和发展过程中，既要尊重社会需要，也应尊重个体需要，不可有所偏废。二是教育内容互构。政治价值观教育内容不应仅仅体现社会塑造理性公民以满足维护阶级统治合法性和地位，促进公共秩序稳定、发展的需要，还应兼顾个体成长成才的需要。政治价值观教育内容的设置必须还应兼顾大学生的主体性及其求知、成长、成才的需要。简言之，政治价值观教育内容应成为社会、国家需要与学生主体性及其需要相互表达、渗透融合的结果。三是教育方法互构。在教育过程中，教育者在教育方式选用中要遵循教学原则，充分考虑学生对知识的接受能力，尊重学生对教学方法的偏好。正如陶行知先生所提出的："教的法子必须根据于学的法子。从前的先生，只管照自己的意思去教学生；凡是学生的才能兴味，一概不顾，专门勉强拿学生来凑他的教法，配他的教材……先生不但要拿他教的法子和学生学的法子联络，并须和他自己的学问联络起来。"[3]因此，政治价值观教育方式方法的互构性关系要求实现社会、个体思想政治教育需要之间相互理解、尊重、渗透、融合。

---

〔1〕　陶行知.陶行知教育文选[M].北京：教育科学出版社，1981：267.

〔2〕　赵祥麟，王承绪.杜威教育名篇[M].北京：教育科学出版社，2006：137.

〔3〕　陶行知.中国教育改造[M].北京：人民出版社，2008：12.

第三节　增强政治价值教育内容的现实性与综合性

统治阶级政治思想、价值观念的灌输必须渗透于社会成员个体政治价值观形成确立的全过程，必须与人的现实生活联系起来。这是因为"思想、观念、意识的生产最初是直接与人们的物质活动，与人们的物质交往，与现实生活的语言交织在一起的。人们的想象、思维、精神交往在这里还是人们物质行动的直接产物"[1]，"意识在任何时候只能是被意识到了的存在，而人们的存在就是他们的实际生活过程。"[2]现实生活的实践是人的思想、价值观念生成和发展的源泉。人在现实生活实践中改变自身物质生产和交往的同时，也在不断改变自己的思想。任何政治价值观的传播与灌输要想取得显著成效，都必须以现实生活为依托，关注现实中人的生活，贴近现实中个体的现实生活世界，而不能游离甚至脱离人的现实生活。否则，政治价值观教育极有可能沦为"虚幻"的说教。对此，习近平在学校思想政治理论课教师座谈会上强调："要坚持理论性和实践性相统一，用科学理论培养人，重视思想政治理论课的实践性，把思政小课堂同社会大课堂结合起来，教育引导学生立鸿鹄志，做奋斗者。"[3]不仅如此，政治价值观教育内容还应超越囿于知识教育的局限，实现向知、情、信、意、行相统一的转变。

一、实现理论世界与现实世界的整合

政治价值观教育的内容是一种"规范性知识"或"策略性知识"，旨在借助一定理论传统和价值立场，系统化论述国家政治立场、政治标准和未来发展方向，并对个体实践行为提出建议。这些规范性知识内在逻辑严密，但略显枯燥单调，与学生现实生活有一定距离，易使其所学知识脱离自身实际和日常生活。这要求教师在组织编制政治价值观教育内容时，不能仅是围绕理论知识传授、理解、掌握和探究进行，而应着力贴近现实世界，将大学生的兴趣、潜能、

---

〔1〕 马克思恩格斯选集：第 1 卷 [M]. 北京：人民出版社，2012：151.
〔2〕 马克思恩格斯选集：第 1 卷 [M]. 北京：人民出版社，2012：152.
〔3〕 习近平主持召开学校思想政治理论课教师座谈会强调　用新时代中国特色社会主义思想铸魂育人　贯彻党的教育方针落实立德树人根本任务 [N]. 人民日报，2019-03-19（1）.

愿望、认知特点、自我评价、对教材的看法等要素纳入教学内容组织的考量范围，整合政治价值教育中的理论世界与学生生活的现实世界，从而激发学生学习主动性、积极性，使其努力思考、探索课程中所蕴含的理论问题。为此，教师应从以下两个方面入手。

1. 努力提升马克思主义理论素养。习近平在学校思想政治理论课教师座谈会上提出思想政治理论课教学"要坚持政治性和学理性相统一，以透彻的学理分析回应学生，以彻底的思想理论说服学生，用真理的强大力量引导学生。"[1]这就要求教师在开展政治价值观教学过程中，要做到"以理服人，凝聚共识"，而非"以力服人，强求同一"。为此，教师要苦练"学术内功"，不断加强马克思主义理论及相关学科理论学习，积极开展社会现实研究和学生研究，提高自身知识储备、学术素养和理论水平，不断提升学术底蕴和理论境界，以现实问题激活马克思主义经典著作，以马克思主义基础理论观察、透视中国当代现实，把历史、现实、理论与原著整合起来，这样才能阐明我国政治价值观的科学性、解释力和说服力，阐明其真理性基础，以科学认识引导学生作出正确的、积极的价值选择。

2. 从国内外重大事件、学生实际生活两个路径入手实现理论世界与现实世界的整合。在大学生政治价值观教育中，教育者应从这样两个方面入手。（1）将理论世界与国内外发生的重大事件相结合。国内外重大事件往往能够引发学生的普遍关注，激发其了解现实世界背后运行规律的好奇心，增强其大局意识、国际视野。因此，教师应以国内外重大事件为切入点，讲授理论知识。例如教师在理论讲授过程中可以将抗击疫情中所体现出来的中国制度优势、政治价值观取向，以及国际舆论倾向等深度融入教学内容之中，从而激发学生深入思考的积极性，引导其树立正确的政治价值观。（2）将理论世界与学生实际生活相结合。大学生在实际生活中面临着如何看待自我与世界的关系、人生定位与选择、人际关系处理、理想信念确立等方面的问题，因此在政治价值观教育过程中，教师要主动积极地发现和掌握学生所遭遇的困惑与所关注的成长问题，在理论讲授中要有选择地引入新闻时事热点、学生生活细节、流行文艺影视作品等鲜活素材，培养学生理论应用能力，并有的放矢地帮助学生解决政治

---

〔1〕习近平主持召开学校思想政治理论课教师座谈会强调　用新时代中国特色社会主义思想铸魂育人　贯彻党的教育方针落实立德树人根本任务 [N]. 人民日报，2019-03-19（1）.

价值认识上的困惑。

二、实现知识传授与情感、价值理性和行为能力培养的整合

对大学生而言，学习不仅仅是一种增长知识的认知活动，而且夹杂着个体的期待、需要、情感、态度等非理性因素。然而，长期以来大学生政治价值观教育偏重于政治价值知识讲授，相对轻视、忽视甚至无视对学生政治情感、政治价值理性和政治参与能力的培育。事实上，从学生成长发展角度讲，他们在面对外在客观世界尤其是政治生活时，不仅需要通过学习掌握适应现实政治生活所必需的政治价值知识，而且需要获得与国家、政治生活相关的情感、政治价值理性和政治参与能力。这样他们才能正确理解政治秩序的运转规则、国家政治生活的价值取向，明确自我在共同体中的位置，更好地处理自身与他人、集体、国家乃至世界的关系，以应对复杂多变的现实世界以及学习生活中所遇到的问题。因此，实现知、情、信、意、行的统一是大学生政治价值观教育的必然要求。

1. 强化政治价值知识传授。"人创造了知识，知识又规范和引导人。知识既作为反映事物本质和规律等的认识规范和引导人，也作为人本来和应该如何认识、适应、改造事物及掌握、应用、创新知识过程和方式的认识规范与引导人。"[1] 政治价值知识本身蕴含着国家政治生活的基本常识和各种规范，体现着占统治地位的阶级所主导的政治价值观和要求，规约着国家政治生活的基本形态。因此政治价值观教育要首先将既定政治价值知识传递给大学生，引导他们形成符合国家要求的政治意识和政治价值观，并增强其政治认同感。知识方面的教育内容主要包括：宪法所规定的国家生活的基本方面的知识，即国家的基本原则、国家制度、公民的基本权利和义务、国家机构的运行机制、国家的标志、国家的历史地理、参与政治选举的权限与流程、针对国家政府部门或组织而进行批评、建议、申诉、控告、检举的法定流程与权责。

2. 加强政治情感培育。列宁指出："没有'人的感情'就从来没有也不可能有人对于真理的追求。"[2] 大学生的政治情感对于国家主导政治价值观的内容具

---

〔1〕 郝文武. 实现三维教学目标统一的有效教学方式 [J]. 教育研究，2009（1）: 70.

〔2〕 列宁全集：第 25 卷 [M]. 北京：人民出版社，1988: 117.

有选择、内控和实践的作用，即政治情感能够驱动学生有选择地接受教育内容，激发其对国家主导政治价值观的态度、意志、信念，继而形成政治实践的积极性和创造性。因此，培养学生的政治情感是大学生政治价值观教育的题中之义。那么，政治情感能否经由教育被养成呢？对此，本书较为认可学者杨国荣的观点，即"情感也可以通过教育等方式而得以培养。在宽泛的意义上，重要的是通过培养和发展个体正面的潜能，通过价值观、人生观等方面的正面引导，通过赞扬、肯定表现正面价值的情感和谴责、否定具有负面价值的情感等，培养健全的情感定势。"[1]

（1）强化传播，激发和引导学生的政治情感。教育者在培育大学生政治情感时，可以从以下三个方面着手。首先，对大学生进行政治情感引导与输入，为其认同国家主导政治价值观提供情感基础。国家主导政治价值观具有高度概括性和抽象性，这就要求教育者根据大学生的接受程度和需求，将理性化的政治价值观知识与学生生活学习实际、社会现实结合起来，从而增强国家主导政治价值观的说服力和吸引力。其次，着力强化自身对国家主导政治价值观的认同感和教育的使命感，从而在具体教育情境中形成示范、感染效应，用高尚、坚定的情感鼓舞和激励学生。最后，积极运用学生熟悉的现代传媒手段，如互联网、微信公众号、小视频平台等优化国家主导政治价值观的传播方式，积极对大学生进行政治情感的隐性输入和引导。

（2）深化情感体验，维持和强化学生的政治情感。相对于激发和引导而言，维持和强化大学生的政治情感直接关系到国家主导政治价值观能否有效内化为学生的政治立场和政治信念。对学生而言，政治情感体验是他们联系外部现实政治生活与内心世界的桥梁。因此，唯有引导学生在具体的教育情境中有所体悟，才能激发他们生成深刻的政治情感，继而引发自觉反思，使其从内心深处产生对国家主导政治价值观的渴求、认同与接纳，并形成坚定的政治意志力。在维持和强化学生政治情感方面，教育者要注意准确区分不同学生主体的特点，并有针对性地创设教育情境，增强他们的政治情感体验。

（3）满足情感诉求，驱动学生政治情感向实践的转换。政治价值观教育的根本目的是促成大学生政治情感向实践的转换，而满足学生的情感诉求是着眼

---

〔1〕 杨国荣.道德系统中的德性 [J].中国社会科学，2000（3）：95.

点。学生的政治情感诉求主要体现在对现实政治生活的正确理解和参与上。为此，教育者要高度关注学生的各种需求，如对公平、民主的需求等。在日常班级活动、校园活动等场景中，真正实现民主、公平、正义等，满足学生的政治情感诉求，从而提升学生的精神境界。

3. 强化政治价值理性培育。在现代化、全球化进程中，相比政治价值知识传授、政治情感培育而言，政治价值理性教育显得尤为重要。美国学者博纳特认为："在当今信息化时代，公民教育目标要实现从培养义务性公民向培养自我实现公民转变。在教育内容上，不仅要重视公民知识教育，而且要加强理性教育，激发学生积极参与国家的公共事务。"[1]那么，政治价值理性是什么呢？包括哪些方面内容？是纯粹的政治价值判断、选择能力吗？在借鉴《价值理性与价值教育》一文中关于价值理性界定的基础上[2]，本书认为政治价值理性是政治价值合理化的形式与能力，是政治价值选择、判断和政治价值实践中理性的运用。政治价值理性包括两个方面的内容。一是政治价值理性是"批判"的理性，即反思和批评自身已有政治价值观念、政治信仰和政治价值标准的能力。二是政治价值理性是"实践"的理性，即政治价值理性是在不同社会历史情境下、在具体的政治实践行为之中、在多元政治价值标准之间作出合乎基本政治价值原则的政治选择。作为实践理性的政治价值理性更多地体现在具体的人的政治参与活动之中。就大学生政治价值理性教育而言，它主要包括政治价值评价、判断、选择能力和政治参与能力两个方面。那么，如何培养大学生的政治价值理性呢？本书认为应从以下三个方面着手。

（1）帮助大学生澄清自身的利益主张和政治价值诉求。"所有政治事物和政治现象都是政治主体（政治人）活动的结果，是政治主体的利益主张和价值诉求的对象性存在，也是政治主体内在尺度的对象性存在，因而政治主体的内在尺度及其发展规律天然成为政治生活与政治社会的价值判准之主体根据。"[3]这种对于自身利益的预期以及价值诉求便成为个体进行政治活动的动力，以及进行政治价值判断的标准。对此，恩格斯指出："无论历史的结局如何，人们总

---

〔1〕 W. Lance B, et al. Young citizens and civic learning: two paradigms of citizenship in the digital age[J]. Citizenship Studies, 2009. 13, 105-120.

〔2〕 高政. 价值理性与价值教育 [D]. 北京：北京师范大学，2012：25.

〔3〕 田志文，闫秀敏. 论政治价值评判 [J]. 求实，2009（12）：61-62.

是通过每一个人追求他自己的、自觉预期的目的来创造他们的历史，而这许多按不同方向活动的愿望及其对外部世界的各种各样作用的合力，就是历史。"[1]因此，高校教师有责任帮助大学生明确自身的利益主张和政治价值诉求。那么，如何帮助学生澄清自身政治价值诉求呢？在这方面我们可以借鉴兴起于美国的"价值澄清法"。这一教育方法由价值澄清学派于20世纪60年代提出，他们认为如何让学生获得价值观比"灌输"给学生什么价值观更为重要，教师要从给学生现成的理论转变到给学生分辨的武器，为此他们非常注重训练学生的个体选择能力，主张通过帮助学生进行批判性思考，使其学会自我评价和自我分析，进而实现自我价值澄清。在价值澄清学派看来，教师在采用价值澄清法时应遵循这样四大原则：①关注生活。从学生生活中发现问题，在课堂上进行讨论，这样就避免了学校与生活的脱节，既有利于学生价值观的澄清，又利于学生注重从自己的切身生活中发现并解决问题。②尊重自己和他人。在尊重自己的观念的同时，对他人的观念也要予以尊重。③提倡反省。对自己价值观的形成原因进行反思性思考。④培养能力。培养学生将自身慎重选择的价值观付诸行动的能力，以此方式不断强化，从而巩固自身的价值观。[2]在大学生政治价值观教育中，教师可以借鉴和采用价值澄清法，从尊重、理解学生的主体地位和独立人格出发，引导学生认真反省自身的政治立场、政治信念、政治情感，并鼓励他们积极付诸实践进而巩固自身政治价值倾向和政治信念。

（2）帮助大学生明确政治价值判断选择标准应遵循的原则。个体需要及其所属阶级社会地位的差异性，使他们的政治价值观有所区别。大学生个体往往从自身利益需要和政治价值观诉求出发，对于自身政治价值观、国家主导政治价值观以及其他政治价值观的优劣持不同的判断选择标准。那么，如何引导大学生在多重政治价值标准中进行评判、选择呢？换言之，评判和选择政治价值观应遵循哪些准则呢？这是培养大学生政治价值理性的关键所在。大体而言，有以下两个原则。①需要程度准则。人们总是从自身的需要以及需要的程度出发判断事物的好坏。同样地，政治价值观判断也不例外。"在一定的评判语境中，政治主体选择何种政治价值来对现实政治问题与政治现象进行价值判

〔1〕　马克思恩格斯选集：第4卷[M].北京：人民出版社，2012：254.
〔2〕　拉思斯.价值与教学[M].谭松贤，译.杭州：浙江教育出版社，2003：35-36.

断，通过何种政治价值诉求来对现实政治进行改造，取决于特定社会历史条件与历史发展趋势所规定的政治主体的存在与发展的具体的客观需要。"[1] 具体的历史条件、历史发展趋势决定着国家和个人的需要，根据这一原则，高校教师有责任帮助大学生逐步认清当前历史条件下社会发展的客观需要，并引导他们认识当前和未来国家发展中最为迫切和根本的问题，使他们用当前我国社会主义的政治价值标准衡量我国政治现实和自身政治价值观。②代表其他社会成员的范围大小。就个体价值观而言，"代表其他社会成员的范围大小"不仅指国家政治价值观，而且也包括个体政治价值观，即个体在自身政治价值观定位过程中，将其他多大范围的社会成员的利益需要和政治价值诉求纳入考量之内。个体在其政治价值观确立的过程中，对其他社会成员的利益和需要考虑得越多，他的政治价值观就更具有合理性。就国家政治价值观而言，由于国家是阶级斗争的产物，它从根本上代表占统治阶级地位的社会成员的利益。但"每一个新阶级赖以实现自己统治的基础，总比它以前的统治阶级所依赖的基础要宽广一些"[2]，为此随着国家的发展，国家政治价值观便代表着越来越多的社会成员的利益。国家政治价值观所能代表的社会成员越具有普遍性与广泛性，那么它越具现实性和合理性，也就越能成为判断国家政治价值观的标准，因此能否代表最广泛社会成员的利益需要和价值诉求，是进行国家政治价值观判断应遵循的原则。根据这一原则，高校教师有责任引导大学生以"代表社会成员的范围大小"作为标准，来衡量国家现实政治生活和个人政治行为。

（3）着力提升学生的政治参与能力。"人的思维是否具有客观的真理性，这不是一个理论的问题，而是一个实践的问题。人应该在实践中证明自己思维的真理性，即自己思维的现实性和力量，自己思维的此岸性。关于思维——离开实践的思维——的现实性或非现实性的争论，是一个纯粹经院哲学的问题。"[3] 人唯有置身于实践当中，才能形成感性认知，才会对理论感同身受，才会接受并认同理论，并将理论内化为自己的观念、思维模式，进而形成政治参与的能力。没有人的实践活动的参与，教育与环境都发挥不了作用。因此，在大学生政治价值观教育中，教育者要有意识地引导学生参与实践活动，并通过实践活

〔1〕 田志文，闫秀敏.论政治价值评判 [J].求实，2009（12）：63.

〔2〕 马克思恩格斯选集：第 1 卷 [M].北京：人民出版社，2012：181.

〔3〕 马克思恩格斯选集：第 1 卷 [M].北京：人民出版社，2012：134.

动提升学生的政治参与能力。

政治参与能力包括两个方面。一是参与既定政治生活的能力，主要是参与方式与技巧。例如参与选举和政治投票、结社、集会和游行活动的方式和技巧；二是创新政治生活和政治文化的能力，主要是政治创新能力。例如设计更加科学、合理的制度和规范，促使政府权力在"阳光下运行"，并有效地将"权力关进制度的笼子"。在学生政治参与能力培养方面，欧美国家的做法有一定借鉴价值。

为了帮助学生提高行为参与能力，欧美国家在学生中广泛开展选举活动，比如法国最大的学生联合会——法国学生联盟。它成立于 1907 年，目的在于让学生表达对大学政策的意见，如学术研究、学生餐厅、学生宿舍或歧视问题等。学生联盟几乎遍布法国所有大学，成员通过层层竞选产生，成员需提供具体的有针对性的议案供学联讨论。参与这些学生组织以及相关活动，使学生在具体活动中强化了对民主及民主程序的理解和把握，提高了参与集体公共事务的能力，为日后参与国家活动和社会事务做准备。同时，欧美国家越来越重视学生的自发性组织——环境保护组织、动物保护组织等活动。通过这些组织活动，学生既实现了自身的价值，又能够更加具体地了解社会实际，并提高参与社会事务的能力。此外，欧美国家鼓励学生积极参与学校事务的决策和社区活动，并鼓励他们与其他社会组织联合起来参与公共领域的相关活动。

第四节　丰富、创新教育路径和方法

大学生政治价值观教育质量的提升离不开教育路径和方法的多样化、科学化。习近平强调："做好高校思想政治工作，要因事而化、因时而进、因势而新……要用好课堂教学这个主渠道……要更加注重以文化人、以文育人，广泛开展文明校园创建，开展形式多样、健康向上、格调高雅的校园文化活动，广泛开展各类社会实践。要运用新媒体新技术使工作活起来，推动思想政治工作传统优势同信息技术高度融合，增强时代感和吸引力。"[1]在继承和借鉴改革开

---

〔1〕习近平在全国高校思想政治工作会议上强调　把思想政治工作贯穿教育教学全过程　开创我国高等教育事业发展新局面 [N]. 人民日报，2016-12-09（1）.

放 40 多年来大学生政治价值观教育经验的基础上，我们要继续努力，不断丰富、创新教育路径和方法。

一、优化社会环境和校园文化

古今中外许多思想家都非常强调环境对人的影响作用。墨子指出："染于苍则苍，染于黄则黄。所入者变，其色亦变；五入必而已则为五色矣。故染不可不慎也。"[1]在大学生政治价值观教育中，我们应努力优化环境，通过环境潜移默化地影响学生的政治价值观。

1. 创造良好的社会环境。"社会环境能通过个人的种种活动，塑造个人行为的治理和情感的倾向……社会环境无意识的，不设任何目的地发挥着教育和塑造的影响。"[2]政治价值观教育活动及作为教育对象的大学生必然处于一定社会环境之中，要想取得良好教育成效，就必须为学生营造良好的社会环境，本书认为可以通过以下两个渠道进一步优化社会环境。

（1）创造良好的网络舆论环境。在信息化时代，社会生活和政治生活发生了实质性变化。如何维护国家、政府在政治生活中的权威影响，为贯彻落实高校立德树人根本任务创造良好的社会舆论宣传和政治沟通环境，是党和国家非常关注的问题。另外，信息技术的迅速发展使网络成为中外意识形态斗争的前沿阵地。西方国家利用网络信息技术通过网络媒介不断向我国推销其政治价值观，这极大地威胁着我国的政治安全，也对大学生政治价值认同造成严重危害。针对网络舆论乱象丛生的问题，习近平在网络安全和信息化工作座谈会上特别指出："网络空间是亿万民众共同的精神家园。网络空间天朗气清、生态良好，符合人民利益。网络空间乌烟瘴气、生态恶化，不符合人民利益……我们要本着对社会负责、对人民负责的态度，依法加强网络空间治理，加强网络内容建设，做强网上正面宣传，培育积极健康、向上向善的网络文化，用社会主义核心价值观和人类优秀文明成果滋养人心、滋养社会，做到正能量充沛、主旋律高昂，为广大网民特别是青少年营造一个风清气正的网络空间。"[3]这就要求政府积极采取措施，充分发挥互联网信息技术的作用，营造良好的网络舆论

---

〔1〕墨子 [M]. 李小龙，译. 北京：中华书局，2016：16.

〔2〕约翰·杜威. 民主主义与教育 [M]. 王承绪，译. 北京：人民教育出版社，2001：22-23.

〔3〕习近平. 在网络安全和信息化工作座谈会上的讲话 [N]. 人民日报，2016-04-26（2）.

环境。政府一方面应进一步丰富和完善政府网站信息，扩大政策宣传，使大学生能更便捷地了解政务信息、政策、法规，从而强化政府号召力、凝聚力，增进学生对国家和政府的归属感和认同感；另一方面应要求主流权威新闻媒体将正确的导向作为内容建设重要遵循，强化内容创新，把握舆论导向，培育积极健康、向上向善的网络舆论生态。时至今日，网络新闻媒体是最具有冲击力和社会影响力的一种媒体形式，尤其是在自媒体高度发达的时代，更需要政府和新闻宣传部门强化网络新闻媒体的构建和调控。党和国家要始终坚持正确的政治方向、舆论导向和价值取向，统筹做好各项重大主题的网上宣传工作，巩固和壮大网上主流思想舆论，针对网络舆论实践有力做好评论引导，守牢网络舆论阵地。同时，主流权威媒体应多从社交互动心理、新媒体接触习惯和使用行为等特征出发，立足民众的多维度需求，深耕优质内容生产，推出一批生动鲜活、形式新颖的网络内容精品。尤其是当前，5G、大数据、云计算、人工智能等新技术深刻影响着主流媒体的内容生产，这就要求主流媒体在内容生产方面加大融合效能，强化技术驱动，增强主流声音的全媒传播，实现高产出、高传播的良性互动。例如，在新冠疫情防控中，主流媒体在移动传播内容生产方面以图解、动漫、H5、短视频等方式推出各类"共同战疫"专题，并利用不间断大直播、慢直播、全景 VR 等，有效凝聚了抗疫合力，营造出强信心、聚民心的舆论氛围，也在无形中增进了民众对党和国家、对社会主义制度的认同与信心。在党和国家的倡导和要求下，国内权威主流媒体如《人民日报》《光明日报》等纷纷办起网站的同时，也开通了微信公众号、视频号，进驻抖音、快手等平台，这极大地方便了大学生及时了解国家政策和政治生活。以《紫光阁》杂志为首的中央国家机关党刊党媒，积极传播好党的声音、讲好中国故事，以"一纸六媒"精心布局、多头发力，仅新媒体阅读数就超过 18.36 亿人次，直接覆盖受众 5.81 亿人次，充分发挥了主流声音引导网络舆论的积极作用。[1]

（2）创造健康有序发展的社会大环境。新中国成立后尤其是改革开放以来，党和国家积极采用多种路径和方法创造健康有序的社会环境，大大提升了主导

---

〔1〕 坚决把党中央重大决策部署落到实处——中央国家机关贯彻落实党的十八届六中全会精神 深入推进全面从严治党纪实 [N]. 人民日报，2017-06-16（6）.

政治价值观的说服力、影响力，为高校开展政治价值观教育提供了强大的现实依据和条件保障。在未来，我们一方面要大力开展物质文明建设，积极推动经济发展，为健康有序发展的大环境奠定坚实的物质基础；另一方面要积极开展精神文明建设。在精神文明建设工作中，要以德治优化社会大环境，弘扬中华优秀传统文化和社会主义核心价值观，积极开展教育活动。以爱国主义教育基地为载体，通过加强基地设施建设、文物保护、主题教育，打造主题突出、导向鲜明、内涵丰富的精品陈列，实现政治性、思想性、艺术性的统一，代入感、沉浸感的统一，表现力、传播力、影响力的统一；以丰富多彩的教育活动和仪式为抓手，有计划地组织党员、民众、学生开展缅怀祭扫、升国旗仪式、成人仪式、入党入团入队仪式等主题教育，强化民众对共产党、社会主义、改革开放、伟大祖国的认同感，引导他们形成正确的历史观、党史观、政治观。积极推进文艺和文艺工作发展，按照"双百方针"，坚持以人民为中心的创作导向，高扬社会主义核心价值观的旗帜，不断创作推出具有感染力、影响力的文艺精品，"把社会主义核心价值观生动活泼、活灵活现地体现在文艺创作之中，用栩栩如生的作品形象告诉人们什么是应该肯定和赞扬的，什么是必须反对和否定的，做到春风化雨、润物无声"[1]，"把爱国主义作为文艺创作的主旋律，引导人民树立和坚持正确的历史观、民族观、国家观、文化观，增强做中国人的骨气和底气"[2]，改造民众的精神世界。与此同时，以法治优化社会环境。坚持用法律保障和维护公民及组织的合法权益，依法调节社会活动中的各类关系，运用法治思维和法治方式化解社会矛盾；坚持依法推进社会治安综合治理，依法防范和惩戒各类违法犯罪活动，确保人民群众安居乐业、社会安定有序；坚持做好法治宣传工作，提升群众法治意识，引导其自觉守法、用法、护法，继而形成社会公序良俗。

2. 开展丰富多彩的校园活动，创建民主的参与型校园文化环境。作为一种亚文化，校园文化环境是学生成长和生活的基本环境，对大学生政治价值观形成、发展具有重要影响，集中体现为它作为国家主导政治意识形态、政治规范、价值理念在大学校园的"中转站"，以隐性教育的方式潜移默化地影响着大学

〔1〕 习近平. 在文艺工作座谈会上的讲话（2014年10月15日）[N]. 人民日报，2015-10-15（2）.
〔2〕 习近平. 在文艺工作座谈会上的讲话（2014年10月15日）[N]. 人民日报，2015-10-15（2）.

生的政治态度、政治立场等。因此，创造良好的大学校园文化环境是大学生政治价值观教育的重要环节。

　　大学校园文化包括物质文化、制度文化、精神文化三个方面。物质文化主要是指校园绿化、建筑物及其规划布局，是校园文化的基础；制度文化是指校园中的各项规章制度、行为规范以及各项工作和活动的运作规律和程式，是校园文化的载体；精神文化是校园中被普遍接受并共同遵循的价值观念、道德准则、行为倾向以及校风、学风等校园精神层面的存在形式，是校园文化的核心。[1]在三者之中，制度文化与精神文化对于大学生政治价值观教育更为重要。各项规章制度和活动作为制度文化的主体部分是高校政治价值观教育的载体，精神文化中所蕴含的政治价值理念、政治准则和政治行为导向往往渗透于制度文化之中。大学的行为准则、校风、学风往往以潜移默化的方式影响着学生政治价值观的形成与发展。在诸多大学校园活动中，思想文化活动和自主实践活动既是学校精神文化的体现，又推动着学校精神文化的发展，对学生政治价值观的影响最大。为此，高校应为学生提供公共空间，运用公共平台组织优质的思想文化活动和自主实践活动。本书认为以下三类活动最为重要。

　　（1）政治价值观辩论、演讲等学术类活动。辩论和演讲的目的在于通过对公共事务的论争开启公共空间，把政治价值观的要求带入当下情境，这是学生交换意见的重要形式，也是学生以话语参与思想文化活动的重要形式。哈里森认为："单纯的书本知识并不能培养人心灵，富有成效的对话才能成就这一目的。意见的交换——即便话题不具政治性，即便谈话是在一处私密的花园里进行——是防御偏见和无知的最佳举措，因为这一活动让各种意见接受理性的审视，而理性则是专制暴政的天敌。探讨、论辩、思虑是共和国公民发挥自己审慎智慧的方式。"[2]因此学校有关部门可以组织一些关于政治价值观的演讲和辩论活动。在辩论和演讲活动组织中应遵循两个原则。一是主题关乎政治价值观，即民主、平等、爱国等。例如，辩论赛主题可以设为："国家层面的价值观（富强、民主、文明、和谐）和普通公民有/无直接关系""核心价值观24字，起于富，终于善，偶然还是必然"。演讲的主题可以设置为："自觉践行社会主义

〔1〕董雅华，秦义龙.大学生活导论[M].上海：复旦大学出版社，1994：113.
〔2〕哈里森.花园：谈人之为人[M].苏薇星，译.上海：生活·读书·新知三联书店，2011：99.

核心价值观，传播青春正能量""我为社会主义核心价值观代言"等。二是具有公开性，即辩论和演讲活动在公共领域中进行，多数学生在场并参与其中。例如，"核心价值观百场讲坛"首场活动于2014年在中国人民大学举行，近400名学生参加了叶小文为人大师生作的"民族复兴中国梦的文化根基与价值支撑"主题报告会。

（2）学生社团活动。社团是学生的自组织团体，也是学校思想文化活动的重要形式，其目的就在于引导学生突破思想局限走进现实生活，在彼此交流、切磋中深入思考、体悟、领会并践行主导政治价值观。学校可以重点组织两类学生社团活动。一是专门从事政治价值观研究的社团。该类社团的主要活动是围绕政治价值观进行讨论和学习。例如，中国人民大学组建的青年马克思主义研究会，北京大学组建的学生马克思主义学会、青年马克思主义发展研究会。这类社团的专门讨论和研究能够使学生从更深层面上认同政治价值观。二是从事与政治价值观内在精神要求相契合的活动的社团。该类社团主要从践行社会主义核心价值观的角度开展具体实践活动。如北京大学的教育知行社、爱心社、学生红十字会、大学生志愿者协会，华北电力大学绿色光伏先锋实践团等。这类社团实践活动能够使学生在具体的现实生活层面领悟并践行政治价值观。

（3）自主实践活动。自主实践活动主要是指以自我管理为主要目的的民主实践活动，集中体现为大学里的学生会和学代会。自主实践活动是学生走进现实社会与他人积极互动的过程，其意义主要体现在能够使学生形成民主意识和民主能力，更加明确自身的社会责任感、使命感，增强爱国意识、法治意识等，形成对政治价值观的切实思考、判断和理解，并更进一步认同个人之于社会的责任担当，进而逐渐提升自己的政治参与能力。学生会具有广泛的参与性，能够使学生体验到民主的精神。学生会的民主选举过程能够培养学生的民主参与意识和参与能力。学生会由学代会选举产生。学代会一般1～2年举行一次，行使"审查和决定学生会的工作，选举学生会工作领导机构，修改学生会章程"等职权。学代会代表、学生会委员的选举是一个比较完整的民主选举过程，通常采用差额选举的办法，经由投票选举产生。学生的选举和日常管理所强调的民主化，不仅能够有效培养学生的民主知识、民主意识、民主参与能力，而且能够增进学生的主观政治能力，帮助他们形成积极的政治态度和政治价值取向。

　　除此之外，学校还应努力加强学校精神文化建设，创建民主的参与型校园文化。离开了文化的浸润，学校生活就只是空洞的集体生活状态。为此，高校有必要在校园生活引入文化理念。就大学生政治价值观教育而言，富有文化意蕴的校园生活文化应体现政治价值观的导向和要求，它应是一种充满爱国、正义、公平、平等、友好、协商的一种民主化的生活文化。然而，这种校园生活文化并非自发产生，它需要学校有意识、有目的自主营造，而制定并实施公共制度至关重要。在公共制度制定过程中应遵循以下三个原则。一是公开性，即面向每一个教职员工，尤其是学生，尽量保证每一个人都可以参与学校公共制度的制定。公开性充分体现了社会主义核心价值观的民主、平等、自由要求。它一方面能够保障学生有机会自由表达自身的利益诉求，另一方面有利于制度的合理、完善，并得到绝大多数学生的认可与支持，从而保障公共制度的合法性，继而有效约束学生的个体行为。二是公共性，即着眼于学校全体成员或绝大多数人的公共意志。公共意志不同于私人意志，它以公共利益和公共善作为价值取向。公共制度的制定必须以公共意志作为出发点。三是公正性，即充分体现社会主义核心价值观的公正、民主、平等要求。在学校公共制度制定过程中，教职员工和学生每个人都作为独立的主体，从学校公共利益出发，就学校、学院、班级公共制度的内容表达自身的看法，接受他人质询，最后以民主投票的方式达成共识。在这一过程中，学生们不仅学会了尊重、理解、包容他人，也习得了协商、妥协、合作等政治参与能力，进而能从更深层次上理解和领悟主导政治价值观。

二、开展对话与讨论，强化课堂互动

　　课堂氛围的开放性和民主性对于学生的影响很大。围绕时事热点、政治现象等问题的对话和讨论能够有力提升学生的政治关注度、政治参与热情，并帮助他们明确自身的政治价值观。在未来大学政治价值观教育中，我们应广泛开展对话与讨论，营造民主、开放的课堂氛围。

　　1. 就对话而言，它主要是指教师与学生之间的交流。任何一个国家的政治价值追求与普通民众的政治诉求之间距离的弥合只能通过平等互动和交流，以对话的方式实现政治价值方面的共识。在大学生政治价值观教育中，是居高临下的将政治价值观传输给学生，还是与学生平等交流，展开对话，认真聆听学生的思想？这两者之间的引力和效果是不言自明的。西沃特斯等人发现："不充分的课堂讨论将会限制学生政治思想的表达，影响学生的政治观念，降低他们参与政治活动的积极性。"[1]对话不同于自上而下的灌输方式，它是一种平等、开放、自由、民主、协调、富有情趣，并能激发新思想产生的人与人之间的交流。因此，在大学生政治价值观教育中，教师要改变居高临下的说教口吻和单向灌输的叙述方式，以促进学生全面发展为目标，尊重学生的主体性，努力激发他们参与对话的积极性，自觉地将自己放在与学生相互平等的地位，真心地、平和地与学生就社会热点、政治现象等进行沟通和讨论，及时了解学生思想状况及其思考政治问题的能力，针对学生的实际思想情况进行教学设计，进而帮助学生修正自身的政治认识、提高政治判断能力，最终确立正确的政治价值观。

2. 就讨论而言，它主要是指学生在教师的引导下进行的学生与学生之间的交流，是学生群体内部的一种沟通方式。课堂讨论历来为欧美国家所重视。20世纪60年代，美国学者提出的价值澄清法、公正团体法，无不涉及学生就某个问题所展开的讨论。讨论有利于开放的、民主的课堂氛围的形成，也有利于学生思维能力的提高和参与意识的增强。美国在公民教育改革中明确提出，教师在课堂教学中，要引导学生就社会中出现的复杂问题展开讨论，以培养学生的批判性思维能力和判断能力。然而，讨论并非是自发的，而应在教师的指导下进行，这样可以避免讨论主题的分散。"当学生陈述的时候，你（指老师）也可以抛出一些让学生进一步思考的问题，这些问题会帮助学生跳出自己已有的认识，意识到过去自己的思维存在哪些不合理的地方，从而获得提高。"[2]教师在学生讨论过程中，应保持宽容的态度。正如布莱迪所言："在价值观教育中，教师应保持宽容的态度，营造轻松自由的课堂氛围，以便于学生自由表达。"[3]那么，讨论的主题有哪些？本书认为，有关政治价值观的社会热点问题是开展学生讨论的最佳切入点。社会热点问题容易引起学生的高度关注，对于学生政治立场、政治情感与政治态度的形成和发展具有重要影响。加之，当代大学生接

---

〔1〕 Syvertsen, A. K. Best practices in civic education: Changes in students' civic outcome [online].Circle Working Paper Series[EB/OL]. http://www.civicyouth.org/PopUps/Working Papers/WP57Flanagan.pdf.

〔2〕 赵振洲. 现代西方道德教育策略研究 [M]. 济南：山东人民出版社，2010：68.

〔3〕 Laurie B, Teacher Values and Relationship: Factors in Values Education[J]. Australian Journal of Teacher Education, 2011, 36（2）：59.

触信息范围广，对各种社会热点问题非常敏感，在政治价值观教学过程中引入对社会热点问题的讨论，不仅能够增强教学的现实针对性，而且能够在很大程度上激发学生学习的积极性和主动性，促使他们深入理解和领会所学的政治价值观知识，提升分析现实社会问题的能力。社会热点问题的选择应遵循以下两个原则。一是时效性，即所选取的社会热点问题，必须是新近发生的、与时俱进的。二是契合性，即所选取的社会热点问题必须与政治价值观教育内容相契合，找准社会热点问题与教学内容的结合点，服务于教学任务和目标。就组织讨论的方法而言，教师可将学生按照一定的标准，如年级、专业等进行分组，提供学生讨论主题，之后各小组就具体有关政治价值观的社会热点问题进行讨论，然后再将本小组形成的观点向全体同学汇报，各小组之间可以进行观点交锋，最后教师就学生的观点进行评论以起到纠正学生认识偏差和引导学生进一步思考的作用。

三、积极运用互联网和信息技术手段

互联网的出现与发展使政治文化传播呈现出高效化、民主化、社会化、国际化的发展趋势，也越来越影响着大学生的政治价值观和政治参与方式。而信息技术拓新了大学生政治价值观教育的途径和方法。大学生政治价值观教育体系是由思想政治理论课、专业课组成的第一课堂和党团活动、校园文化活动和社会实践活动等为主要形式的第二课堂构成。这一教育体系存在时效性、覆盖面和影响力等方面的不足。而信息技术的特点恰好能弥补传统政治价值观教育的这些缺陷。

网络信息技术使得信息更新极快且具有海量的存储和备查功能，能够增强大学生政治价值观教育的时效性。网络交流的交互性和虚拟性能够规避政治价值观教育无视大学生个体心理状态的单向度灌输问题，使大学生可以自由表达思想观念。网络也能解决传统政治价值观教育覆盖面有限的问题，能够有效增强教育的影响力。网络工具的运用能够使大学生政治价值观教育模式得到调整，并与传统教育模式相互补充和融合，从而增强教育成效。

1.运用互联网和信息技术创新思想政治理论课的组织模式。思想政治理论课是大学生政治价值观教育的主渠道、主阵地。长期以来，思想政治理论课的组织模式是整齐划一的。在这一模式下，拥有不同兴趣、爱好、知识储备甚至不同专业的学生，从不同的家庭、地区聚集到同一所大学里，在同一时间、地点，使用统一的教材、按照统一的教学目标，接受步调统一的授课和统一标准的学习评价与考核。不可否认，在过去很长一段时间里，这种思想政治理论课组织模式对于培养大学生政治价值知识、政治价值理性，引导其成长成才的确发挥重要作用。但从目前来看，这一模式的优势正在退化，其劣势日益凸显，即它在很大程度上不利于大学生的个性化学习，扼杀了学生的自主性和创造性。我们可以充分运用互联网和信息技术对思想政治理论课组织模式作出相应改变，使其适应当前学生的个性化需要。（1）运用数据挖掘和分析技术，制作精准的思想政治理论课教学方案。随着互联网、信息技术的发展，高校可以大力开发并引进思想政治理论课"慕课"等网络教育资源，并利用数据挖掘技术对"慕课"网站上产生的海量数据进行系统、全面分析，从中找到学生、教师、管理人员各种行为之间的内在联系，发现和了解学生学习思想政治理论课的规律、需求、期望及其具有普遍性特征的学习行为，并基于此而制作出精准的思想政治理论课教学方案。（2）运用互联网和信息挖掘、分析技术，制作个性化的思想政治理论课学习计划。高校教师可以运用数据挖掘和分析技术，根据学生的思想状况、家庭背景、兴趣爱好、实际需求，帮助其制定适合自身的思想政治理论课学习计划，让学生最终实现个性化学习。这样学生一方面能够根据自己的爱好和知识结构自主选择思想政治理论课慕课资源，而不受学校开设课程、专业、课程容量的限制，同时还可以选择适合自己的思想政治理论课教师，这能够极大地满足学生个性化学习的需求；另一方面可以根据自身情况自主控制学习进度、学习时间和地点，实现随时随地学习，也可以有针对性地跳过某些内容或者重复学习某些内容。混龄教学将可能成为高校政治价值观教育的一大特征，思想政治理论课不再是根据学生的年龄，而是根据学生的理解、认知能力组织教学。这种教育组织模式能够在很大程度上满足当代学生自主发展需求，在真正意义上实现个性化学习。（3）运用数据挖掘技术，及时修正思想政治理论课教学运行方式。在以往传统高校思想政治理论课组织模式下，学生的思想状况以及需求难以被及时全面地了解和跟踪，教师也难以迅速掌握学生的实际状况，进而及时调整其思想政治理论课内容和教学方法。在当前网络教育资源逐渐丰富的情况下，高校教师可以采用数据挖掘技术，通过收集、分析思想政治理论课的网络数据，及时了解和跟踪学生的教育需要和思想状况，快速响应学生的学习需求，并通过跟踪，及时修正思想政治理论课教学内容和方式。与此同时，高校还可以运用互联网信息技术，实现思想政治理论课在线教学与传统课堂教学深度融合。以慕课为代表的在线教育在很大程度上已经能够完成高校政治价值观教育中知识传授的任务，因此课堂教学的主要任务是将学生引向更广阔的世界，让学生探索未知领域，激发他们无限的求知欲，鼓励个性，培养学生独立思考、自由探究的思维品格。未来慕课会和传统课堂教学深度融合，取长补短，创造新的教学模式。"翻转课堂"就是慕课和传统教育融合的典范。2015年，清华大学"马克思主义基本原理""中国近现代史纲要""毛泽东思想和中国特色社会主义理论体系概论""思想道德修养与法律基础"这4门本科生思想政治理论课，全部实现了线上线下相结合的混合式教学，截至2016年12月线上部分的选课人数累计突破17万人次。[1]这一模式最大限度地促进学生的个性化学习，有助于学生对所学内容与主题的理解，更有助于提高学生的思辨能力、分析问题与解决问题的能力。

2. 运用互联网信息技术，创新网上党团建设。党团建设是大学生政治价值观教育的有力支点。高校可以利用网上虚拟社区开展党团建设，丰富党团活动形式，增强党团活动参与度。网上党建可以开辟网上业余党校和团校、网上党群谈心、网上主题教育、网上大学生志愿服务等活动，守牢网络舆论阵地的主导权。改革开放以来，一些高校尝试通过开展网上党团活动，鼓励大学生积极参与到政治学习和实践活动中。如中南大学先后建立了中国高校勤工俭学助学在线、升华网（网上团校）、新闻网、理想导航（网上党校）、毕业生就业指导网、马列主义学习研究会网、学生工作网、心理咨询在线等8个思想政治工作网站，针对学生的热点问题，刊载相关内容，对学生进行引导。[2]兰州大学建立了党委宣传部的新闻网、学工部（处）的学工在线、萃英在线、党员风采、校团委的网上团校以及各部门、各学院的网页，积极抢占网上思想政治教育阵地。[3]2004年天津大学在国内高校中率先开办网上学生党校，2009年党建系统

---

〔1〕 思政课也能如此火爆——清华大学以混合式教学模式推动思政课改革创新 [N]. 光明日报，2016-12-15（1）.

〔2〕 利用现代技术载体 增强学生学习兴趣 中南大学开展网络思想政治工作 [N]. 人民日报，2003-04-19（4）.

〔3〕 袁新文，刘先春 . 兰州大学加强大学生网上思想教育——营建网上精神家园 [N]. 人民日报，2006-06-22（13）.

上线，截至 2016 年已有 6.5 万余人使用了网上党建系统。近年来，学校又陆续开发了网上党校 APP，开通了"耀北洋""北洋新青年"微信公众号，推送培训内容、时政热点、政策纲领、学习资料等与学生党建密切相关的内容，使学生党员、入党积极分子随时随地"能充电"，时时刻刻"能补钙"。截至 2016 年，三个微信平台粉丝量已达到 8000 余人，成为天津大学开展学生党建新途径。[1] 在借鉴已有成果和经验的基础上，高校可以运用互联网技术和平台积极创新网上党团活动。

四、充分发挥社区、家庭和社会组织的教育功能

学校、家庭、社区、其他社会组织之间的相互协作，对于培养学生的政治价值观具有重要意义。长期以来，我国非常重视学校教育在大学生政治价值观培育中的作用，但对于家庭、社区、社会组织的政治价值观教育功能开发不够充分。与我国不同的是，在欧美国家，公民教育不仅仅是学校的责任，其他组织如家庭、社区也同样负有教育未来公民的责任。因此，家庭、社区和社会组织与学校一道形成教育合力，综合影响学生的公民意识、观念、态度和行为。在俄罗斯，宗教组织、青年组织在公民教育中扮演了非常重要的角色；在德国，业余大学、联邦军队、政党等均承担政治教育的职能；在法国，社区的公民教育作用得到强烈认同。美国代顿大学拉斯利（Thomas J. Lasley）教授强调："不管承认与否，价值都是通过观察学习和实践来获得的。现在的社会比以往更具有多元性，学生体验的课程充满了与学校所教价值相互冲突的文化信息。"[2] 相互冲突的文化信息对于学生的道德发展具有负面的影响。由此，我们可以借鉴西方公民教育中学校、家庭与社区之间相互协作的方式，在大学生政治价值观教育中充分发挥非正式性组织的作用。

1. 发挥社区在大学生政治价值观教育中的作用。参与社区活动，一方面能够使大学生形成对政治的积极态度；另一方面在社区行使选举权和被选举权，参加重大事件的听政，亲历基层民主政治生活等能使大学生逐步形成对政治生活的正确认知和对政治生活程序的熟悉，并激发他们政治参与的热情。高校可

---

〔1〕 大学生，今天为何入党 [N]. 人民日报，2016-06-23（17）．
〔2〕 Thomas J. L. The Missing Ingredient in Character Education[J]. Phi Delta Kappan，1997.78（8）: 655.

以同周边社区进行沟通，建立定点志愿服务基地，定期组织学生参与社区志愿服务活动。同时，社区也要积极为大学生参与社会生活提供机会，譬如在社区组建法律援助队、志愿者服务队等，吸引大学生参与其中，使学生在参与社区活动中，了解国情民情，深刻、具体地体会国家的有关政策制度，进而树立正确的政治价值观。

2. 发挥家庭的政治价值观教育作用。家庭在学生成长成才的过程中扮演着非常重要的角色，因此要充分发挥家庭的作用，使之与学校教育共同影响大学生政治价值观的形成和发展，可以从三个方面入手。（1）畅通高校与家庭之间的沟通渠道。高校要组织形式多样的活动，比如邀请家长参加各种表彰大会，请家长担任颁奖嘉宾、听课、参加主题班会讨论、参加学生入学和毕业典礼等形式，加强高校与家庭的交流与了解。（2）开办"家长学校"。开设家庭政治价值观教育讲座或论坛，传授家庭政治价值观教育知识和技巧。这一方面能够帮助家长树立正确的政治价值观，掌握一定的教育方法（如示范法、辅导学习、日常谈话等），坚定政治信仰和政治立场，从而在日常家庭生活中影响大学生政治价值观的形成与发展；另一方面能够帮助家长更新政治价值观教育理念，继而有效地影响学生的政治价值观。（3）举办家庭政治价值观教育经验交流会。邀请优秀家长作专题发言，介绍经验，使家长之间相互交流，取长补短。

3. 充分重视社会组织的政治价值观教育作用。随着时代的发展，社会因素对于大学生政治价值观的影响日益显著。世界上很多国家开始重视社会组织在公民教育中的作用。比如波兰于1994年开始设立公民教育中心，致力于提升波兰公民教育质量。在比利时法语区、捷克、立陶宛、卢森堡、葡萄牙等国家，地方性的社会、艺术、科学、文化和经济部门均参与学校管理工作。以此为鉴，我国在开展大学生政治价值观教育过程中，也可以充分发挥社会组织的教育功能。（1）各级党政机构应大力弘扬社会主旋律，营造良好的政治舆论环境。党政机构还应通过建立监督机制、激励机制等，努力化解各种社会矛盾和减少群体性事件的爆发。（2）大众传媒要大力宣传我国主导政治价值观和优秀大学生的先进事迹。随着信息化时代的到来，大众传媒对于大学生政治价值观的影响作用越来越显著。在大学生政治价值观教育中，要充分发挥大众传媒的教育作用。大众传媒一方面要大力宣传我国的主导政治价值观，帮助大学生确立正确的政治价值观评判标准，另一方面要大力宣传优秀大学生先进事迹，为其他大学生树立榜样。（3）发挥各类纪念馆、展览馆等爱国主义教育基地的政治价值观教育作用。爱国主义教育基地一方面应实行免费开放制度，为大学生政治价值观教育提供更多的机会；另一方面还可以定期开办讲座活动并积极进行活动宣传，吸引大学生走入纪念馆、博物馆参观学习。

五、将自我教育与教师指导相结合

教师所开展的政治价值观教育活动，最终要经由学生自我教育才能从根本上促进其政治价值观的形成和发展。因此，大学生政治价值观教育不仅要重视教师指导，还要重视学生的自我教育。

1.加强学生自我教育。长期以来，大学生政治价值观教育非常重视他人教育，而相对忽视自我教育。高校在开展大学生政治价值观教育活动过程中，主要运用说服、规劝、奖惩等教育方法将相关道德知识、原则、规范传授给学生，而忽视了对学生自我教育能力的培养，导致学生自我教育能力较低。实际上，大学生政治价值观教育的一项重要任务是"使受教育者感受到他们是能动的主体和自己行为的承担者，外界教育的影响必须通过他们自己的认同和选择，才能发挥作用"[1]。

自我教育的方法主要包括以下三个方面。（1）认识自我。希腊德尔菲神庙上刻着一句名言："认识你自己。"自我认识是进行自我教育的首要方式。大学生在日常生活中，应逐步认识自己所持有的政治价值观，并对自身政治价值观是否与国家主导政治价值观相一致进行判断。大学生既要认识到自己政治价值观的缺陷、不足，也要认识到自身政治价值观的优点和长处，并参照国家要求不断调整自身政治价值观。（2）自我学习。自我学习是自我认识的深化。自我学习是指以积极主动的态度通过自己教育自己的方式提高自身修养的活动。在政治价值观教育中，大学生通过自我学习能够不断弥补、矫正自身政治价值观中存在的问题或不足，从而逐渐树立正确的、积极的政治价值观。就自我学习的内容而言，除了传统的书本和理论学习外，还要向他人学习、向环境学习、向媒体学习。通过自我学习，向实践学习，不断丰富自身精神世界，弥补不足，增强进取心。（3）自我反思。"反思是一个促进实现自我提升的再教育的过程，

---

〔1〕 祖嘉合.思想政治教育方法教程[M].北京：北京大学出版社，2004：114.

通过对个人思想和自己的心理感受等意识进行思考回味，不断进行自我反省、自我认知和自我提升。在反复汲取经验校正原有的错误的过程中找出自己亟待弥补、完善的不足之处，将归纳出的反思结论再度应用于实践行为，提高自身的道德修养，从而在教育与自我教育中获得更多更好的道德提升。"[1]我国传统文化非常重视自我反思，强调在反求诸己上下功夫，以达到自我修养的目的。如孔子有言："见贤思齐焉，见不贤而内自省也。"[2]曾子曰："吾日三省吾身——为人谋而不忠乎？与朋友交而不信乎？传不习乎？"[3]自我反思能够使人们准确认识自己，把握自己，调试自己，即"通过自我反思，个体对自己的认识和把握更全面、更系统、更深刻，从而促进思想政治工作从消极到积极、从被动到主动、从自发到自觉、从感性到理性、从感情到理智、从宏观到微观转化。"[4]同样，大学生可以时常进行自我反思，认识和判断自身的政治价值观是否发生变化，发生了怎样的变化，为什么发生如此变化，变化的意义何在，进而明确和重新定位自身政治价值观。

2.重视教师指导，将其与学生自我教育相结合。自我教育是学生主体性的充分发挥和体现，但自我教育应与指导性教育相结合，这主要是由于学生在知识储备、自制力、自我教育能力等方面存在一定局限性。而教师作为教育活动的承担者、发动者和实施者，能够预见学生政治价值观发展变化的趋势，可据此设计符合学生思想实际的教学方案和计划，引导学生树立正确的政治价值观。因此，即使是自我教育，也不能离开教师的指导。教师可以根据大学生政治价值观的实际情况，设计相关的具体活动，如参加社会实践、参与校园文化建设、进行网络行为规范教育等，以此引导大学生进行自我教育。自我教育与教师指导性教育相结合主要表现在以下两个方面。（1）给学生参与学校管理的机会，但必须制定相关的制度，以规约学生的行为。科尔伯格的公正团体法就是自我教育与指导性教育教育相结合的典范。学生在一定制度的约束下参与学校事务的管理，在参与过程中开展自我教育，逐渐明确自己的权利和义务。（2）给学生充分的自由，但学生必须为自己的行为负责。以往，我们开展大学生政治价

---

〔1〕　赵振洲.现代西方道德教育策略研究[M].济南：山东人民出版社，2010：31.

〔2〕　杨伯峻.论语译注[M].北京：中华书局，2017：55.

〔3〕　杨伯峻.论语译注[M].北京：中华书局，2017：4.

〔4〕　郑永廷，邓泽球.新时期思想政治工作要立足于自我教育[J].思想理论教育，2003（5）：10.

值观教育活动，主要以他教为主，在教育方法上以奖惩、说理为主，学生被束缚在既定的规则之中没有选择的自由。杜威的活动教育法、社会参与教育法，拉思斯等人提倡的价值澄清法，以及科尔伯格的道德讨论法等，能够给予学生充分思考讨论以及选择的自由，使得学生进行自由思考、讨论并内化为自身的道德素质，进而达到事半功倍的效果，这些教育方法值得我们借鉴。

六、深入开展社会实践活动

马克思历来重视实践对提升人的思想觉悟的重要性。他强调："问题并不在于实现某种空想的体系，而在于要自觉地参加我们眼前发生的改造社会的历史过程。"[1]人们"积极地活动，通过活动来取得一定的外界物，从而满足自己的需要。由于这一过程的重复，这些物能使人们'满足需要'这一属性，就铭记在他们的头脑中，人……也就学会'从理论上'把能满足他们需要的外界物同一切其他的外界物区别开来。"[2]毛泽东也非常重视实践对于人的认识的重要性，他指出："通过实践而发现真理，又通过实践而证实真理和发展真理。从感性认识而能动地发展到理性认识，又从理性认识而能动地指导革命实践，改造主观世界和客观世界。"[3]基于此，改革开放以来，党和国家高度重视社会实践活动对于大学生政治价值观教育的重要意义。在党和国家的要求下，各地各高校积极组织大学生走入社会实践中，向社会学习、向工农群众学习。社会实践活动的场域分为校内和校外两种。关于校内社会实践的内容已在优化校园文化部分进行了讨论，此处不再复述。开展校外实践活动需要社会和学校两方主体共同发力。

1. 积极动员社会力量和资源创造必要条件，为大学生提供社会实践的机会。改革开放以来尤其是 20 世纪 90 年代以后，大学生社会实践活动规模越来越大，内容越来越丰富，出现了"社会实践基地""社会实践'建设营''考察营'"等多种组织形式，构建了暑期文化、科技、卫生"三下乡"的社会实践活动模式。这些社会实践基地和实践活动的开展，离不开社会力量和资源提供的各种有利条件以及给予的大力支持。如 2009 年，中央直属机关所属 4 所高校中国青年

---

〔1〕 马克思恩格斯全集：第 19 卷 [M]. 北京：人民出版社，2006：137.
〔2〕 马克思恩格斯全集：第 19 卷 [M]. 北京：人民出版社，1963：405.
〔3〕 毛泽东. 毛泽东选集：第 1 卷 [M]. 北京：人民出版社，1991：296.

政治学院、中华女子学院、北京电子科技学院、中国劳动关系学院与中直机关16个部委单位团组织共建大学生社会实践基地，为学生提供就业见习实践机会，提高大学生社会实践能力。[1]在未来大学生政治价值观教育工作中，党和国家要鼓励和动员社会多方面力量和资源，为学生考察、实习、智力扶贫、挂职锻炼提供场所和机会，使大学生看到国家进步和社会发展所取得的巨大成就和不足，增进对现实政治体系和政治价值观的信任和认同，强化使命感和责任感。

2.高校要"走出去"，为学生创造更广泛更丰富的社会实践活动平台和机会。改革开放以来，按照党和国家的要求，高校积极拓展学生社会实践渠道和场所，以丰富学生社会实践活动。如吉林工大先后建立了乐山镇、滨河乡、幸福乡等多个社会实践基地，为同学们在实践中逐步坚定正确的"三观"创造了条件。[2]西安交通大学于2015年4月15日与陕西省全部12个市、区签署了共建社会实践基地合作框架协议，各方将以产业技术升级、社会创新管理、生态文明建设、基础教育和卫生服务为重点领域，改革青年人才引进机制，加快推进青年学生骨干到地方工作，为陕西省各市党政机关和事业单位培养、输送优秀人才。[3]华中农业大学在全国各地建立了346个社会实践基地，组织超过10万名大学生深入"三农"领域开展社会调研、劳动实践、生产教学等，学生知农爱农的情怀不断深化。[4]在未来大学生政治价值观教育中，高校要实施"走出去"战略，积极联系相关部门、单位和组织，为学生创建更为丰富的社会实践的平台和机会。与此同时，高校还应加强对社会实践活动的引导。学校可以选派专门教师跟随学生一起参与实践活动，及时引导和纠正学生的思想认识，帮助他们形成胸怀天下、脚踏实地的政治品质和坚忍不拔的意志品质。

〔1〕中直机关共建大学生实践基地　将为4所高校提供实习岗位[N].人民日报，2009-01-22（10）.
〔2〕以马列主义基本原理和思想品德课为主渠道　吉林工大"三观"教育见实效[N].人民日报，2000-02-10（1）.
〔3〕西安交大　每年选500名学生到党政机关见习[N].人民日报，2015-04-17（9）.
〔4〕广大农业院校师生以强农兴农为己任，助力乡村振兴 在希望的田野上建功立业[N].人民日报，2021-12-12（5）.

第五节　完善教育评估体系

政治价值观教育评估是大学生政治价值观教育过程的重要环节，对于衡量大学生政治价值观教育效果、总结经验、提高日后政治价值观教育成效具有重要价值。

一、重视大学生政治价值观状况评估

准确评估大学生政治价值观状况既能够总结以往政治价值观教育的成效，也能为日后政治价值观教育活动的开展奠定基础。那么，如何强化对大学生政治价值观状况的评估呢？

1.明确大学生政治价值观状况评估的依据。大学生政治价值观状况评估依据是什么？这是我们必须首先思考和回答的问题。本书认为，大学生政治价值观状况的评估依据包括理论依据和现实依据两个方面。（1）理论依据是马克思主义理论中的人的全面发展理论和历史唯物主义理论。人的全面发展理论是马克思学说的最高价值体现，也是马克思一生追求的最高理想。虽然我国目前处于并将长期处于社会主义初期阶段，但人的全面发展是我们社会发展的最高追求，也是大学生政治价值观教育的理念和主要任务。具体到大学生政治价值观状况评估，我们应将以人为本、以人的全面发展作为理论依据。历史唯物主义认为物质生产方式决定社会生活、政治生活和精神生活的一般过程；社会存在决定社会意识，社会意识又反作用于社会存在；生产力和生产关系之间的矛盾、经济基础与上层建筑之间的矛盾是推动社会发展的基本矛盾。大学生政治价值观由其当时所处历史环境、生产方式、物质生活决定，同时也是对当时历史环境和社会存在的反映。同样，大学生政治价值观由于当时的历史传统、环境、地域的不同而存在较大的差异。因此对于大学生政治价值观状况的评估，应结合当时当地的历史背景，以及大学生政治价值观教育实际发展水平及其功能实际发挥的状况来进行。（2）现实依据是一定时期党和国家有关大学生政治价值观教育的政策法规。这些政策法规中显在和潜在的关于大学生政治价值观的要求成为评估的标准。这些政策法规从宏观到微观大致可分为以下三个不同层次。①宏观性政策法规。宏观性政策法规具有很强的指导性，主要包括中央关于大学生政治价值观教育的有关会议以及党和国家重要领导人关于大学生政治价值观教育的重要讲话，这些会议决议以及讲话中包含大学生所应形成的政治价值观的要求，成为评估其教育效果的重要依据。例如，1994 年 8 月，中共中央通过的《关于进一步加强和改进学校德育工作的若干意见》明确指出了新形势下学校德育工作面临的挑战，以及学校德育工作的主要任务，这些规定可以成为我们衡量大学生政治价值观状况的标准和依据。②中观性政策规定。这一层面的依据是指思想政治教育领域中的权威部门所制定的关于大学生政治价值观教育的文件条例、意见和通知。它主要是党和国家针对大学生政治价值观教育所下发的有关文件、政策法规，以及思想政治教育领域中的部门根据中央有关大学生政治价值观教育的政策文件，结合高等教育特点和情况下发的贯彻落实意见。如党中央下发《爱国主义教育实施纲要》后，原国家教育委员会印发了《关于贯彻爱国主义教育实施纲要的通知》。③微观层面的政策规定。这一层的依据是各高校所规定的关于大学生政治价值观的具体要求。依据党和国家关于大学生政治价值观教育的总的原则和具体的要求，各高校结合自身特点和学生实际情况会制定一些大学生政治价值取向的相关要求。如清华大学制定的《清华大学学生违纪处分管理规定》。

2. 明确大学生政治价值观状况评估的指标体系。对于大学生政治价值观状况评估，就需要明确具体的评估指标体系，即需要评估大学生政治价值观的哪些方面。当前，几乎欧洲所有国家的公民教育均对学生的公民知识、公民态度和价值观、公民参与能力进行评估。比如希腊国民课程评估就包括评估各个阶段学生与公民教育内容相关的各个具体课程的知识掌握情况。瑞典教育部制定了评估学生民主价值观以及公民参与政治生活能力的标准。以此为鉴，本书认为大学生政治价值观评估指标体系应包括以下三个方面。（1）政治价值观理论知识。政治理论知识是人的政治素养形成和发展的基础，因此对于大学生政治价值观理论知识的评估是评估大学生政治价值观状况的基础。通过对该项指标的评估，能够预测和掌握大学生政治价值观发展的基本状况。（2）政治价值评判能力。政治判断、选择能力是大学生政治理性的集中体现，在某种程度上决定着大学生政治价值观的发展水平，因此评估大学生政治价值观判断、选择能力便成为大学生政治价值观状况评估的核心和重点。（3）政治参与能力。政治行为反映并修正政治价值观，政治价值观指导着政治行为。提高大学生政治参与能力是大学生政治价值观教育的主要目的，因此大学生政治参与能力便成为大学生政治价值观状况评估的主要指标之一。

3.明确大学生政治价值观状况评估的具体内容。评估指标体系是指评估哪些方面，评估的具体内容是指该指标体系中每一项指标所评估的事项。与学生政治价值观状况评估指标体系相对应，大学生政治价值观状况评估的具体内容主要包括三个方面。（1）评估大学生对于政治价值观理论知识的掌握程度。该项主要是评估大学生是否能够准确完整地理解我国的政治价值观，是否能够理解和掌握国家的基本路线、方针和政策等。（2）评估大学生的政治判断、选择能力大小。该项主要是评估大学生对国家政治现象和政治事件的分析、判断力；"对错误观点、错误思潮的分析力，对是非问题的辨别力，对错误现象的抵制力等进行评估"[1]。（3）评估大学生的政治参与能力。该项评估的主要内容包括：大学生是否积极地、身体力行地参与到国家现实政治生活当中；是否积极参与有关政治事件的讨论；是否参与高校政治性学生团体；是否能够通过自身政治参与行为有效影响国家政治生活向着良性方向发展。

二、强化大学生政治价值观教育过程评估

大学生政治价值观教育过程是教育者、大学生和教育环境三者之间在教育目的、教育内容、教育途径、教育方法和教育活动的连接下互相作用的过程。大学生政治价值观教育过程的合理程度决定着大学生政治价值观教育的效果。因此要想提高大学生政治价值观教育的成效，离不开对大学生政治价值观教育过程的评估。那么，如何评估大学生政治价值观教育的过程呢？

1.检查和评估大学生政治价值观教育系统中各种要素之间的协调程度。从系统论角度看，大学生政治价值观教育各项要素之间的相互作用便构成了大学生政治价值观教育系统。该系统主要构成要素包括：教育者（既包括高校思想政治理论课教师、教育领导部门，也包括社会组织、学生社团等）、大学生、教育目的、教育内容、教育手段、教育环境和教育活动。这些教育要素之间的相互协作构成了大学生政治价值观教育的整个过程。从某种程度上讲，这些要素之间相互协调程度的高低好坏，直接影响到大学生政治价值观教育的成效。

---

〔1〕 祖嘉合.思想政治教育方法教程[M].北京：北京大学出版社，2004：281.

因此，评估大学生政治价值观教育过程就需要对大学生政治价值观教育系统各要素之间的相互协作程度进行考评。那么，评估大学生政治价值观教育系统各要素之间相互协调程度的标准是什么？本书以为，应该是这些要素在方向上是否协调一致。

所谓协调一致，是指在大学生政治价值观教育目的的统领下，教育者采用与之相适应的教育内容、教育途径方式、创设与之相应的教育环境，以影响大学生的政治价值观。具体而言，在大学生政治价值观教育过程中，教育者是否采用了与教育目的相符合、相一致的教育内容；是否选择了能够有效达到教育目的的教育途径和教育方法；是否创设了有效影响大学生政治价值观的教育环境。在大学生政治价值观教育系统中，教育目的处于"方向性"地位，其他构成要素围绕教育目的不断进行调整和规划，从而实现教育效果的最优化。因此，对于大学生政治价值观教育系统各要素之间协调程度的评估，能够对该项教育过程的合理性和科学性程度作出较为准确的判断。

2.评估大学生政治价值观教育系统中各要素是否符合相关教育要求。对大学生政治价值观教育过程的评估，不仅要评估该系统中各项要素相互协调一致的程度，而且要评估各个要素，这样才能发现大学生政治价值观教育过程中存在的薄弱环节。对于各项要素的评估主要包括：大学生政治价值观教育领导部门是否重视该项教育活动，是否能够制定出合理的大学生政治价值观教育规划等；教育者是否具备较高的政治素质、思想素质、道德素质和心理素质；教育者是否能够积极有效地开展各项大学生政治价值观教育活动；高校校园环境是否有利于大学生政治价值观的形成；学校周边环境是否有利于大学生政治价值观教育的形成；社会大环境在多大程度上影响着大学生政治价值观的形成和高校政治价值观教育活动的开展；教育者所设计的大学生政治价值观教育计划或方案是否合理；教育方法是否具有创造性，是否适当；教育内容的难易程度是否能够有效地为受教育群体所接受；教育活动是否生动活泼，具有吸引力；教育过程是否尊重大学生的主体性，是否能够有效地激发大学生的积极性和创造性。

参 考 文 献

中央文献

[1] 马克思恩格斯选集 (1 ~ 4)[M]. 北京：人民出版社,2012.

[2] 毛泽东选集 (1 ~ 4)[M]. 北京：人民出版社,1991.

[3] 毛泽东文集 (1 ~ 8)[M]. 北京：人民出版社,1993—1999.

[4] 邓小平文选 (1 ~ 3)[M]. 北京：人民出版社,1993,1994.

[5] 江泽民文选 (1 ~ 3)[M]. 北京：人民出版社,2006.

[6] 胡锦涛文选 (1 ~ 3)[M]. 北京：人民出版社,2016.

[7] 习近平谈治国理政 (1 ~ 4)[M]. 北京：外文出版社,2014,2017,2020,2022.

[8] 三中全会以来重要文献选编（上、下）[M]. 北京：中央文献出版社,2011.

[9] 十二大以来重要文献选编（上、中、下）[M]. 北京：中央文献出版社,2011.

[10] 十三大以来重要文献选编（上、中、下）[M]. 北京：中央文献出版社,2011.

[11] 十四大以来重要文献选编（上、中、下）[M]   北京：中央文献出版社,2011.

[12] 十五大以来重要文献选编（上、中、下）[M]. 北京：中央文献出版社,2011.

[13] 十六大以来重要文献选编（上、中、下）[M]. 北京：中央文献出版社,2005,2006,2008.

[14] 十七大以来重要文献选编（上、中、下）[M]. 北京：中央文献出版社,2009,2011,2013.

[15] 十八大以来重要文献选编（上、中、下）[M]. 北京：中央文献出版社,2014,2016,2018.

[16] 十九大以来重要文献选编（上、中、下）[M]. 北京：中央文献出版社,2019,2021,2023.

[17] 普通高校思想政治理论课文献选编 (1949—2008)[M]. 北京：中国人民大学出版社,2008.

中文著作

[1] 陈义平 . 政治人：模铸与发展——中国社会转型期的公民政治分析 [M]. 合肥：安徽大学出版社,2002.

[2] 邓福蓉 . 改革开放以来大学生价值观教育研究 [M]. 北京：人民出版社,2020.

[3] 黄书光 . 价值观念变革中的中国德育改革 [M]. 南京：江苏教育出版社,2008.

[4] 侯惠勤,姜迎春,黄明理 . 冲突与整合：如何认识我国社会主义改革实践过程对人们思想的影响 [M]. 北京：中国人民大学出版社,2004.

[5] 李君如 . 当代中国政治走向 [M]. 福州：福建人民出版社,2007.

[6] 鲁洁 . 超越与创新 [M]. 北京：人民教育出版社,2000.

[7] 鲁洁 . 德育现代化实践研究 [M]. 南京：江苏教育出版社,2003.

[8] 马俊峰. 价值论的视野 [M]. 武汉 : 武汉大学出版社 ,2010.

[9] 迈克尔·阿普尔. 意识形态与课程 [M]. 黄忠敬 , 译. 上海 : 华东师范大学出版社 ,2001.

[10] 迈克尔·阿普尔. 官方知识 : 保守时代的民主 [M]. 曲囡囡 , 刘明堂 , 译. 上海 : 华东师范大学出版社 ,2004.

[11] 路易斯·拉思斯. 价值与教学 [M]. 谭松贤 , 译. 杭州 : 浙江教育出版社 ,2003.

[12] 宋慧昌. 人的发现与人的解放——近代中国价值观的嬗变 [M]. 成都 : 四川人民出版社 ,2008.

[13] 石中英 , 王卫东. 价值观教育 [M]. 北京 : 教育科学出版社 ,2007.

[14] 侍旭. 新时代大学生价值观教育有效性分析与精准思政实践探索 [M]. 北京 : 人民出版社 ,2022.

[15] 吴亚林. 价值与教育 [M]. 北京 : 北京师范大学出版社 ,2009.

[16] 王葎. 价值观教育的合法性 [M]. 北京 : 北京师范大学出版社 ,2009.

[17] 晏辉. 现代性语境下的价值与价值观 [M]. 北京 : 北京师范大学出版社 ,2009.

[18] 叶南客. 中国人的现代化 [M]. 南京 : 南京出版社 ,1998.

[19] 郑永廷 , 等. 人的现代化理论与实践 [M]. 北京 : 人民出版社 ,2006.

[20] 赵振洲. 现代西方道德教育策略研究 [M]. 济南 : 山东人民出版社 ,2010.

中文论文

[1] 奥骓·奥斯勒 , 侯·斯塔克. 民主公民的教育 :1995—2005 年公民教育的研究、政策与实践述评 [J]. 檀传宝 , 译. 中国德育 ,2006(12).

[2] 陈义平. 论发展中国特色社会主义政治文化 [J]. 政治学研究 ,2008(4).

[3] 陈登才. 始终坚持党的领导 [J]. 求是杂志 ,2002(4).

[4] 陈相光 , 李辉. 政治信息认知偏差分析 [J]. 河南师范大学学报 (哲学社会科学版),2011(1).

[5] 陈章宗 , 尉天骄. 思想政治教育范式转型的 "教化论" 审视 [J]. 学术论坛 ,2011(2).

[6] 丁振国 , 李杰 , 等. 关于高校思想政治教育评估的探讨 [J]. 中国高等教育 ,2007(22).

[7] 杜向民. 进一步推进高校辅导员队伍职业化发展路径研究 [J]. 思想政治教育研究 ,2011(3).

[8] 冯刚 , 等. 高校马克思主义理论建设 30 年回顾与展望 [J]. 高校理论战线 ,2008(12).

[9] 冯留建. 改革开放以来中国政治文化的重构与变迁 [J]. 贵州社会科学 ,2006(5).

[10] 冯霞. 把邓小平理论融入跨世纪大学生的政治观教育 [J]. 江西社会科学 ,1999(5).

[11] 冯霞 , 曹开华. "三个代表" 重要思想与新世纪大学生的政治观教育 [J]. 江西社会科学 ,2003(2).

[12] 方宏建, 夏晓红. 论高校辅导员的工作内容和实现方式 [J]. 中国高等教育, 2009(10).

[13] 郭小香. 美国隐性教育的实施路径及其启示 [J]. 思想理论教育, 2011(2).

[14] 康世存. 论大学生的政治教育 [J]. 阴山学刊 (哲学社会科学版), 1989(4).

[15] 李忠军. 新时期大学生政治价值观教育方法论转换的若干思考 [J]. 思想教育研究, 2010(7).

[16] 李忠军, 张森林. 互联网对当代大学生政治价值观的影响及对策研究 [J]. 西北大学学报 (哲学社会科学版), 2008(2).

[17] 李忠军, 张森林. 大学生政治心理与政治价值观教育 [J]. 思想教育研究 [J]. 2008(3).

[18] 李忠军. 大学生政治价值观的形成规律及启示 [J]. 思想教育研究, 2009(4).

[19] 李德顺. 以人为本的价值观 [J]. 哲学动态, 2004(7).

[20] 李德顺. 充分重视价值观念系统的建设 [J]. 中国特色社会主义研究, 1997(2).

[21] 李德顺. 重视主导价值观的建设 [J]. 理论前沿, 1996(14).

[22] 李景山. 加强大学生政治教育的几点思考 [J]. 思想政治教育研究, 2001(1).

[23] 李辉. 论高校政治理论教育途径和方法的创新 [J]. 思想教育研究, 2000(2).

[24] 李辉, 练庆伟. 价值认同: 当代大学生思想政治教育的重要取向 [J]. 学校党建与思想教育, 2008(1).

[25] 李辉. 大学生理想信念教育的现代性审视 [J]. 思想教育研究, 2008(5).

[26] 李辉. 高校德育要重视环境影响的强化趋势 [J]. 学校党建与思想教育, 2005(7).

[27] 李慎明. 坚持党的领导是提高发展社会主义民主政治能力的关键 [J]. 求是杂志, 2005(9).

[28] 梁恩荣, 阮卫华. 道德教育与政治教育的结合——香港公民教育的个案探讨 [J]. 中国德育, 2010(12).

[29] 林晓, 梅萍. 建国以来大学生的信仰变迁与历史反思 [J]. 思想教育研究, 2010(23).

[30] 骆郁廷. 改革开放以来高校思想政治教育的基本经验 [J]. 思想理论教育导刊, 2008(10).

[31] 练庆伟, 李辉. 当代大学生价值认同教育的困境及路径选择 [J]. 江苏高教, 2008(6).

[32] 连宝军, 曹巍. 论先进价值观的教育与传播 [J]. 陕西师范大学学报 (哲学社会科学版), 2005(5).

[33] 刘书林. 关于高校思想道德修养课教学内容体系改革的思考 [J]. 学校党建与思想教育, 2003(5).

[34] 刘书林. 社会主义的"苏联模式"与中国特色社会主义 [J]. 思想理论教育导刊, 2009(3).

[35] 刘书林. 社会思潮研究与"两课"教学改革 [J]. 思想理论教育导刊, 2003(9).

[36] 马俊峰. 深化价值观研究与构建当代中国价值观体系 [J]. 华中科技大学学报 (社会科学版), 2007(3).

[37] 马俊峰. 全球化时代应有的价值观视野 [J]. 人文杂志, 2004(3).

[38] 马俊峰, 贺海洋. 从价值论角度理解"以人为本"的发展理念 [J]. 中州学刊, 2009(6).

[39] 孟静雅 . 网络时代大学生政治价值观构建中的风险问题探析 [J]. 河南师范大学学报 (哲学社会科学版),2009(5).

[40] 邱柏生 , 左超 . 从社会思潮的影响特征看如何增强思想政治教育的吸引力 [J]. 思想理论教育 ,2010(17).

[41] 邱柏生 . 论社区资源类型及其整合方式 [J]. 探索与争鸣 ,2006(6).

[42] 邱柏生 . 关于坚持马克思主义在意识形态领域指导地位的几个问题 [J]. 思想理论教育导刊 ,2007(10).

[43] 邱柏生 . 关于思想政治理论教育与社会实践相结合的若干问题 [J]. 思想理论教育 ,2006(7).

[44] 邱柏生 . 改革开放以来高校思想政治教育创新的特征 [J]. 思想理论教育导刊 ,2008(10).

[45] 邱柏生 . 思想政治教育贴近大学生现实生活的若干问题辨析 [J]. 思想理论教育 ,2007(11).

[46] 邱柏生 . 从政治沟通角度看思想政治教育的有效性 [J]. 思想教育研究 ,2006(4).

[47] 邱柏生 . 社会意识形态 (价值观) 的内化过程与有关条件 [J]. 学校党建与思想教育 ,2006(8).

[48] 邱柏生 . 论思想政治理论课的基本功能 [J]. 学校党建与思想教育 ,2005(4).

[49] 邱柏生 , 徐瑾 . 论政治价值和理论大众化的一般表征和特征 [J]. 思想理论教育 ,2009(10).

[50] 青岛理工大学课题组 . 政治社会化与转型期高校思想政治教育 [J]. 河北学刊 ,2006(1).

[51] 孙豫峰 . 高校思想政治教育评估体系的创新维度 [J]. 思想政治教育研究 ,2009(1).

[52] 孙伟国 , 王立仁 . 政治社会化取向的美国公民教育 [J]. 外国教育研究 ,2007(3).

[53] 田毅 , 李小梅 , 郑玉才 . 论当代大学生政治观教育的主要途径和方法 [J]. 中国高教研究 ,2005(8).

[54] 檀传宝 . 政治信仰与道德教育——中国古代和现代的两种抉择 [J]. 清华大学教育研究 ,1999(1).

[55] 檀传宝 . 教育是人类价值生命的中介——论价值与教育中的价值问题 [J]. 教育研究 ,2000(3).

[56] 王义高 . 俄罗斯公民思想道德教育管窥 [J]. 比较教育研究 ,2001(11).

[57] 王丽萍 . 政治发展进程中的中国政治文化构建——兼论改革开放三十年中国政治文化 [J]. 北京大学学报 (哲学社会科学版),2009(1).

[58] 王玉樑 . 理想、信念、信仰在价值观中的地位及其意义 [N]. 光明日报 ,2000-09-19(B03).

[59] 王学俭 , 李东坡 . 大学生信仰教育的突出问题与对策 [J]. 思想教育研究 ,2010(11).

[60] 王红 . 美国公民教育的目标、内容、途径与方法综述 [J]. 外国教育研究 ,2004(3).

[61] 王传旭 . 新形势下高校政治观教育的思考 [J]. 高校理论战线 ,1997(4).

[62] 邢世满 , 张光宗 , 等 . 大学生思想政治教育十年反思 [J]. 东岳论丛 ,1990(4).

[63] 许克毅 , 曹凯松 . 信息网络技术对思想政治教育评估的影响 [J]. 思想理论教育 ,2001(8).

[64] 许浩.社会环境因素与大学生政治观教育 [J]. 思想政治教育研究 ,2005(4).

[65] 谢晓娟.改革开放以来高校思想政治教育工作理念的五个转变 [J]. 思想政治教育研究 ,2009(3).

[66] 肖映胜 , 张耀灿.改革开放以来高校思想政治教育发展探微 [J]. 思想理论教育 ,2010(15).

[67] 肖绍明 , 扈中平.教育何以复归人性 [J]. 高等教育研究 ,2010(6).

[68] 徐瑾.高校社会主流价值观教育传播过程研究 [J]. 思想教育研究 ,2010(15).

[69] 徐先锋 , 胡小娱.网络媒体对当代大学生政治价值观的影响探析 [J]. 理论导刊 ,2010(2).

[70] 阳国亮.关于加强新时期大学生党员的政治观教育的思考 [J]. 学校党建与思想教育 ,2009(1).

[71] 于海静.美国公民教育的历史沿革、现状与发展趋势 [J]. 外国教育研究 ,2004(3).

[72] 叶飞 , 檀传宝.改革开放 30 年德育理论发展脉络探析 [J]. 教育研究 ,2009(1).

[73] 张安强.加强大学生政治认同教育探析 [J]. 思想教育研究 ,2011(1).

[74] 张丹华.苏俄思想政治教育的变迁及困境分析 [J]. 思想理论教育 ,2005(4).

[75] 张岱年.论价值与价值观 [J]. 中国社会科学院研究生院学报 ,1992(6).

[76] 张秀琴.政治意识形态的理论、制度与实践 , 北京大学学报 (哲学社会科学版) [J].2007(4).

[77] 郑永廷.坚持科学发展观 , 促进人的全面发展 [J]. 思想理论教育导刊 ,2004(6).

[78] 郑永廷 , 邓泽球.新时期思想政治工作要立足于自教自律 [J]. 思想理论教育 ,2003(5).

[79] 郑永廷 , 孟源北.论传统方法与现代手段的紧密结合 [J]. 思想政治教育研究 ,2010(10).

[80] 郑永廷 , 朱白薇.新时期大学生思想政治教育实践的丰富与发展——改革开放 30 年以来大学生思想政治教育实践发展成果 [J]. 思想教育研究 ,2008(11).

[81] 郑永廷 , 朱白薇.改革开放 30 年思想政治教育理论的丰富与发展 [J]. 思想理论教育导刊 ,2008(10).

[82] 郑永廷 , 曾萍.当代大学生成长需要与高校思想政治教育的价值实现 [J]. 思想政治教育研究 ,2010(12).

[83] 郑永廷.以科学发展观主导大学生思想政治教育 [J]. 思想教育研究 ,2006(3).

[84] 祖嘉合.论校园文化环境在大学生道德教育中的作用 [J]. 北京大学学报 (哲学社会科学版),2002(5).

[85] 祖嘉合.对思想政治教育主体及其特性的思考 [J]. 教学与研究 ,2007(3).

[86] 祖嘉合.试论 "90 后" 大学生理想信念教育的高层引领 [J]. 教学与研究 ,2011(4).

[87] 赵晖.战后日本现代化进程中的学校公民教育 [J]. 外国教育研究 ,2002(11).

[88] 赵振霞.改革开放前后中国政治文化的变迁 [J]. 学习与探索 ,2009(4).

[89] 赵东东 , 郑建君.性而成命 : 政治价值观的人格基础 [J]. 华中科技大学 (社会科学版),2023(6).

外文文献

[1] ANNE M. La participation politique des jeunes: soubresauts, fractures et ajustements[J]. Revue Française de Science Politique, 2002 (52).

[2] ANNICK P, ÉLISABETH D. Choix idéologiques, attitudes politiques des pré-adolescents et contexte politique[J]. Revue Française de Science Politique, 1975,25(5).

[3] ARTHUR L, TASHA P. Views from inside the net: how website affect young adults political interest[J]. The Journal of Politics, 2005,67(4).

[4] AUDERY O, HUGH S. Citizenship education and national identities in France and England: inclusive or exclusive[J].Oxford Review of Education,2001,25(2).

[5] DAVID B. Young people, politics and news media: beyond political socialisation[J].Oxford Review of Education,1999(25).

[6] DEBI R, KATIE P, JOHN C. Young people's voluntary and campaigning activities as sources of political education[J].Oxford Review of Education,1999(25).

[7] DEMIS G. Predicting voting behavior of young adults: the importance of information, motivation, and behavioral skills[J]. Journal of Applied Social Psychology, 2008(38).

[8] DINA K. Citizenship education in England at the cross-roads? Four models of citizenship and their implications for ethnic and religious diversity[J].Oxford Review of Education,2008,34(1).

[9] ELLEN Q. Differences in political participation between young and old people[J]. Contemporary Politics,2007(13).

[10] FLORENCE L. La politique d'insertion et de formation professionnelle des jeunes au Royaume-Uni[J].Revue Française de Pédagogie, 2000(131).

[11] FRANK B. Education for responsible citizenship: the report of the National Task Force on Citizenship Education [M]. McGraw-Hill, 1977.

[12] GERT B. What kind of citizenship for education higher education? Beyond the competent active citizen[J].European Education Research Journal,2009,8(2).

[13] JOANA L. Thomas Benton and Elizabeth Cleaver, Young people's intended civic and political participation: does education matter? [J]. Journal of Youth Studies, 2009,12(10).

[14] J.MARK H, MARK A.P. Citizenship and moral education: values in action[M].London: Routledge, 2006.

[15] LAURIE B. Teacher values and relationship: factor in values education[J]. Australian Journal of Teacher Education, 2011,36(5).

[16] LEWIS A. F. Personality and political socialization[J]. The Journal of Politics, 1961,23(2).

[17] MATT H, MARK W, SARAH F. Uninterested youth? Young people's attitudes towards party politics in Britain[J]. Political Studies, 2005(53).

[18] PER F. L. Ideological power in education[J]. European Educational Research Journal, 2006,5(3).

[19] PETER C, ERIC F. Newspapers, Television and Political Reasoning[J]. The Public Opinion Quarterly,1978, 42(2).

[20] RUTH H. Political text in Chinese universities before and after Tiananmen[J]. Pacific Affairs,1993,66(1).

[21] STEVE C. Chinese political attitudes and values in comparative context: cautionary remarks on cultural attributions[J]. Journal of Chinese Political Science,2013(3).

[22] William A. Galston. Civic education and political participation[J].Political science and politics,2004,37(2).

[23] W. LANCE Bennett, CHRIS Wand & ALLISON R. Young citizen and civic learning: two paradigms of citizenship in the digital age[J]. Citizenship Studies, 2009,13(2).

[24] WILLIAM A. G. Political knowledge, political engagement, and civic education[J]. Annual Reviews Political Science, 2001.

[26] YATES M. & YOUNISS J. Community service and political-moral identity in adolescents[J]. Journal of Research on Adolescence, 1999(6).

后　记

光阴荏苒，转眼之间博士毕业已逾十年。回首过往岁月，感慨良多。

11 年前，我从北京大学博士毕业。那时，满腔豪情的我立志成为一名优秀的高校思政课教师。于是，毕业后前两年全身心投入教学，了解和研究学生、教材，学习基础教学技能，终于我成为一名合格的思政课教师。与此同时，在博士导师祖嘉合教授的鼓励和鞭策下，我没有因教学放弃科研。博士毕业之初，导师就鼓励我们抓紧修改论文，但碍于自认论文仍显稚嫩，故而一放再放。谁承想这一放，就是好些年。

之所以重拾旧文，着手修改，一个非常重要的原因是：从 2019 年 6 月开始，"港独""废青"们打着民主的旗号示威游行，他们表现出的政治价值观让人瞠目结舌。而与之形成鲜明对比的是，内地年轻人对香港暴力游行事件所表现出的政治价值理性、爱国主义精神以及对国家主导政治价值观的深深认同感，不禁让人欣慰。我深刻感受到政治价值观教育的重要性，也越发认识到政治价值观教育在整个国家发展和社会稳定中的重要意义。

在书稿修改完成之际，我首先要感谢博导祖嘉合教授。祖老师对学问的严谨与执着，对生命与生活的真诚与热爱，对他人的体贴与诚恳都将给予我终生的启迪。祖老师在学业上对我的严格要求与谆谆教导、在生活上对我的关心伴随着我度过了紧张的四年博士生活，并为我树立了为人师者的风范。同时我也要感谢我的硕导杨柳新老师。杨老师为人宽容大度与谦虚平和，对学问孜孜追求，一直深深地感染着我。感谢本论文所引参考文献的作者们，你们对于政治价值观教育的讨论给予了我很多思考与启发。

最后，本书的成功出版离不开清华大学出版社编辑团队的认真付出，尤其是王如月老师，从本书的修改、校对、编辑直至定稿的每一步都予以耐心指导，在此特为感谢！

侯丹娟

2023 年 9 月